MANUEL

DE

L'HISTOIRE DE LA PEINTURE.

Ixelles-lez-Bruxelles. Imp. de Delevingne et Callewaert.

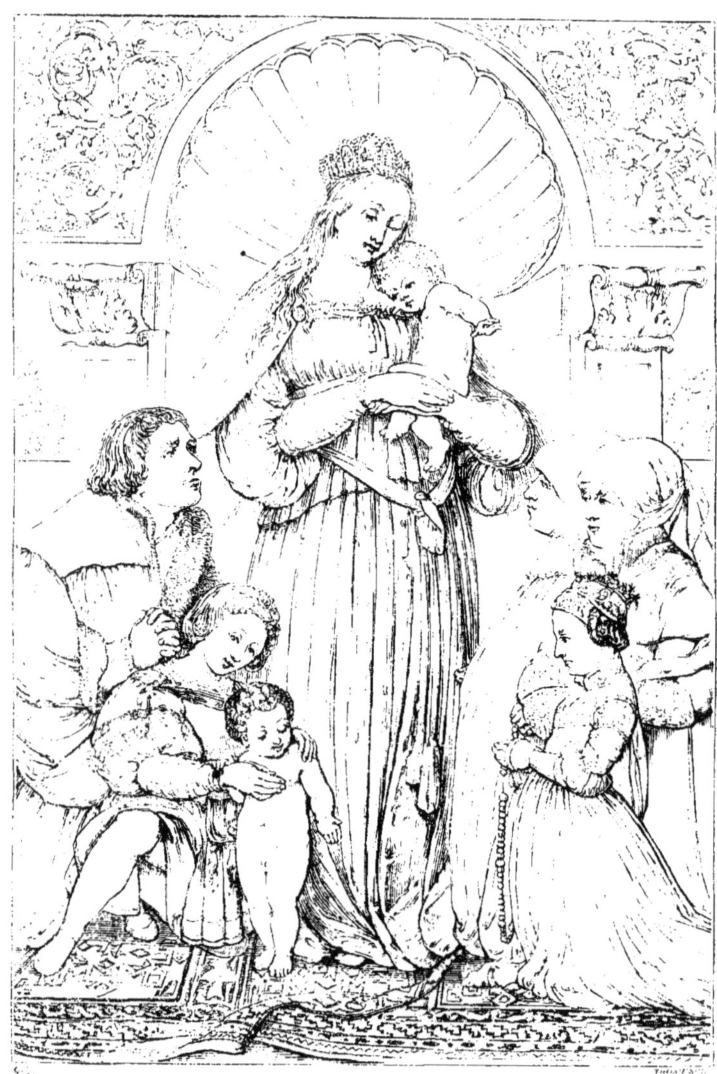

[illegible] MEYER'S VOTIVE [illegible]

[illegible] Holbein, and now in the Gallery at [illegible]

LA SAINTE VIERGE [illegible] ENFANT, avec la famille du donateur, bourgmestre MEYER,

peint par Hans Holbein, galerie de Dresde.

MANUEL

DE

L'HISTOIRE DE LA PEINTURE

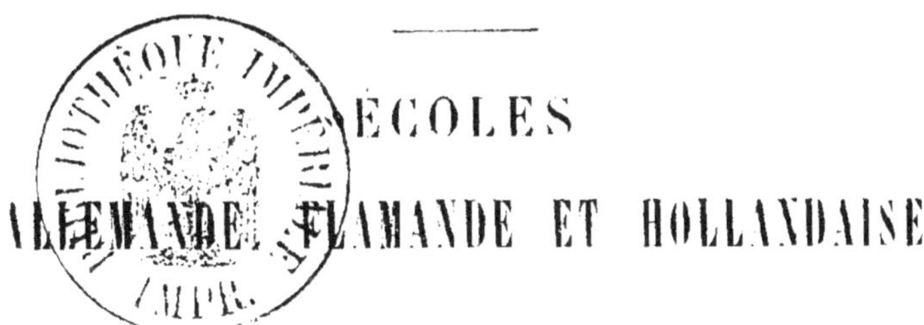

ÉCOLES

ALLEMANDE, FLAMANDE ET HOLLANDAISE

PAR

G. F. WAAGEN

DIRECTEUR DE LA GALERIE ROYALE DE TABLEAUX A BERLIN

TRADUCTION

PAR MM. HYMANS ET J. PETIT

AVEC UN GRAND NOMBRE D'ILLUSTRATIONS

TOME DEUXIÈME

BRUXELLES, LEIPZIG, GAND

C. MUQUARDT

PARIS	PARIS
MOREL ET COMP^e	Ve JULES RENOUARD
13, rue Bonaparte	6, rue de Tournon

1863

MANUEL

DE

L'HISTOIRE DE LA PEINTURE

EN ALLEMAGNE ET DANS LES PAYS-BAS.

CHAPITRE VI.

LES ÉCOLES D'ALLEMAGNE DANS LE DÉVELOPPEMENT COMPLET DE LEUR ORIGINALITÉ.

1500 — 1550.

Durant cette période la tendance réaliste. adoptée en Allemagne, atteignit, par suite d'une science plus sérieuse des procédés, des proportions et de la perspective, à une représentation plus exacte de la nature, et s'appliqua à traduire un grand nombre de conceptions ingénieuses, empruntées non plus exclusivement au domaine religieux, mais aussi à l'histoire, à l'allégorie et aux mœurs publiques. Par l'imagination et le style de ce genre de compositions en même temps que par l'habileté du dessin, les artistes allemands surpassèrent de beaucoup leurs contemporains flamands, tels que Quentin Massys, Lucas de Leyde, etc. En revanche, au point de vue de la couleur, à de très-rares exceptions près, ils restèrent en arrière des peintres des Pays-Bas. En ce qui concerne le procédé même, le trait prévaut non-seulement dans l'indication des contours, mais aussi dans les ombres souvent hachées qui donnent à leurs tableaux une certaine dureté. Ils sont inférieurs encore aux peintres néerlandais pour l'arrangement des détails, bien que la plupart aient renoncé aux fonds d'or et les aient remplacés par des paysages parfois d'un remarquable fini. Nous les voyons même de temps en temps peindre le paysage pour lui-même. Les maîtres allemands restent bien plus encore au-dessous des Italiens de leur époque. Mais en admettant que leur infériorité sur le terrain de cet idéal, de cette beauté simple, de cette grâce des attitudes qui donnent tant de charme aux œuvres de Léonard, de Raphaël, du Corrége, soit due en partie à une différence de dispositions résultant des conditions plus favorables de la nation italienne, encore faut-il attribuer à d'autres causes cette singularité des Allemands qui, dans leur propre genre, ne parviennent pas à porter au degré le plus élevé leurs qualités de formes, de couleur et de clair-obscur. Le goût du fantastique, propre à l'art du moyen âge, tout en engendrant des œuvres habiles et remarquables, ne portait guère au culte de la beauté pure. Ce goût, depuis longtemps répudié par les Italiens, eut encore la faveur des Allemands à cette époque; ils aimaient toujours à représenter des scènes de l'*Apocalypse*, la *Danse des morts*, etc.

D'autre part, la représentation de sujets empruntés à l'antiquité, si favorable à la beauté des formes, s'accordait si peu avec l'esprit des Allemands, qu'ils ne trouvaient pour les rendre que des formes fantastiques, sans goût, et d'une naïveté presque enfantine.

Rappelons encore que l'éducation des diverses classes de la société, princes, nobles ou bourgeois, de qui les arts devaient attendre leurs protecteurs, restait en Allemagne bien en arrière de la culture intellectuelle dans ce pays privilégié qui, dès le commencement du xive siècle, avait pris la tête de la civilisation. En Italie, les œuvres d'art, plus appréciées, atteignirent un plus haut degré de perfection. L'artiste, plus considéré, mieux payé, y jouissait d'une position plus indépendante. En Allemagne, la misère et les obstacles matériels mirent les plus fâcheuses entraves au génie des Albert Dürer et des Holbein. De tous les princes allemands, un seul, l'électeur de Saxe, Frédéric le Sage, commanda des tableaux à Albert Dürer (¹) : pour Maximilien Ier il paraît n'avoir jamais fait, sauf le portrait de ce prince, que des dessins de gravures sur bois, pour lesquels on lui paya pendant quelques années une pension de cent florins du Rhin. Charles Quint lui fit encore payer la même somme en 1527, à sa demande, pour les dessins de l'*Arc de triomphe de Maximilien*. Il nous apprend lui-même, dans une lettre aux magistrats de Nuremberg que, dans l'espace

(¹) *Reliquien von Albrecht Dürer*, von Campe, Nuremberg, 1828, p. 59.

de trente ans, sa ville natale ne lui confia jamais des travaux pour la somme de cinq cents florins [1]. Il était d'ailleurs si peu rémunéré qu'il dut recourir au burin pour gagner sa vie [2]. Cependant la preuve de l'estime qu'il obtint en Italie et dans les Pays-Bas résulte de l'offre qu'on lui fit d'une pension annuelle de deux cents ducats à Venise et de trois cents philippes à Anvers, s'il voulait s'établir dans l'une de ces deux villes. Le sort d'Holbein fut plus triste encore; je ne sache pas qu'un seul prince allemand se soit jamais préoccupé de ce grand artiste. A Bâle, où il s'était fixé probablement dès l'an 1516, on s'inquiétait si peu de son génie, que la nécessité le contraignit d'aller en Angleterre [3], où ce maître, destiné aux plus grandes entreprises de l'art, dut se renfermer, pour vivre, dans la peinture de portraits. Enfin les obstacles qui achevèrent d'entraver le développement de l'art germanique et de le détourner de son véritable but, furent la réforme, qui rétrécit le champ des œuvres religieuses, et l'imitation pernicieuse des grands maîtres de l'école italienne.

(1) *Reliquien von Alb. Dürer, etc.*, p. 34 et 37.

(2) *Ibid*, p. 49.

(3) « *Hic frigent artes. Petit Angliam ut corradat aliquot Angelatos,* » dit Erasme, en 1526, dans une lettre qu'il remit à Holbein, à Bâle, pour son ami Petrus Ægydius d'Anvers.

ÉCOLE DE FRANCONIE.

Le chef de cette école, pendant la période qui nous occupe, fut le célèbre ALBERT DÜRER [1]. Il naquit en 1471, à Nuremberg, et grandit au milieu de dures privations, car son père était un simple orfévre dont le labeur pourvoyait difficilement à l'entretien de sa famille, composée de dix-huit enfants. Dès son jeune âge, Albert, pour obéir à son père, se consacra à l'art de ce dernier avec un plein succès; mais comme il montrait plus de goût pour la peinture, on le fit entrer en 1486 dans l'atelier de Michel Wohlgemuth. Après l'avoir fréquenté pendant trois ans, il entreprit un voyage qui dura quatre années. Immédiatement après son retour, en 1494, son père lui fit épouser Agnès Frey, femme avare et jalouse, dont le mauvais caractère empoisonna toute l'existence du grand

(1) La plus ancienne notice détaillée sur Albert Dürer se trouve dans VAN MANDER. SANDRART et DOPPELMAYER ont aussi fourni quelques détails sur cet artiste. Les *Reliquien von A. Durer*. publiés par Friedrich Campe (1 vol. in-12, Nuremberg, 1828), sont un ouvrage très-important à cause des documents nombreux qui s'y trouvent recueillis, les uns émanés de Dürer lui-même (*Lettres, Journal de voyage dans les Pays-Bas, Notices*). les autres dus à son ami, B. Pirkheimer. C'est ce dernier ouvrage que j'ai suivi dans mon travail. Un autre ouvrage, celui de HELLER : *Das Leben und die Werke A. Dürer*, Leipzig, Brockhaus, 1831 (inachevé), renferme aussi beaucoup de matériaux précieux, mais qui laissent à desirer au point de vue de la critique.

artiste. Au commencement de l'année 1506, Albert Dürer fit un voyage à Venise, où il resta près d'un an. Dans cette ville il s'attacha étroitement à Giovanni Bellini, qui était déjà fort âgé à cette époque, et malgré un travail des plus assidus il y contracta une dette considérable dont le payement lui causa dans la suite de cruels soucis. Dans l'endroit de sa correspondance où il mentionne cet incident, il récapitule ainsi l'état de sa fortune : « Quoique j'aie travaillé de mes mains, dit-il, et rudement, je n'ai n'ai pas eu la chance de gagner beaucoup [1]. » En effet, tout son avoir consistait alors « en un mobilier passable, de bons vêtements, un atelier bien fourni, une garniture de lit, quelques coffres ou bahuts, et pour plus de 100 florins du Rhin de bonnes couleurs [2]. » L'empereur Maximilien Ier faisait cependant de lui un cas tout particulier et, comme nous avons déjà dit, il lui accorda une pension annuelle de 100 florins. Charles-Quint et son frère Ferdinand Ier eurent la même estime pour Dürer, et le premier de ces princes continua à lui payer cette pension, quoiqu'il ne le connût pas personnellement [3].

Afin d'introduire un peu d'aisance dans son inté-

(1) « *Dy Ich ererbert* (erarbeitet) *hab hertiglich Mit Meyner hant, wan* (denn) *nie hab Ich fall* (Gelegenheit) *gehabt zw grosser gewinnung.* »

(2) « *Ein tzymlich gutn hawsrott* (Hausrath), *gute Kleyder, von tzynn gescher, guten Wertzeug, Petgewant* (Bettzeug), *thrun und behelter, mer um 100 fl. reinisch gute Farb.* »

(3) Il reste encore douteux que Ferdinan I lui ait aussi accordé une pension, malgré le témoignage de Pirkheimer.

rieur, monté cependant sur un pied bien modeste, il fit, en 1520 et 1521, un voyage dans les Pays-Bas, pour y vendre ses gravures sur bois et sur cuivre, qui étaient réellement son gagne-pain. Là, du moins, il eut la satisfaction de voir qu'il n'était pas méconnu : les artistes d'Anvers, de Gand, de Bruxelles le fêtèrent à l'envi; mais le but principal de son voyage n'en fut pas moins manqué, à ce point que, pour retourner chez lui, il se vit encore forcé d'emprunter 100 florins. Dans les sept dernières années de sa vie cependant, la vente de ses planches paraît lui avoir rapporté davantage, car sa succession s'éleva à 6,000 florins environ, lorsqu'il mourut, après une longue consomption, le 6 avril 1528. Au témoignage de B. Pirkheimer, son meilleur ami, cette fin, pour ainsi dire prématurée, à cinquante-huit ans, fut causée surtout par sa femme qui le contraignait à travailler jour et nuit, sans relâche, le querellant du matin au soir, et ne lui avait jamais procuré un moment de bonheur (¹).

Tous les renseignements que nous fournissent les écrits d'Albert Dürer et de ses contemporains nous le peignent comme un homme plein de droiture (²) et de douceur,

(¹) Je rapporte ici les expressions originales et énergiques de Pirkheimer lui-même : « Ich hab warlich an Albrechten der pester freunt eynen, so ich auf erdtreych gehabt hab, verloren, und dauert mich nichts so ser, dann das er so eynes hatseliges Dodes verstorben is, welchen ich nach der verhengnus Gottes niemand dann seiner Haussfrauen zusachen kan, die im sein Hertz eyngenagen, und der masser gepeyniget hat, das er zich dest schneller von hinen gemacht hat. »

(²) Si son penchant connu pour les innovations religieuses de

ami de la vérité, doué d'une rare modestie, d'une simplicité et d'une longanimité admirables, inspiré d'un désir ardent de savoir et d'une persévérance assidue que rien ne pouvait lasser. Parfois aussi l'on voit percer chez lui une humeur enjouée, mêlée peut-être d'un peu de rudesse ; sa conversation était animée et agréable ; il était extrêmement libéral de ses œuvres et il fit don d'un grand nombre de ses dessins et de ses gravures. A ces nobles facultés de l'intelligence répondaient des qualités physiques non moins remarquables : une physionomie

Luther procédait sûrement des intentions les plus pures que puisse inspirer l'amour de la science, il n'est pas moins vrai que leur influence sur le caractère de ses œuvres fut extrêmement restreinte, quoi qu'on en ait dit. Jusqu'en 1517, époque de la première apparition des thèses de Luther, il n'y a pas lieu de rechercher des traces de son influence dans les œuvres de Dürer ; la plupart de ses œuvres capitales sont d'ailleurs antérieures à cette date. Mais, même dans celles qu'il exécuta plus tard, l'idée religieuse ne trahit aucune modification essentielle et il est aisé de s'en rendre compte, puisque le plus ancien passage de ses écrits où il exprime son opinion sur Luther, avec beaucoup d'enthousiasme, à la vérité, ne date que de 1521 (*Reliquien*, p. 127 et suiv.). Mais sur la fin de sa vie, au témoignage de Pirkheimer, il était fort mécontent des discussions et des excès auxquels la réforme avait donné lieu à Nuremberg, et qui, jusqu'à la mort de Dürer, n'avaient même pas permis de consolider la hiérarchie évangélique de cette ville (*ibid.*, p. 166 et suiv.). Les seules images de Dürer où perce cette influence sont celles des *Quatre apôtres* de 1526, et là même elle se fait plus sentir dans la composition des personnages que dans les inscriptions empruntées à leurs écrits (Heller, II, p. 202 et suiv.).

sur laquelle la distinction s'alliait à une expression agréable et spirituelle et un corps bien proportionné.

Il n'est pas inutile de connaître ces qualités morales de Dürer et ces détails de sa vie pour l'apprécier sainement et équitablement au point de vue artistique. C'est ce que je vais essayer de faire. Comme artiste, ses qualités naturelles le placent au même rang que les plus élevés, les Léonard de Vinci, les Michel-Ange, les Raphaël, car s'il était inférieur à ceux-ci sous quelques rapports, il avait d'autres qualités qui leur manquaient. L'invention, la plus rare et la plus noble des facultés artistiques, est pour ainsi dire son domaine propre; ce fut le lot de Dürer comme celui de Raphaël et de Rubens. Chez lui, comme chez ceux-ci, l'imagination ne renferme pas son essor dans le cercle du dessin proprement dit; elle embrasse tout dans ses conceptions variées, depuis les sujets les plus sublimes de l'art religieux jusqu'aux scènes les plus familières de la vie domestique; souvent elle franchit ces limites pour s'exercer sur le terrain de la sculpture et quelquefois même de l'architecture. Dürer, en Allemagne, comme un peu auparavant Léonard de Vinci en Italie, fut le premier à sentir la nécessité de baser sur des études scientifiques ces branches si essentielles de la peinture, la perspective et le dessin [1], que les artistes n'avaient pratiquées jusqu'alors

[1] Quatre livres des *Proportions humaines* (1528) ne furent publiés par Pirkheimer qu'après la mort de Dürer. Le manuscrit de cet ouvrage, qui se trouve à la bibliothèque royale de Dresde, indique que Dürer s'en occupait déjà en 1512. Voyez

que par une sorte d'instinct [1]; la mort seule l'empêcha d'élaborer les matériaux qu'il avait recueillis sur deux applications spéciales de cet art, le paysage et les chevaux. Comme Léonard, il s'occupa aussi de la fortification et il publia un traité sur cette science [2]. Pour sa propre utilité et pour celle d'autrui, Dürer avait appliqué tous ses efforts à se rendre scientifiquement compte de ces éléments indispensables de l'art; aussi est-il incontestablement le premier de tous les artistes connus par la variété et la supériorité de son éducation technique. C'était,

BECKER, notice insérée dans les *Archives des arts du dessin* de Weigel.

(1) Dans son traité intitulé : *Underweysung der Messung mit dem Zirkel und Richtscheyt in Linien, Ebenen und ganzen Corporen*, 1525, il disait à Pirkheimer, en lui offrant son livre et avec une perception très-nette du but auquel il visait : « *Günstiger Herr und freund, man hat byssher in unsern deutschen Landen, vil geschickter jungen, zu der kunst der mallerey gethan, die man an* (ohne) *aller grundt und alleyn auss einen täglichen brauch gelert hat, sind dieselbe also im unverstand wie eyn wylder unbeschnitener bawm auff erwachsen, Wie wol etlich auss jener durch stetig übung eyn freye Hand erlang, also dass sin jre werk gewaltigklich aber unbedechtlich, und alleyn nach jren wohlgefalln gemacht haben, So aber die verstendigen maler und rechte künstner, solchs unbesunen werk gesehen, haben sie, und nit unbillich, diser leut blindtheyt gelacht, dieweyl einem rechten verstand nichts unangenemer zu sehen ist, dann falscheyt in gemel, unangesehen ob auch das mit allem Fleiss gemalt wirdet.* »

(2) *Etliche Underricht zu Befestigung der Stett, Schloss und Flecken*, 1527.

avant tout, un grand dessinateur, dont la main merveilleusement sûre et légère se jouait avec une égale aisance des procédés les plus opposés, depuis le faire large et rapide du fusain ou du crayon jusqu'aux traits les plus déliés de la pointe, du pinceau ou de la plume. Il peignit en détrempe, à l'huile, à la gouache, à l'aquarelle; il mania le burin avec une rare habileté; il grava à l'eau-forte sur cuivre, sur étain, sur fer; il tailla le bois [1]; il exécuta en pierre de Solenhofer et en bois de petites sculptures très-heureusement réussies. Ces qualités dominantes de son génie, l'invention, la science théorique et la pratique de procédés multiples n'excluaient pas cependant d'autres qualités importantes; son imagination se plie à tous les sujets qu'il aborde : tour à tour élevée, profonde, fantastique, calme, enfantine, poétique, aimable ou même humoristique, toujours elle décèle une exubérance de vie. Il se maintient encore à une grande élévation dans ce que j'appellerai le sentiment de la *localité*, c'est-à-dire le caractère et le mode de la composition; dans ses plus grandes œuvres, où les groupes se partagent et les figures isolées se correspondent, comme dans les sujets moins vastes et dans les figures détachées,

[1] Quoique je me range à l'opinion de ceux qui croient que les grands peintres, et Dürer lui-même, se contentaient en règle générale de tracer leurs dessins sur les bois à graver, laissant à des graveurs de profession l'exécution de la taille, je ne doute cependant pas que Dürer connût à fond les procédés matériels de cet art et que, exceptionnellement toutefois, il le pratiquât lui-même.

l'espace est toujours rempli d'une manière qui plaît à l'œil par la netteté et l'accentuation des motifs. La manière dont l'artiste saisit les objets naturels contredit jusqu'à un certain point ce que nous venons de dire de ses qualités ; non-seulement il s'y montre franchement réaliste, non-seulement la beauté des formes lui échappe fréquemment, mais les traits de ses figures, même dans les sujets les plus élevés, la Vierge, par exemple, offrent souvent quelque chose de grêle, de mesquin, de chétif, inévitable reflet de cette existence tant de fois tourmentée par la gène et les soucis les plus poignants. Les nus sont aussi fréquemment d'une difformité repoussante. Quant à l'imitation de la nature, je dirai que, même dans ses portraits, elle est plus vive et plus spirituelle que vraie. Les flexions exagérées des contours donnent souvent à ses corps un aspect dur et anguleux. En général ses draperies sont jetées avec un goût très-pur, souvent même très-grandiose dans les masses principales ; en revanche elles tombent en petits plis nombreux, secs et capricieusement fouillés dans les motifs de détail. Mais c'est dans le coloris surtout que Dürer se montre sous un jour extrêmement désavantageux ; il vise bien plus à l'éclat qu'à la vérité de la couleur et il affecte une prédilection particulière pour le bleu d'outremer employé sans mélange. Aussi ne faut-il pas chercher dans ses tableaux l'harmonie des couleurs, ni même une gamme soutenue. Lors même que le modelé est travaillé dans un empâtement bien fondu, ce qui prédomine toujours dans sa manière, c'est l'élément graphique, le trait fortement accusé; mais la plupart du temps les contours sont larges, tracés de main de maître, les ombres hachées et les reliefs marqués par de simples glacis. De pareils tableaux font plutôt l'effet de dessins coloriés.

Ce qui frappe le plus vivement le connaisseur dans toutes les œuvres d'Albert Dürer, indépendamment de leurs grandes qualités et malgré leurs notables défauts, c'est qu'elles reflètent, avec la fidélité d'un miroir, un esprit élevé, pur, vrai, allemand par excellence; et cette admiration se change bientôt en une profonde émotion quand on songe au milieu de quelles navrantes vicissitudes une si étonnante quantité de sublimes conceptions virent le jour. Je comparerais volontiers ce grand artiste à un arbre qui, poussant dans un sol aride, plus battu par les tempêtes qu'il n'est fécondé par le soleil et par la pluie, ne laisse pas de triompher des éléments, grâce à sa robuste nature : sa rude écorce est hérissée de nœuds et de rugosités, mais une sève vigoureuse l'emporte et sa cime se couronne d'un riche et épais feuillage.

Les tableaux de Dürer, dont je vais maintenant m'occuper, sont extrêmement rares et cela se comprend : l'artiste qui gagnait à peine 200 florins pour une peinture qui l'avait occupé près d'une année entière, se vit forcé, pour subsister, de consacrer la meilleure partie de son temps à graver et à faire des dessins pour les imagiers. Dürer eut la bonne habitude, trop rare chez les peintres allemands, de signer la plupart de ses œuvres d'un monogramme et d'y inscrire la date de leur exécution. Cela nous permettra d'en faire un choix méthodique et de les examiner dans l'ordre où elles furent produites.

Le plus ancien ouvrage que l'on possède de lui est un portrait de son père Albert Dürer, l'orfévre, fait en 1497. En 1644, ce tableau, qui a été gravé par Hollar, figurait dans la galerie du comte d'Arundel; il se trouve aujourd'hui à Sion-House, dans la collection du duc de Northumberland. C'est une œuvre pleine d'animation, d'une exécution vive et hardie, quoiqu'on y sente plutôt le crayon que la brosse, d'une couleur harmonieuse et vraie (¹).

Le même portrait, avec la date de 1497, mais légèrement différent de celui qui précède, se trouve à la galerie de Munich (Cabinets, n° 128). Il porte cette inscription :

« *Das malt ich nach meines vatters gestalt,*
« *Da er war siebenzig Jahr alt.* »

Même exécution que le précédent, mais moins vigoureux de couleur. Le même portrait, daté de 1498, figure à la galerie des Offices, à Florence; plus jaune dans les carnations; fond verdâtre et un peu plus empâté que les deux précédents. Ce tableau fut offert, avec son pendant cité ci-dessous, par la ville de Nuremberg au roi Charles Ier d'Angleterre: puis, à la vente de sa galerie, tous deux furent achetés par le grand-duc de Toscane.

Son propre portrait. L'artiste vu jusqu'à la ceinture se trouve devant une fenêtre, les mains appuyées sur la

(¹) *Trésors de l'art*, t. IV, p. 267. Le musée Staedel de Francfort en possède une excellente copie faite à l'école du maître.

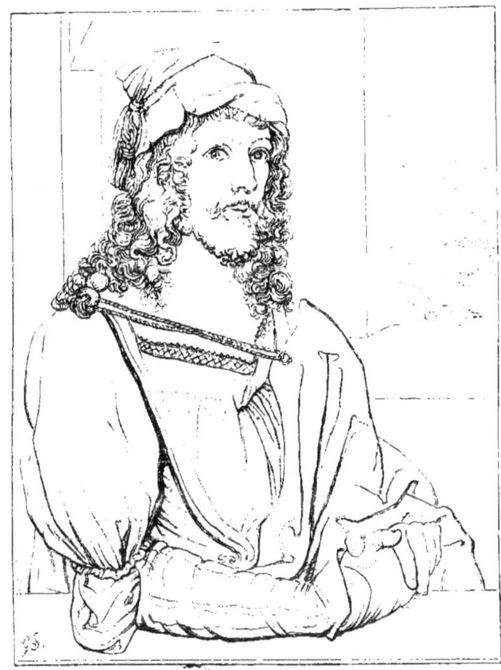

ALBERT DURER.

Painted by himself. — In the collection of Artists' Portraits at Florence.

ALBERT DURER,

peint par lui meme, collection des portraits d'artistes, a Florence.

tablette, revêtu d'un pourpoint, avec une coiffure élevée rayée de blanc et de noir et un manteau brun sur l'épaule. Ses traits réguliers offrent beaucoup de charme dans leur honnête et candide expression. Le ton des chairs est jaunâtre, les pommettes des joues rosées, les ombres très-légères tirant sur le brun et les cheveux retombant en boucles soyeuses. L'ensemble, jusqu'au ciel d'un glauque douteux, est cependant froid de ton et même un peu lourd. Le tableau porte l'inscription suivante :

« *Das malt Ich nach meiner gestalt*
« *Ich was sex und züenzig jor alt.*
« *Albrecht Dürer* 1498, » et le monogramme.

Une des plus belles œuvres de cette première époque du maître est un portrait daté de 1497, celui d'une jeune fille de la famille patricienne de Fürleger, de Nuremberg, qui fait partie de la collection de feu M. von Speck Sternburg, à Lütschena, près de Leipzig. C'est une peinture d'un sentiment exquis et d'un ton chaud, exécutée avec autant de verve que de moelleux dans un empâtement solide.

La plus ancienne des grandes pages de ce maître que je connaisse est un retable à volets du musée de Munich (n°s 1, 3 et 72), peint à la demande de Martin Baumgärtner, pour l'église du couvent de Sainte-Catherine, à Nuremberg, probablement en 1498 ou 1499 [1]. Le pan-

[1] En 1612 le magistrat de Nuremberg en fit hommage à l'électeur Maximilien Ier de Bavière. *Reliquien*, p. 184.

neau central représente la *Nativité*, composition un peu mesquine. La figure vieillie de Marie et les cinq anges qui l'entourent sont loin d'être beaux, mais comme Joseph ils respirent une expression très-bienveillante. La touche est assez large et les carnations brunâtres. Les volets, en revanche, sont beaucoup plus importants et plus soignés : ils représentent les frères Étienne et George Baumgärtner, sous les traits de saint George et de saint Eustache, en armures du temps, accompagnés de leurs chevaux. Ces personnages sont pleins de vie. L'un d'eux, debout à côté d'un cheval, paraît avoir depuis servi de type à la fameuse gravure du *Chevalier, la Mort et le Diable* (1).

Le *Portrait du Maître* (galerie de Munich, n° 224), en fourrure brune et vu entièrement de face. On y lit cette inscription : « *Albertus Durerus Noricus ipsum me propriis hic effigiebam coloribus ætatis anno* XXVIII, » le monogramme et la date de 1500. Kugler a fort bien fait ressortir l'extrême différence de ce portrait et de celui de Florence, quoique ce dernier n'ait été peint que deux ans plus tôt. Ici, les traits nobles, pleins et beaucoup plus virils que dans l'autre portrait, expriment avec fermeté la conscience d'un talent mûr. Dessin excellent, mais contours un peu durs. Dans son application à donner au

(1) Il s'en trouve un dessin très-beau, colorié, portant la date de 1498 et le monogramme de Dürer, dans la collection de l'archiduc Albert à Vienne ; seulement le cheval est tourné d'une autre manière. L'exécution du tableau, comparée à celle de ce dessin, atteste la même date.

modelé tout le fini possible, le peintre n'a pas su éviter quelques écueils : ainsi, le ton des chairs devient lourd, çà et là les lumières prennent un aspect métallique, les ombres tournent au noir, et la chevelure, traitée avec beaucoup de soin et retombant en boucles abondantes sur les épaules, reçoit un effet peu agréable des jeux multipliés de la lumière. La pose de la main manque aussi de goût.

Une *Pietà* du musée de Munich, n° 66, composition nombreuse, portant la même date, fournit un échantillon complet des qualités les moins heureuses de Dürer. Le cadavre maigre et livide du Christ a quelque chose de hideux, la plupart des figures sont laides, les carnations des femmes fort ternes, la gamme est crue et la composition même surchargée. En revanche, l'expression est d'une grande vérité, noble même dans la figure de Marie, et le faire extrêmement soigné dans toutes les parties, jusqu'au paysage.

A la même époque appartient *Hercule attaquant les Harpyes* (hospice Landau à Nuremberg, n° 163) : peinture à la détrempe sur toile, assez insignifiante et que je cite ici parce que c'est un des rares sujets que Dürer emprunta à la mythologie antique. Quelque ingénieuse que soit la composition, elle ne satisfait point ; en effet, le sentiment de la beauté des formes et de la grâce est une qualité presque inséparable des représentations de ce genre, et l'on sait combien ce sentiment est étranger au génie artistique de Dürer. La même observation s'applique à bien plus juste titre encore à quelques-unes de ses gravures représentant des sujets mythologiques.

La galerie de Vienne possède un tableau daté de 1503 représentant la *Vierge allaitant l'Enfant;* c'est un curieux échantillon de la forme vulgaire et bourgeoise sous laquelle Dürer a quelquefois conçu le type de la Vierge. En outre, sa grosse tête offre quelque chose de maniéré dans les yeux et la bouche. La chevelure, au contraire, est touchée avec le talent accoutumé du maître.

Le tableau le plus important de 1504 est une *Adoration des Rois*, exécutée pour Frédéric le Sage, électeur de Saxe, offerte en 1603 par l'électeur Chrétien II à l'empereur Rodolphe II, et enfin transférée, par suite d'un échange, de Vienne à Florence, où elle se trouve aujourd'hui suspendue dans la tribune des Offices. Les têtes ont un caractère profondément réaliste; la Vierge n'est qu'un portrait tracé d'après un modèle peu attrayant; le second roi paraît être le portrait de l'artiste lui-même. Le paysage du fond ressemble à la gravure bien connue de *Saint Eustache*, dont l'époque est ainsi déterminée. C'est une œuvre extrêmement travaillée dans un empâtement solide.

Nous devons reporter à la même époque le beau portrait d'homme, portant un chapeau à larges bords et un ordre de chevalerie au cou, portrait qui se trouve dans la galerie du duc de Rutland, au château de Belvoir.

Voici cependant un tableau qui, sous le rapport de l'art et par l'ampleur du sujet, l'emporte de beaucoup sur toutes les peintures historiques que j'ai citées jusqu'ici : c'est celui que Dürer exécuta pendant son séjour à Venise pour l'église de la Nation germanique, dédiée à saint Barthélemy. Il représente la *Fête du Rosaire*. Au milieu, devant une draperie, trône la Vierge avec l'Enfant ; à sa droite s'agenouillent le pape et le clergé, à sa gauche l'empereur Maximilien Ier ; derrière ces deux groupes viennent les principaux associés de la Hanse allemande, entre autres un membre de la famille Fugger. Tous ces personnages sont couronnés de roses par Marie, par l'Enfant, par saint Dominique, debout derrière la Vierge, et par une troupe d'anges voltigeant dans les airs. Dans le riche paysage du fond on aperçoit en petit Dürer et B. Pirkheimer ; le premier tient une tablette avec ces mots : « *Exegit quinquemestri spatio Albertus Dürer Germanus MDVI* » et le monogramme (1). Ce tableau, haut de quatre pieds environ sur huit de large, offre une composition non moins riche qu'ingénieusement conçue ; l'ange jouant du luth au milieu du premier plan est une évidente inspiration de l'école vénitienne, qui a souvent reproduit le même motif. La peinture elle-même, dans le peu de parties qui étaient encore intactes en 1837 (2), annonçait

(1) Bademan de Prague en a fait une bonne lithographie.

(2) Ce tableau fut acheté à haut prix de la Hanse par l'empereur Rodolphe II et transporté à Prague, où il resta jusqu'en 1782 dans la galerie impériale. A cette époque, Joseph II le fit vendre à l'encan avec d'autres œuvres d'art et il fut acquis par les Prémontrés du couvent de Strahof à Prague. Grâce à la négligence d'un noble qui l'avait emprunté du couvent, la plus grande partie de la couleur se détacha et fut remplacée par un mauvais peinturlurage. Depuis 1837, le tableau subit encore

également la même influence. Comme chez les maîtres vénitiens, la couleur est à la fois grassement empâtée et d'une merveilleuse transparence; quant à la touche, on y reconnaît la verve de Dürer, avec plus de liberté que dans ses autres tableaux. Il est certain que le peintre allemand rassembla ici toutes les forces de son génie pour démentir le bruit que les peintres vénitiens faisaient courir sur son compte : c'était, disait-on, un habile graveur, mais incapable de manier la brosse. Une lettre de Dürer à son ami Pirkheimer annonce à celui-ci que le peintre a complétement triomphé de ces préventions (¹).

Dans la même année et sûrement aussi à Venise, Dürer peignit en cinq jours, dit l'inscription, un de ses tableaux les moins bien réussis : c'est le *Christ au milieu des docteurs*, en buste; il figure au palais Barberini à Rome. Le Christ est insignifiant, ses interlocuteurs sont des caricatures; le ton des chairs est sale et les autres couleurs sont criardes.

Les cinq années suivantes furent spécialement consacrées à la peinture. C'est à cette époque que Dürer exécuta ses compositions les plus importantes et les plus riches. On y retrouve aussi plus ou moins l'heureuse influence de l'école vénitienne, dans la transparence du coloris, dans le modelé, dans un empâtement meilleur et

une nouvelle restauration. Le musée de Lyon possède une copie provenant de l'ancienne galerie de Vienne, exécutée vers 1600 avec des changements très-notables. Voyez mon travail dans le *Deutsches Kunstblatt* de 1854, p. 200 et suivantes.

(¹) Voyez *Reliquien*, p. 27.

dans une fonte des couleurs plus harmonieuse que dans ses premières œuvres.

Dès la première année il exécuta deux panneaux représentant *Adam et Ève*, à peu près de grandeur naturelle. La ville de Nuremberg en fit don plus tard à l'empereur Rodolphe II (¹). Depuis, et de la même manière sans doute, ils passèrent dans la galerie royale de Madrid. La composition offre beaucoup de ressemblance avec celle de la célèbre planche que Dürer grava en 1504. Nos premiers parents sont représentés au moment de la chute. Sur le panneau qui comprend Ève, on lit cette inscription : « *Albertus Dürer Alemanus faciebat post Virginis partum* 1507, » avec le monogramme. La tête d'Ève est très-délicate pour une œuvre de Dürer, le dessin correct, le contour animé, le modelé plein de soin (²). Un autre exemplaire du même sujet, d'une extrême beauté et sortant certainement de l'atelier d'Albert Dürer, bien que je ne puisse exactement déterminer les rapports qu'il offre avec celui de Madrid, se trouve au palais Pitti, à Florence (³).

(¹) Au dire de Campe (*Reliquien*, p. 57). Il n'est cependant pas vraisemblable que ce soient, comme il l'avance, les mêmes tableaux offerts par Dürer au magistrat de Nuremberg, suivant une lettre de ce peintre, imprimée dans l'ouvrage même de Campe. Voyez Heller, II, p. 205 et suivantes.

(²) Passavant, *l'Art chrétien en Espagne*, p. 142.

(³) Pendant un séjour que j'y fis en 1841, il me fut permis de l'examiner de près, au moyen d'une échelle, dans l'endroit élevé et défavorable où on l'a placé. A cette époque il passait encore pour une œuvre de Lucas Cranach.

Un troisième, considéré aussi comme original, et placé dans la galerie de Mayence, n'est qu'une ancienne copie faite du temps du maître, destinée à remplacer l'original, et qui, enlevée par les Français en 1796, fut ensuite envoyée au musée provincial de Mayence.

A cette année encore appartient le portrait d'un jeune homme blond, vêtu d'un habit fourré, qui se trouve dans la galerie de Vienne. Il se distingue de la plupart des portraits de Dürer par un sentiment plus délicat de la nature et par le ton général exceptionnellement rouge. C'est une œuvre très-travaillée.

C'est également en 1507 que fut exécutée la plus grande partie du *Martyre des 10,000 chrétiens sous Sapor II, roi de Perse*. Ce tableau, peint par Dürer pour le duc Frédéric, depuis électeur de Saxe, fut sans doute donné plus tard en présent à l'empereur Rodolphe II par l'électeur Chrétien II, avec l'*Adoration des Rois*, dont nous avons parlé ci-dessus. C'est dans la galerie de Rodolphe que Van Mander admira cette belle page [1]. Dans la suite, elle passa dans la galerie impériale à Vienne, où elle se trouve encore aujourd'hui. Sur le premier plan figure le roi, à cheval, entouré de ses grands, présidant lui-même au martyre des saints et à leurs divers supplices : les uns sont décapités, d'autres aveuglés : au fond, un grand nombre sont précipités des rochers. Vers le milieu de la scène on voit Dürer et son ami B. Pirkheimer, en simples spectateurs, revêtus de robes noires : le premier

[1] VAN MANDER, *Het Schilderboeck*, p. 131 v° et suiv.

tient dans ses mains jointes une banderolle avec cette inscription : « *Iste faciebat anno Domini* 1508 [1] *Albertus Dürer Alemanus.* » On connaît le célèbre carton de Michel-Ange, représentant des guerriers florentins surpris au bain par le signal du combat : partout les soldats s'empressent de gravir les berges de l'Arno et de s'habiller en toute hâte. Le génie du grand artiste se révèle tout entier dans cette merveilleuse composition, où l'on ne sait ce qu'on doit le plus admirer, la soudaineté et l'énergie des mouvements ou la hardiesse des raccourcis. Eh bien, Dürer s'est évidemment inspiré de cette situation pour donner un échantillon non-seulement de sa science profonde, mais aussi de toutes les ressources de sa palette, de son modelé et de sa touche magistrale. Je ne nie pas que cette œuvre soit beaucoup surpassée par bien d'autres tableaux de Dürer sous le rapport de l'idée comme sous celui de la composition; mais les qualités que je viens d'énumérer en font à mon avis l'œuvre la plus parfaite qu'ait jamais créée son pinceau. C'est du reste le témoignage qu'il se rend lui-même [2]. Nulle part il ne

(1) Il résulte des paroles mêmes de Dürer, dans deux lettres écrites par lui à Jacob Heller, que le tableau était plus d'à moitié terminé dès 1507 et qu'il fut achevé complétement vers les Pâques de 1508. Voyez *Reliquien*, pp. 34 et 37.

(2) « Ich wolt, » dit-il à la fin de sa lettre, « das ihr meines genedigen Hern Taffel sehet ich halt davor sie würde euch wol gefallen. » Le même passage nous fournit un renseignement exact sur le prix du tableau et sur le mécontentement du peintre si peu rétribué d'un travail qui lui avait coûté tant de temps :

prodigue une aussi féconde étude de la nature : dans ces motifs pleins d'animation et de mouvement, l'on n'admire pas moins l'immense habileté de ses raccourcis que la beauté qu'il a su leur conserver, en se jouant des plus audacieuses difficultés. Il règne dans ses types beaucoup plus de variété ici que dans ses autres tableaux. J'en dirai autant des carnations dont la gamme s'élève des tons les plus froids, et de la lividité des cadavres, à des reflets chauds et dorés d'une rare transparence. Les autres couleurs sont également vigoureuses et nourries, quoique l'ensemble offre quelque chose de criard, dû surtout à l'éclat excessif du bleu d'outremer. Les pieds et les mains sont d'une coupe plus élégante, les plis plus vrais et plus moelleux que d'ordinaire ; le modelé est excellent et les teintes se fondent bien dans un empâtement très-travaillé. Je reconnais dans ce tableau le double fruit que Dürer retira, pour le dessin, des œuvres d'André Mantegna dont il visita sans doute les fameuses fresques à l'ermitage de Padoue, lors de son voyage de Venise, et, pour la peinture, des leçons de Giovanni Bellini [1].

La *Lucrèce* (galerie de Munich, n° 93), de la même année, n'est remarquable que parce qu'elle décèle l'étude très-soignée d'un modèle nu, mais nullement beau. Les

« Ich hab schir ein gantz jahr daran gemacht und wenig gewins daran wan mir wirdt nit mehr dan 280 gulden Reinisch dafür, verzerts einer schir darob. »

[1] On sait que Dürer a dessiné le même sujet pour être gravé en bois, mais changé et simplifié dans plusieurs endroits. Voyez Bartsch, part. VII, p. 140, n° 117.

traits bizarres et mesquins de ce laid visage rappellent aussi peu l'héroïne dont la beauté même causa le suicide, que le geste disgracieux avec lequel elle enfonce le poignard dans son flanc. A force de vouloir arrondir tous les méplats, le peintre est tombé dans un ton faux et lourd ; ses ombres sont grises, et ses chairs, blafardes dans les clairs, prennent plutôt un aspect métallique. Malgré ces défauts, les demi-teintes et des reflets, savamment ménagés et travaillés avec habileté dans un empâtement solide, ont permis à l'artiste d'atteindre en partie son but [1].

De l'*Ascension*, peinte en 1509 pour Jacob Heller de Francfort, un des chefs-d'œuvre de Dürer d'après son propre témoignage [2] et celui de ses contemporains, on ne peut plus se faire qu'une idée très-imparfaite par une ancienne copie exposée naguère au musée Städel, l'original, vendu à l'électeur Maximilien Ier de Bavière, ayant péri plus tard dans l'incendie du palais de Munich. Sous le rapport de la composition, les apôtres et les anges sont parfaits. Le Christ, dans les airs, couronné de la tiare, est un peu isolé. On retrouve encore Dürer dans ce tableau : il tient une tablette avec cette légende : « *Albert Dürer faciebat post Virginis partum* 1509. »

(1) L'importance que Dürer attachait lui-même à ce tableau est confirmée par une étude dessinée en 1508 avec beaucoup de talent, sur papier vert, relevée au pinceau avec du noir dans les ombres et du blanc dans les clairs. Ce dessin se trouve dans la collection de l'archiduc Albert à Vienne.

(2) Voyez neuf lettres de Dürer à ce Heller, très-curieuses et contenant des détails importants, dans les *Reliquien*, p. 35-51.

Le chef-d'œuvre d'Albert Dürer, encore existant, est sans contredit le tableau qu'il peignit en 1511, à la demande du riche fondeur en cuivre Landau, pour la chapelle de l'hospice dédié par celui-ci à tous les saints. Dans la suite le magistrat de Nuremberg en fit don à l'empereur Rodolphe II; c'est aujourd'hui un des plus précieux joyaux de la galerie du Belvédère (voir la gravure). Conformément à sa destination primitive, il représente un grand nombre de bienheureux adorant la sainte Trinité. Dürer a fait preuve ici de sa profonde science des lois harmoniques qui impriment à une vaste composition le cachet de l'ordre, de la grandeur et de la beauté. Au centre, dans le haut, trône le Père éternel; il tient devant lui le Sauveur expirant sur la croix pour le salut de l'humanité; au-dessus d'eux plane le Saint-Esprit sous la forme d'une colombe. Autour de ce groupe se pressent des anges soutenant les uns le manteau du Père, les autres les instruments de la Passion. Un peu plus bas, à sa droite, on voit la Vierge suivie des saintes femmes, et à sa gauche, saint Jean-Baptiste avec le cortége des saints. Beaucoup plus bas encore, dans l'attitude de l'adoration, se groupe une foule nombreuse de fidèles de tout âge, de tout sexe, de toute condition. Tout au bas du tableau enfin se déroule un paysage plein de lumière, de perspective aérienne et de délicatesse, qui n'a pas son pareil dans les œuvres de Dürer. Le maître s'y est représenté lui-même dans un coin, drapé dans un riche manteau de fourrure dont les plis tombent majestueusement : il soutient une tablette portant son monogramme avec

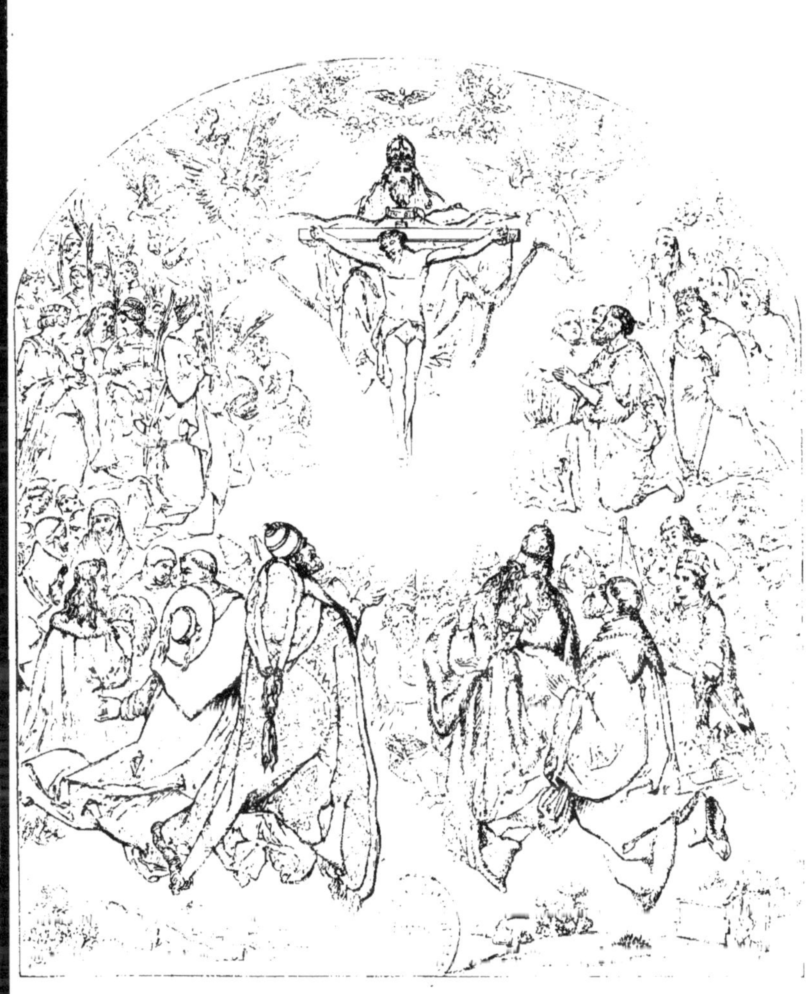

ADORATION DE LA TRINITE,

par A. Dürer, galerie du Belvedere de Vienne.

cette inscription : « *Albertus Dürer Noricus faciebat. Anno a Virginis partu* 1511. » La conception de Dieu le Père est vraiment imposante; dans le Christ, c'est la souffrance qui prédomine. Les attitudes sont extrêmement variées et, quoique les têtes d'hommes soient de véritables portraits qui ont même conservé le costume des originaux, il s'en faut beaucoup qu'elles manquent de caractère ni d'expression. Quant aux femmes, on y rencontre quelques têtes réellement belles; mais en général l'ovale arrondi et des profils disgracieux prédominent dans ces types féminins dont l'expression est un peu mesquine. La palette du maître est tout aussi variée dans les carnations, avec moins de transparence toutefois que dans le *Martyre des Chrétiens*. On retrouve également ici cet ensemble bigarré : la touche est excessivement fine et spirituelle, mais l'artiste a procédé plutôt par des hachures et des glacis que par un empâtement laborieusement fondu.

Deux ans auparavant seulement Raphaël avait exécuté un tableau qui se rapproche extrêmement de celui-ci par l'idée : je veux parler de la *Théologie*, connue sous le nom de la *Dispute*, au Vatican. Le parallèle des circonstances dans lesquelles furent exécutés ces deux chefs-d'œuvre me paraît bien propre à faire ressortir l'immense différence du genre de vie de leurs auteurs. Tandis que Dürer travaillait pour l'honnête fondeur, forcé de resserrer son vaste sujet dans l'étroit espace d'un panneau de quatre pieds trois pouces de haut sur trois pieds dix pouces trois quarts de large. Raphaël, lui, peignait pour le pape, le souverain le plus éminent de son époque, et pouvait déployer l'essor de son génie sur de vastes surfaces murales. Faut-il s'étonner alors que Raphaël, sans même tenir compte de ce que son sentiment de la grâce et de la beauté est fort supérieur à celui de Dürer, pût enfanter une œuvre qui cause une impression bien plus élevée et surtout bien plus générale, que l'œuvre du maître allemand?

De tous les tableaux de Dürer qui représentent la *Vierge et l'Enfant*, celui de la galerie de Vienne, daté de 1512, est sans contredit le plus achevé dans toutes ses parties. L'expression maternelle de la Vierge, qui n'est pas belle d'ailleurs, est rendue avec autant de succès que la joie de l'enfant nu, aux formes un peu trop saillantes, mais d'un modelé admirablement fondu dans une carnation très-transparente, avec des ombres grisâtres et des reflets fort judicieusement ménagés. Je ferai le même éloge de la tête de Marie, dont les joues rosées et la chevelure d'or sont traitées avec une suprême habileté.

Dans les années suivantes, Dürer paraît s'être adonné plus particulièrement à la gravure, car on ne peut supposer que tous les tableaux qu'il aurait peints à cette époque eussent péri jusqu'au dernier.

L'année 1516 nous fournit de lui deux nouveaux tableaux d'un caractère bien différent. L'un est le *portrait de Michel Wohlgemuth* (galerie de Munich, Cab., n° 139), dessin large et ferme, haché avec le pinceau, d'un ton lourd, jaune dans les clairs, brun-foncé dans les ombres, reproduisant avec un fini merveilleux les parties flasques ou osseuses de cette figure octogénaire; l'autre, peint à la détrempe sur toile, représente les *Apôtres Philippe et Jacques*; il est dans la galerie des Offices, à Florence : conception grandiose, faire singulièrement travaillé, dans les longues barbes surtout, et d'une rare *maestria*. Dürer s'est servi pour son *Saint Jacques* du même modèle d'après lequel il exécuta dix ans plus tard son célèbre tableau de *Saint Paul*.

A en juger par les formes et par la touche, c'est à la même époque qu'il faut rapporter les portraits de Charlemagne et de l'empereur Sigismond (hospice Landau, n°s 43 et 44). Le premier est d'une conception très-grandiose, et l'artiste a procédé, comme dans le portrait de Wohlgemuth, par des glacis et des hachures [1]

Dans les deux années suivantes, ou vers ce temps, Dürer peignit pour la famille Holzschuhr la *Pietà* qui se trouve dans la chapelle Saint-Maurice à Nuremberg, n° 64 [2]. Composition excellente, draperies d'un goût très-simple et très-pur. En revanche, la tête du Christ est d'une hideuse vérité, celle de la Vierge n'est guère belle, et celle de Madeleine dépourvue d'expression. Le ton rouge des chairs est lourd, l'effet général criard, mais le faire, dans un empâtement solide, est très-soigné.

On peut assigner à peu près la même date aux peintures murales de la grande salle de l'hôtel de ville de Nuremberg. Quoiqu'elles aient été restaurées à plusieurs reprises et repeintes même en 1620, nous ne pouvons les passer sous

(1) Voyez *Kunstwerke und Künstler in Deutschland*, part. I, p. 201 et suiv.

(2) Ib. I, p. 186.

silence, attendu que c'est le seul échantillon de peintures monumentales que nous ait laissé Dürer et que la composition en est pleine de caractère et de génie. Le sujet principal est le *Char de triomphe de l'empereur Maximilien Ier*, traîné par douze chevaux et entouré d'un nombreux cortége de figures allégoriques. Willibald Pirkheimer, le créateur de cette idée, en fit un commentaire dont Dürer exécuta les dessins et qui fut, en 1518, offert à l'empereur Maximilien (1). Le char sur lequel trône le souverain est richement décoré des attributs de la puissance et d'ornements symboliques. Les figures allégoriques se distinguent à leur avantage de la plupart des femmes de Dürer par leurs proportions nobles et sveltes et par leurs attitudes gracieuses. Il y a là des traces sensibles de l'influence italienne. Le savant Pirkheimer fournit sûrement aussi à son ami l'idée d'un autre épisode représentant la *Calomnie d'Apelles*, sujet destiné à rappeler aux juges la stricte observation de leurs devoirs; les nombreuses allé-

(1) Une lettre de remerciement adressée par l'empereur Maximilien à Pirkheimer jette un grand jour sur ces détails. Cette lettre, imprimée à la fin de la première édition des excellentes gravures sur bois publiées d'après ces dessins par Jérôme Resch, jusqu'en 1522, a été reproduite par Bartsch, VII, p. 155. Elle est ainsi datée : « *Am neun und Zwanzigsten Marcii Anno etc.* xviii, *unseres Reichs am* xxxij *Jahren* » (sic). La durée de son règne est donc supputée à partir de 1486, qu'il fut nommé roi des Germains. Il est bien remarquable que non-seulement par cela seul que la lettre est adressée à Pirkheimer, c'est à lui qu'est attribuée la part principale de l'œuvre; mais encore qu'il n'y est pas fait la moindre allusion au dessin de Dürer.

gories y sont très-ingénieusement personnifiées. Il faut enfin citer encore le panneau représentant les musiciens ; ces personnages sont groupés avec beaucoup de bonheur et de mouvement.

En 1519, Dürer peignit le portrait de son principal bienfaiteur, l'empereur Maximilien Ier, qui se trouve dans la galerie du Belvédère. Le vieux monarque, qui mourut la même année, est représenté dans une attitude pleine de calme et d'aisance, avec un manteau de fourrure et un bonnet plat, tenant en main une pomme de grenade ; Dürer a fait ici le nez moins saillant et la lèvre inférieure moins charnue que dans les autres portraits du même prince ; ton général d'un fauve doré, un peu gris dans les ombres : empâtement serré, très-travaillé.

Un des portraits les plus vivants de Dürer est celui d'un jeune homme en chapeau très-évasé, n° 1624 de la galerie de Dresde : palette excellente, ombres grisâtres.

Si je fais ici mention des volets datés de 1523 (galerie de Munich, Cab., nos 123-128), représentant Joachim, Joseph, Siméon et l'évêque Lazare, c'est moins à cause de l'importance de ces peintures que parce qu'elles fournissent la preuve que Dürer n'avait pas perdu, même dans ses dernières années, son aptitude à s'assimiler certaines qualités des autres écoles. Dans le coloris transparent et vigoureux, aussi bien que dans la touche générale, où il se montre beaucoup plus sobre des hachures qui caractérisent sa manière ordinaire, on reconnaît sans peine l'influence qu'avaient exercée sur lui, pendant son séjour dans les Pays-Bas, 1520-1521, les grands coloristes flamands, tels qu'un Quentin Massys. Le même fait se révèle dans les panneaux extérieurs de ces volets, *Job et sa femme* (musée Städel à Francfort, n° 104), et dans les *Deux Joueurs de flûte,* du musée de Cologne.

En 1526 Dürer a atteint une dernière fois toute la hauteur de son talent de peintre : c'est ce que prouve une *Vierge avec l'Enfant* de la galerie des Offices à Florence : ici, la couleur est nourrie, d'un ton rougeâtre, et l'artiste a copié avec amour des détails empruntés à la nature même.

Mais son véritable chef-d'œuvre ce sont les fameux *Quatre Apôtres,* peints de grandeur naturelle sur deux panneaux étroits, que le maître lui-même avait jugés dignes, au témoignage d'une lettre qui existe encore, d'être offerts en souvenir à sa ville natale (¹). Plus tard cependant, vers 1640, le magistrat de Nuremberg en fit don à l'électeur Maximilien de Bavière et c'est ainsi qu'ils ont passé dans la galerie de Munich, où ils figurent aujourd'hui sous les nos 71 et 76. Le principal personnage d'un de ces panneaux, saint Jean, vu de profil, est profondément absorbé dans la lecture d'un livre ouvert qu'il tient dans ses mains : derrière lui, saint Pierre se penche pour suivre la lecture. Saint Paul, la figure principale de l'autre panneau, également vu de profil, porte un

(¹) Quoique cette lettre, imprimée à la page 57 des *Reliquien*, ne porte point de date, il résulte à toute évidence d'une note de Neudörffer, contemporain de Dürer, que c'est bien de ce tableau qu'il y est question. Voyez J. Neudörffer's *Nachrichten von Kunstlern Nürnsberg.* Nuremberg 1828. Campe. 1 vol. in-12, p. 37, et Heller, part. II. p. 201 et suiv.

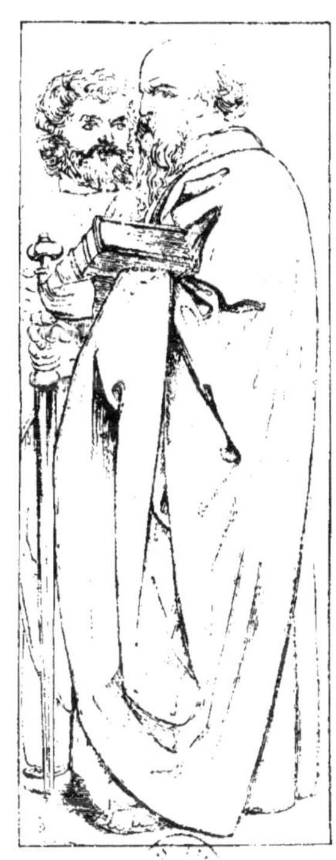

livre fermé et le glaive, et regarde d'un air très-sévère au-dessus de son épaule. Saint Marc placé derrière lui semble lui adresser la parole. Le fond est noir. Jean et Paul sont sans contredit les figures les plus grandioses que Dürer ait jamais peintes. Il y a dans leurs nobles têtes une certaine simplicité de formes et un caractère profond : les poses sont dignes et vraies ; les draperies tombent en plis larges et simples du goût le plus pur. Saint Pierre est bien moins heureusement conçu ; saint Marc a quelque chose de violent et de rébarbatif (¹). Les carnations, même dans le visage très-pâle de ce dernier, sont d'un ton chaud, brun-rougeâtre. Le vêtement de Jean est vermillon, celui de Paul blanc-bleuâtre, l'ensemble très-harmonieux. Excellent modelé dans toutes les parties, sauf quelques reflets de la tête de Paul qui ont un aspect métallique. En revanche, son habit d'une grande profondeur dans les ombres, montant par une succession de demi-teintes presque jusqu'au blanc dans les

(¹) Il ne me paraît pas vraisemblable que Dürer ait eu l'intention de personnifier les quatre tempéraments dans ces quatre apôtres. La mention la plus ancienne de cette croyance se trouve dans Neudorffer, p. 37, et sa phrase prouve que c'était là une opinion tout à fait étrangère à Dürer. Voici comment il s'exprime : « *Darinnen man eigentlich einen Sanguineum, Cholericum, Pflegmaticum und Melancholicum erkennen mag.* » Serait-ce donc Pierre qui représente le tempérament lymphatique? Qui peut croire que Dürer, si familiarisé avec l'Évangile, eût choisi cet apôtre pour représenter un tempérament dont le diagnostic est en flagrante contradiction avec toute la carrière du prince des apôtres !

clairs les plus vifs, est une merveille de savante gradation. Quoique l'ensemble soit généralement bien empâté, on voit encore percer çà et là le coup de crayon.

Quelques portraits de cette année prouvent que Dürer était encore toujours en progrès dans ce genre aussi bien que dans l'énergie et la vigueur de sa conception et dans la sûreté et l'habileté magistrale de son faire. Le plus important de ces portraits est celui de Jérôme Holtzschuhr, à l'âge de cinquante-sept ans. Ce portrait de l'ami de notre illustre maître est encore aujourd'hui conservé dans cette famille patricienne de Nuremberg. Les cheveux et la barbe tout blancs semblent indiquer un âge plus avancé, tandis que leur abondance et leur vigoureuse croissance, et plus encore le feu du regard et la fraîcheur des traits et de l'expression, appartiennent à la jeunesse. Plus que de coutume les chairs sont modelées ici dans un ton rougeâtre d'une grande transparence. Le pourpoint noir et la fourrure d'un fauve chaud sont traités de main de maître. Non moins excellent pour la vivacité de la conception et pour la correction du dessin est un autre portrait d'un des amis de Dürer, celui de Jacob Muffel, bourgmestre de Nuremberg, qui figure dans la galerie du comte Schönborn à Pommersfelden. Il ne le cède au précédent que par le coloris : le modelé tourne au blanc dans les lumières et au brun lourd dans les ombres. Le portrait d'un troisième patricien nurembergeois, celui de Jean Kleberger (galerie de Vienne), est encore plus faible de coloris et plus gris dans les ombres que celui qui précède, quoique traité d'ailleurs avec un égal talent. J'ajouterai que l'idée de le représenter en buste dans un cercle est peu heureuse.

Un grand nombre de peintures figurant dans des galeries publiques ou privées de toute l'Europe sous le nom d'Albert Dürer ont été ici omises à dessein. C'est qu'il n'est pas un maître à qui l'on ait attribué plus d'œuvres apocryphes. Une foule de peintres, praticiens fort adroits, mais dépourvus des dons de l'imagination, ont exécuté des tableaux d'après ses gravures et ses dessins ; en règle générale on les donne aujourd'hui pour des originaux de Dürer.

Pour apprendre à connaître la merveilleuse richesse et l'intarissable variété de formes que recèle le génie artistique de Dürer, il est indispensable de faire une connaissance approfondie avec ses dessins et avec ses gravures sur cuivre et sur bois. C'est là que se révèle la spécialité de son aptitude comme dessinateur, et il acquiert, en effet, sur ce terrain une valeur incontestable et non disputée.

A propos de ses dessins, remarquons d'abord que Dürer se servit de matériaux fort divers selon le but qu'il se proposait.

Ainsi les premières esquisses des compositions, les études d'après nature plus achevées et qui demandent une exécution rapide, les dessins qui ont un caractère ornemental, sont la plupart tracés à la plume avec une légèreté, une sûreté et un talent qui n'ont jamais été égalés par aucun artiste. Dürer exécuta même dans ce genre des portraits. Assurément aucun autre grand maître ne fit un nombre aussi considérable de dessins à la plume ; quelquefois il les relève d'un léger lavis à l'aquarelle et, outre l'encre noire, il y emploie aussi tantôt l'encre rouge, tantôt la verte ou la bleue.

Les échantillons les plus précieux de dessins de ce genre, et de presque tous les autres, se trouvent dans la collection de l'archiduc Albert, à Vienne, la plus riche qui existe en dessins originaux de Dürer [1]. Pour les dessins à la plume, la collection la plus importante après celle-là est celle du *British Museum*, à Londres [2]. J'emprunterai à l'une et à l'autre quelques pièces remarquables. Dans la première, les dessins à la plume suivants : un croquis du *Martyre des* 10.000 *chrétiens* qui s'éloigne notablement du tableau et de la gravure sur bois représentant le même sujet ; dessin hardi et léger, daté de 1507 ; — un *Christ en prière* : sujet noblement conçu, d'une facture large et magistrale ; — le *Crucifiement* avec les deux larrons, de 1511 : composition très-riche, tracée avec verve et légèreté ; — le dessin de la gravure sur bois du *Char de Maximilien*, de 1518, légèrement teinté ; — une *Pietà* de 1519 ; dans cette belle et riche composition, le Christ se distingue particulièrement

[1] Cette collection, formée originairement par le duc de Saxe-Teschen, s'est enrichie de tous les dessins de Dürer qui faisaient partie du ci-devant cabinet impérial.

[2] Le fond principal de cette collection forme un volume qui contient plus de 150 dessins authentiques : il figurait d'abord dans la célèbre collection du comte Arundel. Voyez *Trésors*, etc., I, pp. 29, et suiv., et dans le NAUMANN'S ARCHIV, etc., de 1858, pp. 33 et suiv., un article du conseiller HAUSMAN.

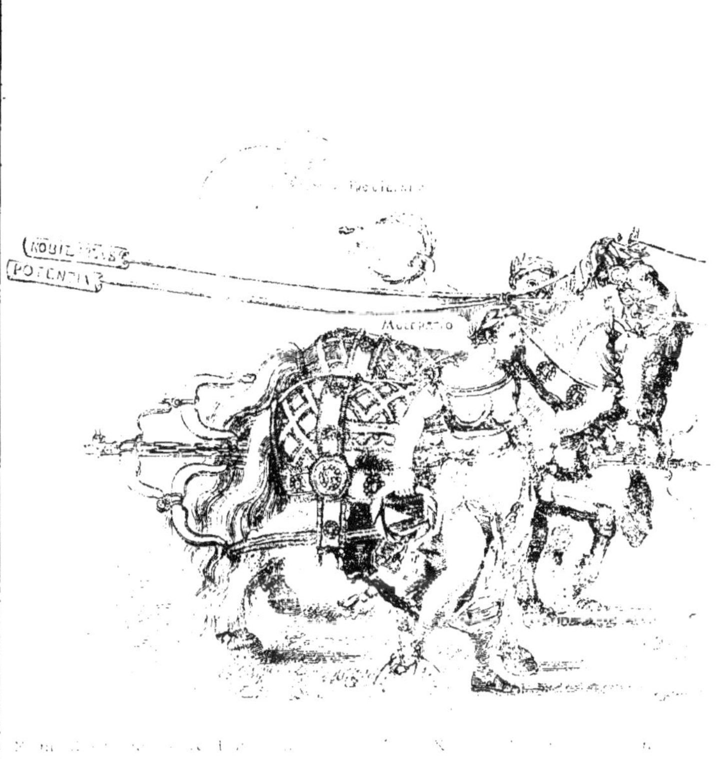

Tiré du CHAR DE MAXIMILIEN.

Gravure sur bois d'Albert Dürer, British Museum, à Londres.

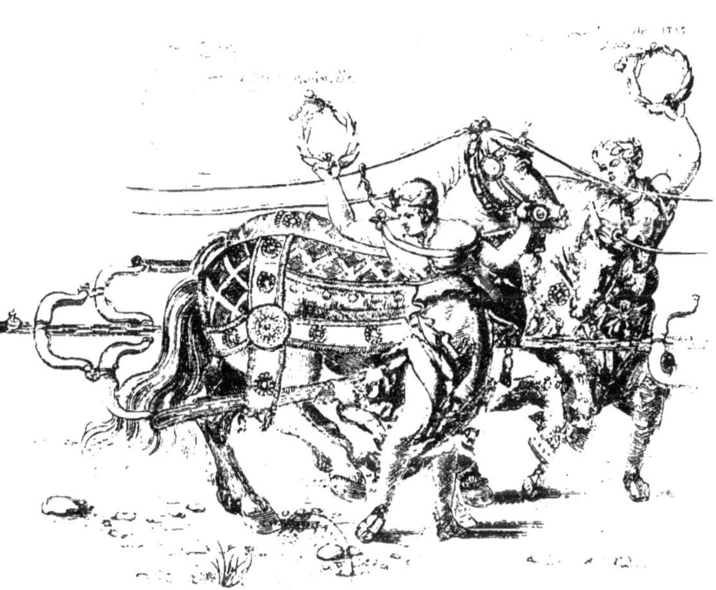

Tiré du CHAR DE MAXIMILIEN,
gravure sur bois d'Albert Dürer, British Museum, à Londres.

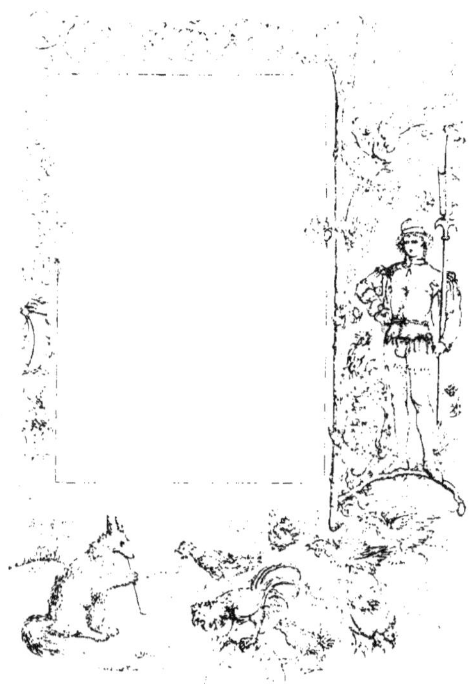

BORDER FROM THE PRAYERBOOK OF MAXIMILIAN.
Drawn by Albert Durer. In the Royal Library, Munich.

BORDURE DU LIVRE D'HEURES DE MAXIMILIEN,
dessin d'Albert Dürer, bibliothèque royale de Munich.

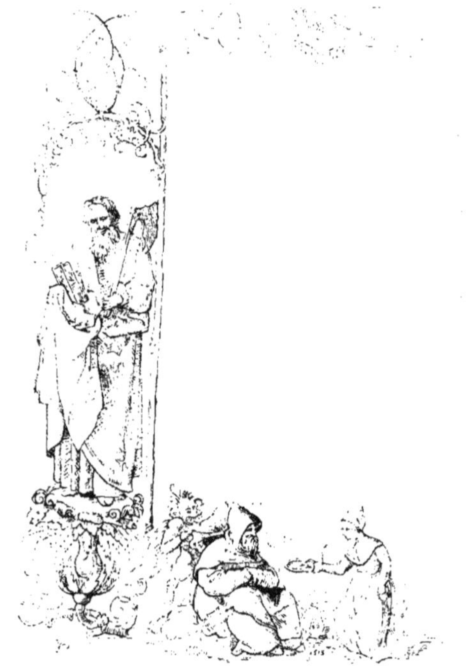

BORDURE DU LIVRE D'HEURES DE MAXIMILIEN,

dessin d'Albert Dürer, bibliothèque royale de Munich.

par la noblesse de son attitude et par la perfection des formes ; — le *Christ en croix*, avec Marie et saint Jean, de 1521 ; facture magistrale et très-large. Je citerai comme le principal spécimen de portrait dessiné à la plume, celui de Félix Hungersperg, *le célèbre joueur de luth*, comme l'appelle Dürer : en buste et vu de face, s'agenouillant, de 1520. La collection du *British Museum* me fournit un *Projet de fontaine jaillissante* très-riche, dans le style gothique, légèrement teinté : — le dessin original de la très-rare gravure du *Satyre* : — un *chanteur s'accompagnant sur la viole* ; sentiment très-délicat et pose exceptionnellement gracieuse ; — *l'Amour se plaignant à Vénus d'une piqûre d'abeille* : légèrement teinté ; c'est par la beauté des formes et la grâce de l'attitude une des plus belles figures de femme du maître.

Son chef-d'œuvre dans le dessin ornemental à la plume, ce sont les bordures du célèbre bréviaire de l'empereur Maximilien, que possède la bibliothèque de Munich [1]. C'est une curieuse bigarrure de figures de saints et de toute sorte d'épisodes comiques, des animaux, des arabesques pleines de goût, dans le genre des dessins qui ornaient si souvent à cette époque les marges des manuscrits allemands.

En outre, Dürer s'est très-souvent servi, pour tracer ses esquisses, de papier teinté, gris ou vert, sur lequel il dessinait au crayon noir, en relevant les lumières à la craie blanche ; comme le papier lui fournissait alors les demi-

(1) Strixner en a publié d'excellentes copies lithographiées.

teintes il pouvait exécuter ces dessins avec une grande rapidité.

La série la plus nombreuse et la plus belle de dessins dans ce genre est la *Passion* en douze feuilles, de 1504, sur papier vert (collection de l'archiduc Albert, à Vienne). La beauté soutenue de ces dessins les place bien au-dessus des trois autres *Passions* de Dürer, dont nous aurons lieu de parler plus loin et auxquelles ils ont fourni de nombreuses inspirations.

Pour dessiner des études soignées ou pour donner plus de finesse à son travail, Dürer a souvent exécuté des sujets entiers au pinceau, sur papier teinté; les ombres sont à l'encre de la Chine et les jours à la céruse. La collection de Vienne possède les principaux spécimens de cette manière : — la *Résurrection du Christ*, de 1510 : architecture riche dans le goût de la renaissance; douceur et précision admirables; — trois *Têtes de jeunes filles* dont l'une chante, sur papier brun; un profond sentiment religieux s'allie ici avec une rare beauté de formes et une délicieuse morbidesse; — deux *Têtes d'apôtres*, l'une regardant en haut, l'autre regardant en bas; — le portrait d'un *Homme de* 93 *ans*, avec une longue barbe, de 1521; Dürer l'exécuta pendant son séjour à Anvers : merveille de correction, d'un faire indiciblement soigné.

Souvent encore il travaille à la gouache sur papier teinté ou sur parchemin. Il emploie principalement ce procédé, souvent combiné avec l'aquarelle, pour dessiner des animaux, lièvres, lapins, mais surtout des oiseaux au plumage brillant, des fleurs, des plantes, des herbes d'une facture si magistrale et d'un coloris si frais et si vif, qu'on dirait qu'il s'était exclusivement voué à ce genre de peinture. La collection de Vienne en possède une série extrêmement remarquable.

L'emploi de la mine d'argent sur papier teinté ou sur parchemin lui fournit souvent aussi un procédé encore plus fini que le précédent. La même collection possède dans cette manière le portrait de Dürer dessiné par lui-même en 1484, c'est-à-dire lorsqu'il avait douze ans; c'est un chef-d'œuvre de naïveté; — le portrait de son frère André, daté de 1514, où se révèle un sentiment très-délicat de la nature.

Pour les dessins de portraits il employa surtout les procédés suivants :

Le crayon noir sur papier blanc; il maniait le crayon avec une largeur et une *maestria* vraiment admirables : le portrait d'un homme vu à peu près de face, du cabinet royal de gravures de Berlin, nous en offre un échantillon remarquable;

Le fusain, auquel il recourait quand il voulait jeter une ébauche rapide sur le papier; ainsi, dans la collection de Vienne, le portrait de l'empereur Maximilien Ier; étude magistrale qui servit pour le tableau du Belvédère; les parties à la sanguine ont été ajoutées plus tard par une autre main; — le portrait d'Ulrich Varnbüler, conseiller de Charles-Quint; — l'esquisse originale d'une excellente gravure sur bois, le portrait d'Albert, électeur de Mayence; — et une étude d'après nature pour la gravure sur cuivre, dite le *Petit Albert*.

Le cabinet royal de Berlin et la bibliothèque de Bamberg possèdent chacun la moitié d'une riche suite de portraits, qui se trouvaient originairement dans un livre où Dürer recueillait en guise de souvenir tous les portraits qu'il avait dessinés de cette manière. Ce recueil, dont la plupart des dessins sont très soignés, était resté longtemps en la possession d'une famille patricienne de Nurenberg, où il était complétement oublié, plus tard, il passa dans la célèbre collection de Derschau, de la même ville. Je citerai parmi les personnages remarquables qui figurent dans la collection de Berlin, le portrait de Marguerite, gouvernante des Pays-Bas, celui de Joachim Ier, électeur de Brandebourg et celui de Ulrich de Hutten. — Quelquefois aussi il esquissa par le même procédé les ébauches de ses compositions historiques, tel la *Vierge allaitant l'Enfant*, de 1512, qui figure dans la collection de Vienne ; ce dessin se fait surtout remarquer par la beauté du motif et la perfection des formes de l'enfant.

C'est dans l'éducation première de Dürer, comme orfévre, qu'il faut chercher le secret de ses diverses aptitudes artistiques pour la gravure sur cuivre et sur bois, pour la statuaire en petit, en pierre, en bois et en argent et pour la fabrication des coins ou matrices. Au moyen âge, en effet, l'orfévrerie était à la fois un art et un métier qui embrassait toutes ces choses ; nous n'avons à nous occuper ici que des deux premières et, comme tout le monde peut aisément acquérir par ses propres observations la connaissance des diverses phases du talent de Dürer comme graveur, à cause de la grande multitude de ses estampes sur bois et sur cuivre, disséminées dans toutes les collections publiques et privées de l'Europe, je m'étendrai un peu plus longuement sur ses gravures que sur ses dessins.

Comme graveur sur cuivre, Dürer est incomparablement encore plus remarquable que comme peintre ; il porta le travail du burin à une perfection telle qu'on peut le regarder comme un des meilleurs graveurs de tous les temps. Naturellement ses planches diffèrent beaucoup de mérite entre elles, selon l'époque où elles furent exécutées et sous bien d'autres rapports encore. Mais Dürer grava en outre sur fer, et il le fit avec un extraordinaire succès. Ses gravures sur bois sont de même d'un mérite très-inégal selon la mesure de sa propre coopération et suivant l'habileté des ouvriers chargés de la taille. Le cadre de ce manuel ne nous permet pas d'aborder une appréciation minutieuse de la partie technique de tout l'œuvre imprimé de Dürer, ni l'énumération des éditions et des reproductions qui en furent successivement faites. Cependant pour donner une idée de sa fécondité dans ces deux branches de la gravure, je ferai remarquer que Bartsch énumère 105 planches sur cuivre et 170 sur bois ; et ces dernières se composent quelquefois d'un grand nombre de pièces, tel, par exemple, le *Triomphe de Maximilien* qui en comprend 92.

Arrêtons d'abord nos regards sur cette tendance fantastique qui rattache si étroitement Dürer au moyen âge ; sa première œuvre en ce genre, et la plus considérable, ce sont les quinze gravures de l'*Apocalypse*, qui parurent dès

1498 (Bartsch, 60-73). On ne peut apprécier d'une manière complète la valeur élevée de ces gravures, qu'autant qu'on a acquis une connaissance étendue des représentations en général médiocres et souvent monstrueuses, qui traduisent, dans les manuscrits des premiers temps, l'étrange impression que ce livre produisait sur l'esprit du moyen âge. A peine âgé de vingt-sept ans, Dürer, tout à la fin du moyen âge, nous met encore sous les yeux avec une merveilleuse puissance d'imagination, dans des figures aux durs contours et de la manière la plus saisissante, ces visions immenses, sans mesure et sans limites. Je ne puis citer ici que quelques traits de cette riche création : ainsi la grandeur de l'Ancien, assis sur un trône au milieu des sept chandeliers, figure grandiose par son attitude et par le jet des draperies ; ainsi encore la profonde humilité de Jean, prosterné en adoration (B. nº 62) ; le dramatique et la variété des motifs dans les 24 vieillards qui adorent l'Agneau (B. nº 63), types ordinairement si uniformes ; le désespoir des princes renversés, d'un empereur entre autres sur lequel s'abat un fléau, à la rupture du sixième sceau (B. nº 65), la poésie sublime et le grand style des sept anges sonnant de la trompette (B. nº 68) ; la soudaineté et la fougue des quatre anges de colère écrasant les grands de la terre (B. nº 69) ; j'aurais presque dû réserver la première mention à l'attitude grandiose de Michel en lutte avec Satan (B. nº 72), saisissant sa lance des deux mains avec une force irrésistible, pour précipiter son ennemi vaincu dans les profondeurs de l'abîme.

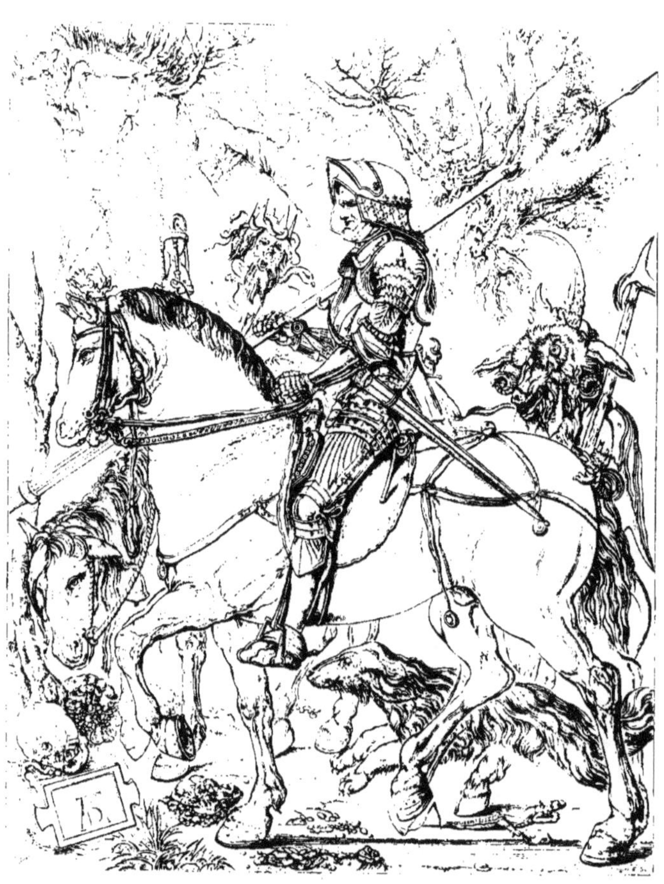

THE KNIGHT, DEATH AND THE DEVIL,

An Engraving by Albert Durer

LE CHEVALIER, LA MORT ET LE DIABLE,

gravure d'Albert Dürer.

Tout au contraire les sujets de certaines gravures sur cuivre, de Dürer, empruntés au domaine fantastique, appartiennent exclusivement à sa propre imagination : le plus célèbre de ces sujets (B. n° 98), daté de 1513, pourrait se traduire en cette brève devise : « *Ni la mort ni le diable n'arrêtent un brave et loyal chevalier.* » L'originalité de la conception est ici dans l'inébranlable tranquillité que respirent les traits et l'allure du chevalier. Tandis que dans toutes les scènes analogues on voit le héros se battre en désespéré ou fuir avec terreur, ici, au contraire, il oppose le calme et l'indifférence aux fantômes qui le menacent. Cette planche, l'une des plus parfaites du maître, renferme ainsi une leçon générale d'une grande profondeur qui apprend à tout homme à se conduire dans le chemin de la vie de manière à n'avoir, comme ce vaillant chevalier, rien à craindre de ces ténébreuses puissances. Je rapproche de cette estampe la *Mélancolie* de 1514 (B. n° 74), comme étant après elle la plus importante (voir la gravure). Dans cette femme ailée et puissante, affaissée et abîmée en elle-même, Dürer a exprimé de la manière la plus originale et la plus saisissante le sentiment de l'impuissance des spéculations humaines à déchiffrer les énigmes de la vie, de la nature et de la science, et le sentiment de la fragilité de toute chose : l'un, indiqué par les divers attributs de la science, le compas, le livre, le prisme de cristal, le creuset ; l'autre, auquel font allusion la cloche, la clepsydre et les divers outils de l'industrie humaine, rabot, marteau, règle, etc. Le paysage du fond, d'une morne grandeur, ajoute une

brisé son cœur. » La même élévation caractérise le *Portement de la croix* (B. nº 10), composition non moins riche qu'expressive, pleine de mouvement : le Christ succombant sous le poids de l'instrument du supplice est une figure grandiose qui excite au plus haut degré l'admiration. La *Pietà* (B. nº 13) n'est pas moins excellente sous le rapport de la composition, traitée avec beaucoup plus de calme. Cependant pour donner un exemple de l'inégalité de Dürer, je citerai la *Flagellation* (B. nº 8), où la figure du Christ revêt dans ses formes et dans son attitude un caractère si hideux, qu'on a peine à s'imaginer qu'il soit de la même main que le dessin du frontispice.

De la *Petite Passion*, composée de trente-sept planches, je ne mentionnerai que l'*Adoration des Bergers* (B. nº 20), à cause de la simplicité de la composition et du gracieux motif de la Vierge : le *Christ au Jardin des Olives* (B. nº 26), remarquable par sa noble simplicité et l'intimité du sentiment, et enfin le *Christ apparaissant à Madeleine* (B. nº 47), composition poétique éclairée par un charmant effet de soleil.

La *Trinité*, gravure sur bois (B. nº 122), clôture dignement ce cercle d'idées. Le *Christ mort soutenu par Dieu le Père* est un motif très-imposant et très-grandiose, qu'encadrent avec beaucoup de goût les anges qui portent de chaque côté les instruments de la passion.

Le génie d'Albert Dürer se révèle sous un autre aspect, tout différent et non moins admirable, dans les scènes tirées de la vie de la Vierge et surtout dans celles qui ont rapport à l'enfance de Jésus. Elles respirent un charme tout particulier, une poésie enfantine; souvent l'artiste revêt sa pensée des formes que lui offre chaque jour sa vie domestique; aussi peut-on les regarder comme le premier échelon de la peinture de genre. En même temps, Dürer, en réduisant beaucoup ses figures en proportion de la grandeur des planches, trouva ici souvent occasion de satisfaire son penchant pour les paysages minutieusement détaillés et couverts de fabriques; il préparait ainsi une époque où ces objets devaient devenir le sujet exclusif de toute peinture.

Son chef-d'œuvre en ce genre est une suite de vingt gravures sur bois représentant la *Vie de la Vierge* (B. n° 76-95), dont il parut une deuxième édition dès 1511. On y distingue entre autres : la *Rencontre de Joachim et Anne à la Porte-d'Or* (n° 79); par l'intimité du sentiment et la perfection de la taille, cette planche est, avec celle de 1509, un des meilleurs bois de Dürer; la *Naissance de Marie* (n° 80) : c'est la fidèle représentation d'un intérieur bourgeois de Nuremberg avec tous ses détails; la recherche de la vérité donne à la composition un air d'éparpillement, mais on y trouve beaucoup de traits agréables; la *Visitation* (n° 84) : l'intérêt principal de cette planche est dans le paysage montagneux, accidenté avec une suprême poésie; la *Circoncision* (n° 86), composition magistrale, peuplée d'un grand nombre de figures et remarquable par sa clarté et sa beauté; la *Fuite en Égypte* (n° 89) : dans cette planche l'intérêt se partage entre la vie et la naïveté des figures et la végétation splendide d'une forêt fouillée avec amour, où se dresse un palmier chargé de fruits ; le *Repos en Égypte* (n° 90) : on serait tenté de voir dans ce saint Joseph au travail, dans cette Vierge et cet enfant au berceau, un simple charpentier au milieu de sa famille, si une foule de petits anges, extrêmement gracieux, n'assistaient le patriarche dans sa besogne, les uns ramassant des copeaux, les autres en emportant, etc. Le charme original de cette composition est précisément dans l'intervention de ces êtres surnaturels dont Marie et Joseph acceptent l'assistance comme une chose toute naturelle. Le théâtre de cette scène, la grande cour d'un édifice bâti sur les ruines d'un temple antique, emblème parlant du christianisme s'élevant sur les ruines de la gentilité, a été traité par l'artiste avec un soin tout particulier.

Le *Christ prenant congé de sa mère avant sa passion* (B. n° 92) est conçu avec beaucoup de simplicité et de noblesse ; la *Mort de la sainte Vierge* (n° 93) : dans cette composition grandiose, datée de 1510, Dürer s'élève à la hauteur de Raphaël ; l'imposante solennité de l'ensemble s'allie avec un sentiment extraordinairement profond dans les diverses têtes.

La série de ces gravures célèbres a pour digne pendant la gravure sur bois représentant la *Vierge et l'Enfant*, de 1518 (B. n° 101) ; la Vierge, assise en plein air, est environnée d'anges sous la forme de beaux jeunes gens et d'enfants ; quelques-uns de ceux-ci jouent de la musique, l'un d'eux présente une grappe de raisin à l'enfant, et deux autres soutiennent une couronne au-dessus du groupe sacré.

Dürer a également reproduit la *Vierge et l'Enfant* sous différents aspects, mais toujours très-heureusement, dans ses gravures sur cuivre. Tantôt il donne à la mère un type plutôt bourgeois, comme dans la planche n° 34, de 1503, où elle allaite son fils avec une intime expression de tendresse maternelle, ou comme dans la planche n° 38, de 1520, où elle contemple avec une profonde gravité l'enfant emmailloté et endormi ; tantôt il la conçoit sous des formes plus nobles, plus belles, plus parfaites, comme dans la planche n° 40, de 1514, qui est aussi sous le rapport de la gravure une des plus achevées du maître, où la Vierge respire une grâce originale et l'Enfant tenant une pomme, une touchante mélancolie; ou encore, comme dans la planche n° 39, de 1518, où ce sentiment de mélancolie se peint à la fois dans les traits de la Mère et dans ceux de l'Enfant. Enfin, il la représente aussi, dans une sublime conception, au sein de la gloire céleste, posée sur un croissant, avec le divin Enfant, comme dans le n° 30, d'une stature élancée et pleine de grâce, les traits empreints d'une profonde tristesse, ou bien comme dans le n° 32, de 1516, dans une attitude extrêmement noble, le sceptre en main, le front ceint d'un diadème d'étoiles, telle qu'on se figure en un mot la *Reine des Cieux*.

Par la grandeur de leur conception, par le jet noble et large des draperies, les planches suivantes se rattachent dignement à celles que je viens de signaler : l'*Apôtre saint Paul* (n° 50), de 1514, où l'allure des grandes draperies est cependant un peu contrariée par quelques plis chiffonnés, et *Saint Philippe* (n° 46), de 1526, qui se distingue aussi par un profil extrêmement noble.

J'aborde une nouvelle série de gravures sur cuivre : ici, non-seulement Dürer donne ample carrière à son amour du paysage et des fabriques, qui se trahit plus encore que dans ses gravures sur bois, par le fini des détails : mais en outre il révèle d'une manière éclatante sa science des lois du clair-obscur ; les procédés techniques lui donnaient d'ailleurs pour l'un et l'autre une bien plus grande latitude que la gravure sur bois. Les planches les plus remarquables sont les suivantes, par l'architecture : la *Nativité* (B. n° 2), de 1504. Le bâtiment un peu délabré où Marie adore l'Enfant et la cour où Joseph puise de l'eau, sont en réalité les parties principales de cette page, d'un dessin excellent et d'une exécution magistrale. *Saint Antoine* (B. n° 58), de 1519 : le saint est assis au premier plan, occupé à lire ; la vue d'une ville fortifiée remplit le fond. C'est une œuvre extrêmement remarquable dans son ensemble et où les détails sont exécutés avec un fini minutieux. Le chef-d'œuvre de Dürer, comme vue d'intérieur, c'est le *Saint Jérôme dans sa cellule* (B. n° 6), de 1514 : charmante estampe où le maître a déployé toutes ses qualités : elle représente une chambre éclairée par un soleil brillant dont les rayons sont tamisés à travers les vitraux de larges fenêtres ; près d'une de ces fenêtres, au fond, l'anachorète est plongé dans l'étude : sur le devant sont couchés le lion, son fidèle compagnon et un petit chien endormi. Dans cette scène si simple, Dürer a exprimé avec un rare bonheur la paix et la sérénité qui règnent dans la retraite, sentiment si essentiellement septentrional et surtout si essentiellement allemand, comme j'aurai l'occasion de le faire encore mieux remarquer plus loin à propos d'un autre artiste. Quant à l'ensemble de la conception, la multiplicité des accessoires, tête de mort, livres, meubles de tout genre, ne permet pas d'y méconnaître une influence de l'art flamand, qui le premier représenta saint Jérôme sous cet aspect, comme le prouvent encore un tableau d'Hubert Van Eyck, conservé dans la galerie de Naples et une autre peinture très-petite de Jean Van Eyck, de la collection de Thomas Baring, à Londres ; il n'est pas invraisemblable que Dürer ait vu cette dernière à Venise, où elle figurait alors dans la collection d'Antonio Pasqualino; mais la gravure de Dürer n'en est pas moins très-admirable à cause de la vérité avec laquelle il a rendu les effets de la lumière dans les gradations les plus délicates de la perspective aérienne et par le fini précieux et l'arrangement artistique des moindres accessoires.

Pour le paysage, je citerai les planches suivantes comme ayant une importance particulière : le vaste paysage montagneux et splendidement éclairé, avec un *canon* et quelques Hongrois au premier plan (B. n° 99), de 1518 ; la poésie grandiose de cette conception rappelle les paysages du Titien ; — le paysage de l'estampe anciennement nommée la *Grande Fortune*, et que Dürer appelle la *Némésis* (B. n° 77) ; suivant Sandrart, cette contrée montagneuse, dont les moindres accidents sont rendus avec un fini précieux et traités avec amour, est une *Vue du village d'Eytas*, berceau du père de Dürer. Cette longue figure nue, avec des ailes, planant dans l'air et qui a donné son nom à l'estampe, copie trop fidèle évidemment d'un vilain modèle, montre combien le sentiment du beau manquait à Dürer pour certains sujets: la preuve en est encore bien plus saillante dans la *Petite Fortune* (B. n° 78) et dans les *Quatre Femmes* (B. n° 75), qui sont d'une effroyable laideur. Il ne faut toutefois pas perdre de vue que toutes ces estampes appartiennent aux premiers temps de l'artiste ; ainsi les *Quatre Femmes* sont datées de 1498, la *Petite Fortune* paraît encore antérieure à en juger par le faire, et la *Némésis* remonte au plus tard à 1505.

Comme une preuve du peu de succès de Dürer à rendre les scènes mythologiques où ces figures nues jouent le premier rôle, je citerai ici *Diane et Apollon* (B. n° 68), les *Suites de la Jalousie* (B. n° 73), et l'*Enlèvement d'Amymone* (B. n° 71).

La planche la plus importante tirée de la légende des Saints, et la plus grande que Dürer ait gravée, est *Saint Eustache* (B. n° 57) ; le saint est en prière, à genoux devant un cerf portant entre son bois un crucifix ; près de lui on voit son cheval attaché à un arbre et cinq chiens de chasse. La fervente dévotion d'Eustache, la vérité des animaux, les collines lointaines couronnées d'un château, traitées dans le plus grand détail, l'exécution magistrale de toutes les parties font de cette estampe, gravée probablement en 1504 ou 1505, une des plus importantes du maître.

Une autre planche qui se rapproche extrêmement de

celle-ci, est la célèbre estampe d'*Adam et Ève sous l'arbre de la science* (n° 1), de 1504. Exécutée avec un fini précieux dans tous ses détails, cette œuvre témoigne brillamment de la grande habileté que Dürer avait acquise alors dans l'art de graver sur cuivre.

Deux armoiries (n°s 100-101), la dernière datée de 1503, prouvent qu'un an auparavant déjà Dürer, alors âgé de trente-deux ans, avait dépassé tous ses contemporains dans ce genre de gravure. L'extraordinaire habileté avec laquelle le burin est manié dans toute cette estampe, mérite à juste titre une admiration universelle.

Dans le domaine de l'allégorie, terrain si ingrat pour ce qui constitue l'essence intime de l'art, Dürer a produit encore, outre le beau *Char de triomphe de Maximilien* que nous avons cité, une autre œuvre d'une surprenante étendue, l'*Arc de triomphe* du même empereur. On ne peut se faire une juste idée de cette œuvre que si l'on a eu la rare occasion de voir assemblées les quatre-vingt-douze gravures sur bois qui en composent l'ensemble. Et il y a de quoi s'étonner que malgré l'extraordinaire multiplicité des scènes et des figures détachées, encadrées dans les lignes architecturales et dans la charpente de l'édifice, l'artiste soit parvenu à leur donner un air d'ensemble réel et intéressant. Dans chacun de ces sujets pris à part, on retrouve cette imagination inépuisable et cet art surprenant d'individualisation qui caractérise le talent de Dürer, surtout dans les prédécesseurs et les ancêtres de l'empereur depuis Jules-César et Clovis, figures que pour la plupart il dut naturellement créer à sa fantaisie, à défaut de toute effigie historique. Parmi les scènes de la vie agitée de cet empereur, où les batailles surtout jouent un grand rôle, s'il en est peu qui captivent le spectateur par leur valeur artistique, cela tient plutôt à la nature du sujet lui-même. La partie architecturale est traitée dans le style de la renaissance un peu abâtardi avec une profusion d'ornements exubérants mais très-ingénieusement dessinés.

Les estampes suivantes montrent avec quelle vérité et avec quelle gaîté saine, voisine de l'*humour* d'Hans Sachs, Dürer a quelquefois aussi traité les sujets empruntés à la vie domestique : le *Paysan et sa femme* (B. nº 83), la *Ménagère et le Cuisinier* (B. nº 84), l'*Oriental et sa femme* (B. nº 85), les *Trois paysans* (B. nº 86), le *Marché* (B. nº 89) de 1512, incomparable chef-d'œuvre d'expression niaise et simple : le *Branle* (B. nº 90), de 1514, modèle de bouffonnerie extravagante et de naïve gaucherie!

Enfin, à l'époque de sa maturité complète, Dürer a aussi exécuté un petit nombre de portraits de personnages distingués, les uns au burin, d'autres dessinés sur bois pour être gravés. Ces œuvres se recommandent également par leur excellent caractère et par leur facture magistrale. Parmi les premiers je me contenterai de citer ici : le portrait de Willibald Pirkheimer, son meilleur ami (B. nº 106), de 1524; celui de Frédéric le Sage, électeur de Saxe (B. nº 104), de la même année, et celui de Philippe Mélanchton (B. nº 105), de 1526. Dans les gravures sur bois il faut remarquer une conception plus large et une simplicité de formes qui conviennent parfaitement à cette manière : ici le prix revient de droit au portrait en profil d'Ulrich Varnbüler (B. n° 155), dont nous avons déjà parlé. Les épreuves coloriées de cette estampe, tirées sur trois planches, qu'on rencontre quelquefois, appartiennent généralement à une époque postérieure; mais le portrait de l'empereur Maximilien Ier (B. nos 153 et 154) est aussi une œuvre magistrale.

Dürer avait acquis une habileté non moins remarquable dans l'art de graver sur des planches de fer, et pour preuve je citerai en ce genre une estampe particulièrement réussie, *Saint Jérôme en prière* dans le creux d'un rocher, devant un crucifix (B. n° 56). Les bonnes épreuves, qui sont toutefois très-rares, se distinguent par une vigueur, une transparence et un moelleux admirables.

Dürer a même dessiné, pour être gravés sur bois, des modèles d'entrelacs et de broderies qu'il appelait *dédales,* modèles pleins d'art et de variété, comme on peut le voir par la description de Bartsch, nos 140-145.

Au point de vue de la grande influence que Dürer exerça sur l'art à son époque, il se place sur la même ligne que Raphaël et Michel-Ange. En premier lieu, son style et sa manière de peindre furent répandus dans diverses contrées de l'Allemagne par ses disciples immédiats ou par de fidèles imitateurs : mais l'influence qu'il exerça par ses gravures sur cuivre et sur bois, fut incomparablement plus grande ; non-seulement elle s'étendit sur toute l'Allemagne, mais elle se propagea dans les Pays-Bas et on peut la suivre jusqu'en Italie, en France et en Espagne. D'une part, ses belles compositions furent maintes fois utilisées pour l'exécution de tableaux, comme on sait que le firent, au moins pour quelques motifs isolés, des peintres de renom, tels qu'Andrea del Sarto ; d'autre part, elles servirent de stimulant aux artistes pour porter l'art de la gravure sur cuivre et sur bois à une extraordinaire perfection. Comme l'histoire de ce dernier art sort du cadre de ce manuel, je me bornerai à citer ici pour l'Italie le célèbre Marc-Antoine et les *tailleurs* de l'école vénitienne, outre les travaux des élèves et des imitateurs de Dürer en Allemagne, qui méritent un examen plus particulier.

Mais quoique ces élèves et ces imitateurs fussent des hommes d'un talent plus ou moins distingué, aucun d'eux cependant ne peut être mis en parallèle avec lui. Comme graveurs on les désigne sous la dénomination générale des *petits maîtres* et ils se divisent encore en deux classes, les uns qui restèrent fidèles au style allemand du maître, les autres qui subirent plus ou moins l'influence de l'art italien. J'examinerai d'abord les premiers.

Celui qui se rapprocha le plus de Dürer fut Hans Wagner, né en Franconie et surnommé, à cause du lieu de sa naissance, Hans Von Culmbach. Son imagination se renferme dans un cercle fort étroit de compositions, la plupart religieuses, et, comme dessinateur, il est bien loin d'atteindre Dürer ; mais dans ses meilleures peintures il est presque supérieur à son maître par la pureté du sentiment de la nature et du goût. Il a aussi plus d'égalité dans la chaleur du coloris et l'entente du clair-obscur.

Parmi ses tableaux qui se trouvent à Nuremberg on distingue surtout : dans le chœur de Saint-Sebald, un retable à vantaux de 1513, dont le milieu représente *Marie et l'Enfant* sur un trône avec des anges, les uns posant une couronne sur la tête de Marie, les autres jouant de divers instruments ; sur les côtés, sainte Catherine et sainte Barbe, et sur les volets, d'un côté saint Pierre et saint Laurent avec le fondateur Laurent Tucher, et de l'autre saint Jean-Baptiste et saint Jérôme. Ce tableau est son chef-d'œuvre. On dit que l'idée première en est tirée d'un dessin de Dürer, mais cela me paraît douteux. Les têtes, sauf celle de Marie, sont nobles, les proportions sveltes, les mains mignonnes, les draperies d'un style pur, grandiose même en quelques endroits, le coloris clair et transparent, tantôt léger, tantôt vigoureux, le paysage du fond bien inventé et l'effet général du tableau très-agréable. Viennent ensuite les saints Côme et Damien (nos 166-167 de l'hospice Landau). Il se montre plus que copiste fidèle de Dürer dans le *Joachim et Anne*, sur fond d'or, de la chapelle Saint-Maurice, n° 57. Dans d'autres œuvres il tire tout simplement parti des motifs de son maître, comme dans deux grands tableaux du musée de Munich, où l'on voit l'*Adoration des Mages*, la *Descente du Saint-Esprit*, la *Résurrection du Christ* et le *Couronnement de la Vierge* (nos 43 et 58). Aucun autre élève de Dürer ne se rapproche autant de lui dans ses meilleurs portraits que Hans Von Culmbach : celui de Jacob Fugger, musée de Berlin, n° 557, en offre un exemple remarquable.

Hans Schauffelein, né probablement à Nuremberg, alla se fixer comme maître à Nordlingen, où il mourut en 1540. Cet artiste, qui resta très-fidèle aux traditions de Dürer, possédait une imagination plus riche que sérieuse et il excellait surtout à rendre les scènes animées; ses qualités les plus spéciales sont un sentiment vrai et profond, une vive intelligence de la beauté des formes, la grâce des mouvements, un goût très-pur dans les draperies. Les œuvres du vieux Frédéric Herlen ont évidemment exercé une heureuse influence sur son coloris et sur sa touche; sa couleur est plus nourrie, plus chaude, plus harmonieuse que celle de Dürer, le procédé tient plus de la peinture et l'empâtement y prédomine. Cependant, plusieurs de ces qualités ne se rencontrent que dans ses meilleurs tableaux, car il est très-inégal et il a fait un grand nombre de peintures où les têtes sont remarquablement insignifiantes, les carnations fauves ou bien froides comme l'ensemble; la touche tient plutôt du dessin, comme il arrive si souvent à son maître, et avec cela elle est très-légère. Sa plus belle œuvre est un retable de la cathédrale de Nordlingen, peint en 1521 pour Nicolas Ziegler, vice-chancelier de l'empereur Charles-Quint. Le milieu représente une *Pietà*, et, par le sentiment, par l'entente de la beauté, par la transparence des tons dorés et par son exécution soignée avec amour, c'est un des meilleurs tableaux de l'école allemande de cette époque. Les saints qui ornent les vantaux sont des figures pleines de dignité, mais Barbe surtout est d'une beauté remarquable. La même église possède de lui quatre autres tableaux qui appartiennent également à ses meilleures œuvres ([1]).

A l'occasion, il peignit aussi à la détrempe sur des murailles : telle est une peinture de l'hôtel de ville de Nordlingen, faite en 1515, représentant des scènes de l'histoire de Judith, où l'on voit entre autres les Juifs tombant sur les Amalécites, en costume contemporain de l'artiste; la mêlée de l'infanterie est extrêmement animée. L'hospice Landau à Nuremberg possède une étude très-achevée de ce tableau (nº 164). Son œuvre la plus vaste, que je n'ai cependant pas vue par moi-même, doit être un tableau du ci-devant couvent d'Anhausen, près d'Oettingen, qui représente au centre le *Couronnement de la Vierge* et qui comprend en outre quinze autres scènes du même artiste. On peut rapporter à ses meilleures peintures l'*Ensevelissement de la Vierge* (nº 75) et trois scènes tirées de la vie de saint Pierre (nº 77), dans la chapelle Saint-Maurice. Le château de Nuremberg possède du même peintre un *Ecce homo* peint à la détrempe en 1517, qui est un magnifique échantillon de sa manière légère.

Schäuffelein a en outre exécuté un grand nombre de dessins destinés à la gravure, mais dont le mérite est très-différent, non-seulement en raison du degré d'habileté des tailleurs en bois, mais encore selon les sujets qu'ils représentent. Ceux empruntés au domaine religieux sont

([1]) Voyez *Kunstwerke und Künstler in Deutschland*, t. I, p. 349 et 355.

en général moins satisfaisants, au contraire, ceux qui reproduisent des scènes de l'époque du maître sont charmants d'animation et de vérité ; tels, les *Scènes de la vie militaire* (B. n°s 98-102), celles de la *Belle société* (B. n°s 96-97) et tout particulièrement les vingt estampes du *Ballet de noces* (B. n° 103). Les nombreuses gravures du fameux Teuerdank, poésies recueillies en l'honneur de Maximilien Ier et dont Schäuffelein a fourni les dessins, n'offrent qu'un intérêt secondaire. Évidemment les sujets inspiraient peu l'artiste. La plupart des motifs sont fades, les chevaux très-faibles, les proportions humaines trop raccourcies. Les paysages des fonds, très-détaillés, sont en général heureusement réussis.

ALBERT ALTDORFER naquit en 1488 à Altdorf, près de Landshut en Bavière, et s'établit à Ratisbonne où il mourut en 1538. Il est un des plus importants et des plus originaux parmi les élèves et les imitateurs d'Albert Dürer. L'élément fantastique reparaît encore une fois dans ses conceptions sous un jour particulièrement agréable et poétique. Le dessin est sensiblement faible, les proportions souvent trop longues, les formes et les motifs souvent laids et dépourvus de goût ; mais l'artiste surpasse tous les autres maîtres de l'école par la profondeur et la puissance de son coloris. Il apporte plus de fini qu'aucun de ceux-ci dans les détails de ses paysages, dont il fait quelquefois le sujet exclusif de ses tableaux. Enfin il travaille sa peinture dans un empâtement très-solide, avec un soin minutieux pour les détails. Dans l'architecture et dans les autres accessoires il trahit une si forte influence de l'art italien, qu'il forme en quelque sorte la transition au deuxième groupe de l'école de Dürer. Le plus ancien tableau que je connaisse de ce maître, à en juger par la date de 1506, alors qu'il avait dix-huit ans, est un *Crucifiement* de l'hospice Landau, à Nuremberg. Cette œuvre est encore toute imprégnée de l'esprit de Dürer : belle composition, expression énergique, coloris transparent et vigoureux, faire rappelant les procédés de la miniature. La galerie d'Augsbourg possède une autre œuvre importante représentant le même sujet : c'est un grand retable à vantaux de 1517. L'*Annonciation* peinte sur l'extérieur des volets appartient à sa meilleure manière par la noblesse des poses, la beauté des traits, le sentiment de l'expression. Son principal ouvrage figure au musée de Munich (cabinets, n° 169) et représente la *Victoire d'Alexandre le Grand sur Darius*, en costumes du temps de l'artiste ; le sujet est traité comme une description de roman de chevalerie : hommes et coursiers revêtus de cottes de maille, de surcots brodés d'or, chevaux avec des chanfreins, lances et étriers étincelant au soleil, armes de toute espèce formant un indescriptible ensemble de grandeur et de richesse. C'est la vive image d'une bataille comme en livraient à la fin du moyen âge Charles le Téméraire ou Maximilien Ier. Par la multitude des figures et par la variété des épisodes semés sur tous les plans, l'artiste a très-heureusement réussi à placer sous nos yeux le tableau d'un des plus grands événements de l'histoire. Au centre de la composition, avec un tact très-judicieux, se détachent les héros de l'action :

Alexandre, la lance en arrêt, fond sur son adversaire qui regarde autour de lui et qui déjà commence à plier ; tous deux sont couverts de brillantes armures d'or. Le paysage occupe encore une place très-importante dans cette page ; des montagnes rocheuses et la mer couverte de vaisseaux ferment à l'horizon la plaine immense ; le soleil levant, la lune qui blanchit dans le ciel, offrent comme un présage du destin de cette journée. Avec cela l'exécution des détails, la vivacité et l'expression d'une foule de petites figures dépassent tout ce qu'on en pourrait dire. Et tout ce petit monde s'agite dans un étroit espace de 4 pieds 11 pouces de haut sur 3 pieds 8 1/2 pouces de large. — Un autre tableau de cet artiste, au musée de Munich, (cabinets, n° 138) porte son monogramme et la date de 1526. Il représente l'histoire de *Suzanne*. Le jardin, le bain, et l'architecture pleine de variété font de cette composition une fantaisie charmante.

Un bon tableau du même maître se trouve dans la chapelle de Saint-Maurice à Nuremberg (n° 90) et représente un homme et deux femmes occupés à retirer de l'eau le corps de saint Quirin : scène de genre très-bien composée. La clarté du soleil couchant, la teinte dorée qui se perd dans un cercle de nuages et s'éteint dans des flots rouges, parlent vivement à l'imagination. Parmi les tableaux de ce maître qui se trouvent à Ratisbonne, une *Adoration des Bergers*, de la collection de la société historique, se distingue par son caractère dramatique. La *Nativité de la Vierge*, de la collection d'Augsbourg, nous révèle Altdorfer comme un peintre habile des lignes architecturales et de la perspective aérienne. Enfin l'hospice Landau possède (n° 187) un petit paysage, un bouquet de sapins et des lointains montagneux, qui place Altdorfer bien au-dessus de son contemporain Patenir des Pays-Bas, par son pur sentiment de la nature et par sa verdure pleine de séve et de fraîcheur.

Altdorfer se distingua aussi comme graveur sur cuivre, ainsi que le prouvent les 96 planches de ce maître décrites par Bartsch (¹). Mais par la conception, autant que par le dessin et par l'exécution, ces estampes sont d'un mérite très-variable. Le *Crucifiement*, n° 8, se distingue favorablement par la composition, mais il pèche d'une manière désagréable par le dessin, côté faible de l'artiste : les proportions surtout sont trop allongées. Les figures nues, empruntées au cycle de la mythologie antique, *Neptune* (n° 30), *Vénus* (n° 32), la *Femme ailée* (n° 58) sont repoussantes et totalement dépourvues de goût. Il a mis au contraire beaucoup d'agrément dans une suite de paysages (nᵒˢ 66-74) d'une invention poétique et gravés d'un burin facile et spirituel. Quelquefois il a traité aussi l'architecture exclusivement et non sans succès : par exemple, l'*Intérieur de la synagogue* de Ratisbonne (n° 63). Dans une suite de *Vases* (nᵒˢ 75-96) où l'on trouve parfois beaucoup de goût, il révèle son affection pour les formes de la renaissance. On peut, en général, porter le même jugement sur les soixante-trois gravures sur bois exécutées d'après ses dessins. Les scènes

(¹) BARTSCH, 3ᵉ partie, p. 42 et suiv.

de la *Passion* (1-40) sont peu agréables, souvent même grossières. En revanche, la *Résurrection* (n° 47) est d'une facture riche et originale; le *saint Jérôme* (n° 57) plaît par sa poésie fantastique et par une représentation très-ingénieuse de l'enfer. Dans la *Vierge entourée de saints* (n° 50) on admire la riche architecture de la Renaissance, ainsi que dans les grands *Fonts baptismaux* (n° 59), dessinés dans le même goût, mais avec une beauté supérieure.

Henri Aldegrever, né à Soest en 1502, mort en 1562. A en juger par ses tableaux comme par ses gravures, c'est de tous les élèves de Dürer celui qui a la physionomie la plus archaïque. Ses compositions sont agencées avec beaucoup d'ordre, mais les motifs pris à part sont la plupart roides, d'un goût faux et maniéré, les proportions trop allongées, les formes bouffies; les têtes souvent trop petites manquent de sentiment; elles offrent un type un peu uniforme et fréquemment vulgaire : les draperies se chiffonnent en une foule de petits plis brisés. Dans ses tableaux historiques, les formes sont dures, les contours secs, mais le coloris est chaud. Les œuvres authentiques d'Aldegrever, ses tableaux d'histoire surtout, sont excessivement rares (¹). Il doit d'ailleurs avoir

(¹) Le moyen le plus sûr de les déterminer est de les comparer avec ses gravures; car si un tableau répond parfaitement à une de ses gravures sous le rapport de la composition, mais est inférieur à celle-ci par l'intelligence et par le mouvement, on peut être certain que le tableau est une simple copie de la gravure. C'est en me fondant sur ces deux éléments de distinction que

peint fort peu, à en juger par le grand nombre de gravures qu'il exécuta : Bartsch en décrit 289 ; ce qui semble prouver qu'il s'adonna de préférence au maniement du burin. Le musée de Berlin possède un *Jugement dernier* de ce maître, nº 1242. Le saisissement que Marie et Jean-Baptiste éprouvent de la sentence prononcée par le Christ est exprimé avec beaucoup de vivacité. Les ressuscités qui s'avancent avec calme pour entendre leur sentence de salut ou de réprobation, présentent des formes où la dureté et la sécheresse sont poussées à l'excès. Les donateurs, deux chanoines agenouillés au premier plan, sont au contraire très-vrais et très-vivants et leurs patrons un évêque et saint Jean-Baptiste sont des figures remarquables. La galerie des États à Prague possède un *Christ couronné d'épines*, assis dans son sépulcre ; il porte la date de 1529 et le monogramme. C'est un tableau conçu et traité tout à fait dans la manière de Dürer, mais qui pèche par des formes laides et surchargées et par des chairs qui présentent un reflet métallique désagréable. Le maître apparaît sous un aspect plus favorable comme portraitiste. Je ne connais cependant de lui que deux portraits authentiques : l'un est un homme qui tient un œillet dans sa main (galerie Lichtenstein, à Vienne) ; il porte le monogramme et le millésime de 1544. Toutefois je ne suis pas certain d'avoir bien déchiffré cette date. Ce portrait vu entièrement de face, d'une conception vraie,

j'ai acquis la conviction que les tableaux historiques qu'on lui attribue aux musées de Munich et de Vienne ne sont pas de lui.

d'un dessin correct, où les carnations d'un rouge brun tirent sur le gris dans les ombres, sans perdre leur transparence, est encore peint dans le style de Dürer et avec beaucoup d'habileté. Le paysage du fond, un lac entouré de montagnes, est très-aéré. Au musée de Berlin n° 565A, portrait d'un membre de la famille wesphalienne de Therlaen von Lennep, en fourrure noire et toque, la main gauche posée sur un crâne, portant le monogramme avec le millésime de 1551. C'est encore une composition pleine de vie, d'un coloris moins vigoureux et d'un faire également soigné, mais plus maigre que le précédent.

Parmi ses gravures, exécutées avec une grande habileté technique, ce sont des portraits qui occupent le premier rang : tels, le portrait du roi des Anabaptistes, Jean de Leyde (B. n° 182) et celui de son compagnon Knipperdolling (B. n° 183), tous deux de 1536; celui du duc de Juliers (B. n° 181), de 1540 ; viennent ensuite les scènes empruntées à son époque, entre autres, trois suites de ballets de noces (B. nos 144-171), pleines d'entrain et de vie, mais auxquelles on peut reprocher de manquer d'un sentiment délicat dont l'absence défigure plusieurs scènes. Dans la plupart de ses autres estampes ces défauts sont souvent encore aggravés par des formes épaisses et fort maniérées. Rien n'est plus repoussant que les sujets qu'il prend dans la mythologie, par exemple, les *Travaux d'Hercule* (B. nos 83-95), de 1550. L'influence de l'art italien qui perce dans la plupart de ces gravures dégénère ici, comme chez les peintres des Pays-Bas, en un style dépourvu de goût.

J'arrive maintenant à un groupe d'élèves et d'imitateurs de Dürer qui, imbus de l'influence de l'art italien, s'en approprièrent à un degré extraordinaire l'esprit et le goût dans un grand nombre de leurs gravures et quelques-uns d'entre eux dans leurs tableaux ; ce sont :

Barthel Beham, né à Nuremberg en 1496, mort en 1540. Ses premières œuvres sont conçues dans la manière d'Albert Dürer. Ses figures en général se distinguent par une conception souvent fantastique, un aspect grossièrement réaliste, une exécution négligée, une couleur vive, mais un peu crue. Les tableaux que nous possédons de lui dans ce style, représentent un *Christ portant sa croix* (chapelle de Saint-Maurice, nº 103), un *Christ au mont des Olives* (nº 631) et plusieurs *Saints* (musée de Berlin, nºˢ 619 *a* et *b*). Beham partit pour l'Italie, et tenta avec un médiocre succès de s'approprier le style de l'art transalpin. Nous trouvons des spécimens de cette nouvelle manière dans le *Miracle de la résurrection d'une femme par le contact de la vraie croix,* tableau qui date de 1530, et renferme plusieurs têtes expressives. Puis dans un *Curtius se jetant dans le gouffre*, de 1540, et encadré d'une architecture antique de mauvais goût. Ces deux tableaux sont au musée de Munich (cabinets nºˢ 2 et 98). Plusieurs portraits de princes et de princesses de Bavière, placés dans la galerie de Schleisheim, prouvent que, malgré une certaine crudité dans l'effet général, il était un portraitiste de premier ordre. Comme graveur, il occupe une place beaucoup plus éminente ; il était devenu dans cet art, à l'école de Marc-Antoine, un des meilleurs maîtres de son temps. Parmi ses soixante-quatre estampes décrites par Bartsch [1], un petit nombre seulement traitent des sujets tirés de l'histoire sacrée : le plus grand nombre appartient à l'histoire profane, à la mythologie, à l'allégorie et à la vie domestique. Dans plusieurs estampes il s'est approprié non-seulement le maniement du burin, mais encore la liberté, la grâce et la correction de dessin de l'école de Raphaël. Telles sont : des *Combats d'hommes nus* (B n°s 16-18) ; — la *Cléopâtre* (B. n° 12) ; — une femme endormie (B. n° 43) ; — le *Triomphe d'un homme et d'une femme* dont le char est entouré de jeunes filles (B. n° 44). Quelques-uns de ses portraits jouissent à juste titre d'une réputation universelle, comme le portrait de Charles-Quint (B. n° 60) ; — celui de son frère, l'empereur Ferdinand Ier (B. n° 61). Ils sont non-seulement d'une très-grande vivacité, mais encore conçus avec un sentiment délicat et un goût très-pur, et gravés d'un burin magistral.

Hans Sebald Beham, neveu du précédent, né à Nuremberg en 1500, reçut les premières notions de l'art de son oncle et se perfectionna sous la direction d'Albert Dürer. En 1540, sa conduite déréglée le força de quitter Nuremberg, d'où il émigra à Francfort, pour y mourir dix ans après. Cet artiste possédait de rares facultés d'imagination, que, sans renoncer tout à fait au domaine religieux, il appliquait d'ordinaire à des sujets profanes, souvent d'un comique grossier, et parfois d'une indécente vulgarité. Il ne

(1) Bartsch, VIII, p. 8 et suiv.

manquait pas cependant d'un sentiment réel de la beauté et de la grâce et il peut être considéré comme un très-habile dessinateur. On ne connaît de lui qu'un seul tableau à l'huile, aujourd'hui placé au Louvre, peint en 1534, en forme de table, pour Albert, archevêque de Mayence. Il représente, sous la forme de groupes, petits mais animés, quatre scènes de la vie de David, rendues dans un ton vif et clair ([1]). Cinq miniatures exécutées pour le même prélat, en 1531, dans un livre de prières qui se trouve à la bibliothèque royale d'Aschaffenburg (ancienne Franconie) fournissent la preuve de son habileté dans ce genre. Mais il est surtout remarquable par ses gravures sur cuivre, et en a exécuté un si grand nombre (Bartsch en énumère 259) qu'en général il ne peut avoir peint que rarement. Il maniait le burin avec autant d'esprit que de légèreté et quelques-unes de ses planches, telles que la *Patience* (nº 138), la *Mélancolie* (nº 144), *Saint Sébald* (nº 65), l'*Histoire de l'Enfant prodigue*, et ses douze numéros de *danseurs à une noce de village*, figurent parmi les plus beaux spécimens du genre. Ses facultés inventives se révèlent surtout dans les nombreux dessins qu'il a faits pour la gravure sur bois (Bartsch en porte le nombre à 171). Ainsi son *Entrée triomphale de Charles V à Munich* (nº 169) et ses *Deux cortéges de soldats* (nºs 170-171) sont les plus remarquables exemples que l'art nous ait légués des mœurs et des coutumes de ce temps. Ses dix estampes représentant les *Patriarches* avec leurs femmes et leurs

([1]) Voyez *Kunstwerke und Künstler in Deutschland*, p. 549.

enfants (nos 74-83), dont les premiers sont Adam et Ève avec leurs quatre enfants, et la Mort qu'ils ont apportée au genre humain, sont également riches en caractères excellents et en motifs gracieux, et, en outre, le dessin en est d'une correction magistrale.

George Pencz, né à Nuremberg en 1500, mort à Breslau en 1550, l'un des élèves les mieux doués d'Albert Dürer, joignit à l'habileté du dessin, à la clarté, à la vigueur du coloris, une grande puissance de conception et un sentiment réel de la beauté. Il visita l'Italie et s'y livra à l'étude consciencieuse des œuvres de Raphaël, sans toutefois tomber dans l'erreur de la plupart des peintres des Pays-Bas qui tentèrent de s'italianiser. Son originalité ne lui fit jamais défaut, mais le contact de l'école italienne donna plus de goût à ses compositions ainsi qu'à son dessin. Toutefois il ne se débarrassa jamais complétement d'une certaine massiveté; le premier, parmi les élèves d'Albert Dürer dans l'art de la gravure, il atteignit, sous la direction de Marc-Antoine, une habileté qui dans plusieurs planches le fit presque l'égal de l'illustre italien. Ses tableaux historiques étant très-rares, nous ne pouvons juger de son talent que par ses gravures qui représentent des sujets de l'histoire sacrée et profane, tirés de l'allégorie et de la mythologie ou bien des scènes de la vie réelle, des ornements, etc.; il eut beaucoup de succès dans tous ces genres. Un grand nombre de portraits qui existent encore prouvent que pour la vivacité de la composition, le dessin, le modelé, et la transparence du coloris, il figurait au premier rang des peintres allemands.

On trouve à la chapelle de Saint-Maurice à Nuremberg n° 76, un *saint Jérôme* traité dans sa manière allemande : c'est une œuvre de premier ordre, mais dont le sujet répété par plusieurs peintres appartient, je crois, à Quentin Massys.

Dans sa manière italienne, nous avons un excellent tableau au musée de Munich n° 95. Il représente *Vénus et Cupidon*, attitudes gracieuses, formes pures, modelé consciencieux. — Les portraits suivants sont tracés de main de maître : un *Jeune homme* (n° 585), le *Peintre Schwetzer et sa femme* (n°s 582 et 587) au musée de Berlin ; le *Général Sebald Schirmer*, n° 77, à l'hospice Landau, à Nuremberg; un homme en buste, vêtu d'un surtout de fourrure noire, daté de 1543, au musée de Vienne: *Erasme* d'après Holbein, au château de Windsor. Parmi les 126 gravures que Bartsch décrit (¹), il y en a six où Penez s'est approprié complétement l'esprit et la forme de l'école de Raphaël : ce sont les six *Triomphes* de Pétrarque, l'Amour, la Chasteté, la Gloire, le Temps, la Mort et la Religion (B. n°s 117-122). On reconnaît surtout l'habile élève de Marc-Antoine dans la plus grande estampe qu'il ait faite, le *Sac de Carthage* (B. n° 86), gravée en 1539 d'après un dessin de Jules Romain. Le portrait de l'électeur Jean-Frédéric le Magnanime (B. n° 126) gravé en 1543, atteste également la supériorité du burin de Penez dans cette branche de l'art.

Jacob Bink, né à Cologne en 1490 ou 1504, dut se for-

(¹) Bartsch, VIII, p. 319 et suiv.

mer aux leçons d'Albert Dürer, à en juger par ses gravures. Il étudia en outre en Italie ; nous connaissons peu de chose de sa vie. Il fut portraitiste du roi de Danemarck en 1546 ; il parut quelque temps à Konigsberg, à la cour d'Albert de Hohenzollern, duc de Prusse, et fut envoyé par ce prince en 1549 aux Pays-Bas, afin d'y ériger un monument à sa femme ; en 1551 le duc le prit à son service ; il mourut à Konigsberg vers 1560. On ne connaît de lui aucun tableau historique, et des portraits qu'on lui attribue, je n'ai vu que celui du musée de Vienne. Il est d'une composition énergique et délicate, d'un coloris froid mais harmonieux. On conserve au garde-meuble de Copenhague les portraits de Christian III de Danemarck et de sa femme, la reine Dorothée. Ses gravures sont d'un mérite très-inégal (¹). Les meilleures annoncent un artiste de premier ordre, habile à combiner, ainsi que Pencz, le sentiment germanique avec les formes plus nobles et le goût plus épuré des Italiens, et traitant avec une rare supériorité les sujets les plus variés. On compte parmi ses meilleures planches : Le *Christ et la Samaritaine* (Bartsch, nº 12), la *Vierge* (nº 20), les portraits de Christian II, roi de Danemarck et de la reine Élisabeth, sa femme (nºs 91-62), enfin son propre portrait. Il copia souvent aussi les ouvrages d'autres graveurs.

Le style d'Albert Dürer, comme on se l'imagine aisément, fut maintes fois appliqué aux miniatures, et surtout

(¹) Voyez sur ce maître et sur les gravures qu'on lui attribue à bon droit, Bartsch, le *Peintre graveur*, VIII, p. 249 et suiv.

à Nuremberg, par la nombreuse famille des GLOCKENTON, parmi lesquels George Glockenthon le père, 1492-1553, et son fils Nicolas, mort en 1560, occupent le premier rang [1]. Un missel et un livre de prières, avec des miniatures du fils, exécutés pour Albert, archevêque de Mayence, et pour le premier desquels l'artiste reçut 500 florins, se trouve à la bibliothèque royale d'Aschaffenburg. L'artiste s'y montre habile ouvrier, mais l'imagination lui fait défaut et son dessin manque de précision [2].

Vers la même époque vivait dans le nord de la Franconie un peintre qui occupait vis-à-vis de l'école d'Albert Dürer une position indépendante. C'est MATHIEU GRUNEWALD, probablement né à Francfort, mais appelé à Asschaffenburg par l'archevêque Albert. C'est le seul détail de sa carrière qui nous soit connu. On peut toutefois affirmer avec certitude qu'il mourut au plus tôt vers 1530 [3]. Ses œuvres attestent qu'il fut, après Albert Dürer et Holbein, le plus grand peintre allemand de cette époque. Placé sur la limite des écoles de Souabe et de Franconie, il dut recevoir son éducation artistique de toutes les deux. — Le style de ses compositions, dans lesquelles il suivit tout en s'émancipant par intervalle, les vieux principes de la symétrie; la dignité de ses figures d'hommes

(1) Voyez JOHAN NEUDORFFER's *Nachrichten von alten Künstlern in Nürnberg*. (Nürnberg. Campe), p. 41 et suiv.

(2) Voyez *Kunstwerke und Künstler in Deutschland*, II, 382 et suiv.

(3) PASSAVANT. *Kunstblatt* de 1841, p. 430 et suiv.

la fermeté du dessin, déterminent sa parenté avec l'école franconienne. Le sentiment plus intime de la beauté, surtout dans les figures de femmes, l'ampleur des formes, le goût plus délicat des draperies, le modelé plus soigné, l'arrangement plus harmonieux des couleurs, dans lesquelles prévalent le violet foncé, l'incarnat sombre et le vert clair, la meilleure union enfin des contours et des formes, indiquent l'influence bien positive de l'école de Souabe. Les proportions des figures sont un peu courtes, les tons des chairs d'un brun pâle pour les hommes, d'une couleur rose, très-agréable, pour les femmes et les enfants. — La plus authentique de ses œuvres est un tableau d'autel composé de six panneaux, qu'il exécuta sur l'ordre d'Albert, archevêque de Mayence, pour l'église des SS. Maurice et Madeleine à Halle, sur la Saale. Après l'introduction de la réforme à Halle, cet ouvrage fut transporté à l'église conventuelle des SS. Pierre et Alexandre à Asschaffenburg, pour être placé ensuite au musée de cette ville, d'où il passa en 1836 au musée de Munich (¹). Le panneau central, nº 69, représente la *Conversion de saint Maurice par saint Erasme*, qui est le portrait de l'archevêque; les volets renferment les figures de *saint Lazare*, nº 68, la *Madeleine*, nº 63, *saint Chrysostôme*, nº 73, et *saint Valentinien*. Le dernier figure encore à l'église d'Asschaffenburg: les figures, de grandeur colossale, sont magistralement dessinées, d'une attitude austère, d'une

(¹) MERKEL, *Les manuscrits de la bibliothèque d'Asschaffenburg*, 1826, p. 11.

physionomie grandiose. Un autre chef-d'œuvre, exécuté pour le même prélat, se trouve encore dans l'église de Notre-Dame de Halle, à l'endroit de sa destination primitive : mais le tableau central, qui représente la *Vierge dans sa gloire, entourée d'anges et adorée par le donateur*, les faces intérieures des volets sur lesquels on voit saint Maurice et saint Alexandre, et peut-être les faces extérieures, qui représentent saint Augustin et saint Jean l'Evangéliste, sont les seules parties exécutées par Grunewald. Parmi les autres panneaux de cette grande composition, on remarque les figures de *sainte Madeleine, sainte Ursule, sainte Catherine et saint Erasme* dues probablement à la main de Lucas Cranach (1). L'*Annonciation*, la partie du reste la plus faible de cet ouvrage, porte la date de 1529, d'où nous pouvons conclure que le maître était alors dans tout l'éclat de son talent.

Dans la galerie Lichtenstein à Vienne : deux volets de retable, représentant l'un un *Malade guéri par un évêque*, l'autre *saint Hubert*, attribués erronément à Cranach. — Dans la galerie impériale de la même ville, un admirable buste de l'empereur Maximilien Ier. Mais un des chefs-d'œuvre de ce maître est le *Crucifiement* qui figure dans la galerie Esterhazy, aussi à Vienne, où il passe à tort pour un Schäuffelein. Nous citerons encore parmi ses plus belles productions le tableau appelé le *Rosaire*, de la chapelle de Saint-Antoine, dans la cathédrale de Bamberg.

(1) Voyez Passavant, *Kunstblatt* de 1846, no 48, et mes remarques sur l'Histoire de la peinture en Allemagne par Förster, dans le *Deutsche Kunstblatt* de 1854, p. 302.

Il représente au milieu d'une vaste guirlande de roses, la *Trinité adorée par des saints*, et au-dessous les figures contemporaines de Léon X et de Maximilien Ier. Un égal mérite éclate dans les volets d'un triptyque de Heilbronn, et dans deux tableaux de l'église d'Annaberg en Saxe [1]. L'Angleterre possède également un bel ouvrage de sa main, dans la galerie du prince-époux à Kensington. C'est un tableau d'autel représentant la *Vierge et l'Enfant adorés par sainte Catherine et sainte Barbe*; les faces intérieures des volets renferment *saint Nicolas* et *saint George*; les faces extérieures, représentant *saint Jacques* et *saint Erasme*, trahissent la main d'un élève.

Hans Grimmer, disciple de Mathieu Grunewald. Ses tableaux révèlent un portraitiste animé, un dessinateur délicat, un habile coloriste. Ces éloges s'appliquent surtout au portrait de femme de la chapelle Saint-Maurice (n° 140). Le pendant, un portrait d'homme (n° 136), lui est inférieur par le coloris.

PEINTRES SAXONS.

On ne retrouve ni en Saxe ni dans l'électorat de Brandebourg les traces d'aucune école originale, mais divers artistes franconiens exercèrent leur art dans ces contrées; la preuve en est dans les travaux de Mathieu Grune-

[1] Voyez *Kunstwerke und Künstler in Deutschland*, I, pp. 306 et 46.

wald, cités ci-dessus et exécutés pour les monuments de Halle. Les figures de saints, tracées sur un retable de la cathédrale de Brandebourg, et datées de 1518, révèlent par leur caractère élevé et le goût des draperies la main d'un artiste distingué et portent aussi le cachet de l'école franconienne. Même le maître qui, en qualité de peintre de Frédéric le Sage, fonda à Wittenberg une sorte d'école saxonne, l'illustre LUCAS CRANACH (¹), ne vit pas seulement le jour à Cranach, ou plutôt à Cronach, dans la Franconie septentrionale, mais ses premiers ouvrages ont tous les caractères de l'art franconien. Né en 1472, d'une famille du nom de SUNDER, il reçut de son père les premières notions de l'art, et se perfectionna probablement sous Grunewald, dont le style se retrouve dans ses ouvrages. S'il lui est inférieur par la grandeur de la conception, par le dessin, qui est son côté faible, par l'excellence de l'exécution, il le dépasse par la richesse et la variété des idées, la limpidité de la couleur et enfin la légèreté du procédé qui assume parfois un caractère tout à fait mécanique. Parfois il se montre grave, majestueux, et émouvant, mais en général il se distingue par la naïveté et une sorte de grâce enfantine et presque timide ; une animation charmante, un coloris chaud et vermeil, remplacent dans la plupart de ses œuvres l'intelligence absolue de la forme. Sous ce rapport il est empreint du caractère national ; son esprit même a quelque chose de

(¹) *Lucas Cranach l'aîné. Ses travaux et ses œuvres,* par CHRISTIAN SCHUCHART. 2 vol. Leipzig, Brockhaus, 1851.

la grosse gaîté populaire de son temps. L'impression produite par son style rappelle les *Volksbücher* et les *Volkslieder* de Hans Sachs, dans lesquels aussi l'on trouve les fleurs les plus délicates de la poésie à côté des images les plus vulgaires et les plus dépourvues de goût. Bon nombre de ses tableaux d'église ont une signification toute spéciale, et il se présente, à proprement parler, comme le peintre de la réformation. Lié avec Luther et Mélanchton, il se pénétra de leurs doctrines, l'insuffisance des bonnes œuvres et l'efficacité de la foi dans le Sauveur, et s'attacha à les rendre sous la forme artistique. Comme spécimens de ce genre je citerai un *Homme mourant* (1518), au musée communal de Leipzig; la *Chute et la Rédemption* (1529), dans la galerie ducale de Gotha; un grand tableau d'autel, à l'église de Schneeberg en Saxe, et un tableau de la galerie des États à Prague (1529). Toutes ces œuvres, dont quelques-unes sont accompagnées d'inscriptions explicatives, figurent parmi les plus remarquables de l'artiste. Dans le seul tableau de Schneeberg, nous reconnaissons l'aide de ses élèves. Parmi ses toiles dont les sujets sont empruntés à l'Écriture, nous citerons encore la *Femme adultère* (musée de Munich, nº 56). Les têtes du Christ et de la femme sont admirables. La galerie Esterhazy, à Vienne, possède un second exemplaire de ce tableau, non moins excellent que le premier et portant la date de 1532. Lucas Cranach réussit surtout les sujets tendres et enfantins. Nous en voyons la preuve dans ses divers tableaux représentant le *Christ appelant les petits enfants*, dont le plus beau se trouve dans la collection de Thomas Baring, esq., à Londres. Un autre est à l'église Saint-Wenceslas, à Naumbourg. Quand il aborde les sujets mythologiques, il aboutit quelquefois à une parodie, mais encore il frappe le regard par la réalité de ses images et la naïveté de ses groupes. La preuve en est dans la *Diane assise sur un cerf*, petit tableau du musée de Berlin (n° 564), où figure aussi un Apollon, moins heureusement réussi; ses figures nues ont un agrément tout particulier dans un autre tableau possédé par M. Schuchart, à Weimar. Parfois ses ouvrages sont défigurés par une sorte de grâce affectée et des attitudes violentes : témoin la *Vénus* et le *Cupidon* du musée de Berlin (nos 1190 et 1203). L'amour se plaint à sa mère d'avoir été piqué par une abeille. Les membres inférieurs de la déesse prouvent l'exactitude de nos observations. Cranach traita souvent ce sujet. L'*Hercule et Omphale*, du même musée (n° 576) est très-naïf. On peut citer comme exemple de sa triviale gaîté le *Vieillard caressant une fille* (1531), dans la galerie des États à Prague, et la *Fontaine de jeunesse*, au musée de Berlin (n° 593).

Son mérite se déploie surtout dans les sujets tout à fait réalistes, tels que les chasses et les portraits : le château de Maurice, près de Dresde, possède de grands tableaux de chasse. Ses portraits sont tellement nombreux que j'en puis à peine citer quelques-uns, tels que ceux de l'électeur Albert de Mayence, représenté en pied, sous les traits de saint Jérôme (1527), au musée de Berlin (n° 589), et le même personnage, grandeur naturelle, en profil, n° 559; celui du malheureux électeur Jean-Frédéric le Généreux,

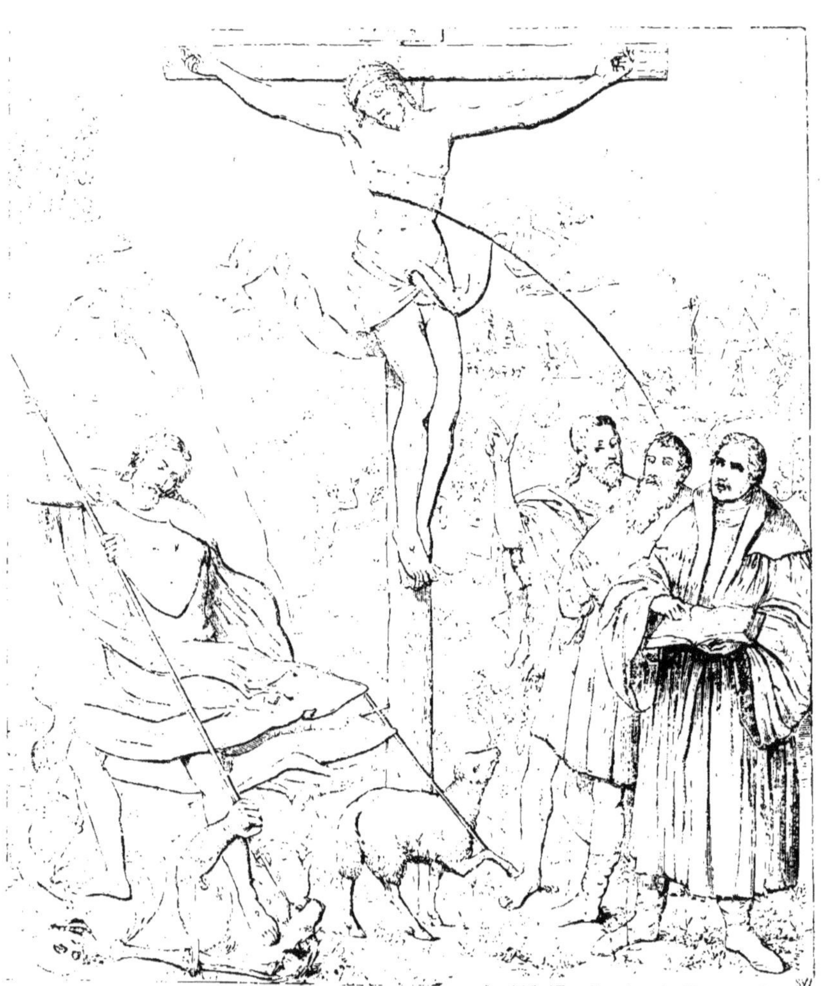

RETABLE DE L'ÉGLISE DE WEIMAR,

contenant les portraits de LUTHER, de MÉLANCHTHON et de CRANACH, peint par Lucas Cranach.

n° 590, et de l'électeur Jean le Constant, dans la galerie grand-ducale de Weimar, l'un des meilleurs. — Parmi les portraits de femme, citons la tête éclairée d'une façon si charmante à la *National Gallery*, n° 291. Il n'atteignit toutefois ces qualités de couleur qu'en 1515, probablement après la rencontre de quelque maître errant des Pays-Bas, car son premier ouvrage, le *Repos en Egypte*, aujourd'hui au palais Sciarra Colonna à Rome (1504), deux figures de *saint Jérôme* et *saint Léopold* (1515), à la galerie du Belvédère, à Vienne, et le portrait du bourgmestre d'Eisenach, au musée de Berlin (n° 618A) révèlent un ton plus brisé mais d'un brun moins clair dans les carnations, à la façon de Mathieu Grunewald; on peut dire qu'il atteignit son apogée vers 1530, car, outre les deux tableaux de cette époque mentionnés plus haut, les trois suivants, qui portent la même date, figurent parmi les plus remarquables : *Samson et Dalilah*, du musée royal d'Augsbourg; la *Mélancolie*, provenant de la collection Campe, aujourd'hui la propriété de lord Lindsay, en Ecosse et le *Sacrifice d'Isaac*, bien digne des deux précédents et daté de 1531, excellent paysage, qui figure dans la galerie Lichtenstein, à Vienne. Cranach conserva jusqu'à sa mort (1553) toute la vigueur de son talent comme le prouve le panneau central d'un triptyque de Weimar, que je m'accorde avec Schuchart à considérer comme son meilleur ouvrage (voy. gravure). C'est encore une fois, comme nous l'avons déjà signalé, la manifestation figurée des doctrines qui germaient dans le cerveau de Luther. Il représente, au milieu, le Christ en croix, à droite Jean-Baptiste qui montre à Luther et à Cranach — deux excellents portraits, — le Christ triomphant, par son sacrifice, de la mort et du démon ; à gauche se trouve encore le Christ vainqueur de Satan que l'on voit au loin chassant les pécheurs dans un abîme de feu. Cranach se distingua dans la peinture en miniature ; graveur adroit, il exécuta en outre une série de dessins dont quelques-uns d'une grande perfection ; on voit par eux qu'il prit une part importante à la guerre de Luther contre le pape ([1]).

Le caractère de Lucas Cranach est digne de respect. Engagé au service des électeurs Jean le Constant et Jean-Frédéric le Généreux, successeur de Frédéric le Sage, il partagea pendant cinq ans la captivité du second après la bataille de Muhlberg en 1547, adoucissant par sa compagnie et son art les ennuis de son maître. Les bourgeois de Wittenberg lui donnèrent une preuve d'estime en le nommant deux fois bourgmestre en 1537 et en 1540. — Il renonça à cette dignité en 1544.

La longue carrière de cet artiste, et la facilité de son pinceau, qui lui valut l'épithète de *Celerrimus pictor* inscrite sur sa tombe, expliquent le nombre considérable de tableaux qu'il a laissés. Toutefois de ceux qui portent son nom, beaucoup sont l'œuvre de son fils Lucas le jeune, dont je reparlerai, et probablement d'un autre fils nommé Jean-Lucas, qui mourut jeune en Italie ([2]). Beaucoup

([1]) Schuchart (vol. II, p. 240 et 255) a décrit huit gravures sur cuivre et 193 sur bois, compris toutefois quelques copies.

([2]) Voyez la notice sur ce fils, mort à Bologne en 1536, dans Schuchart, vol. I, p. 96, etc.

d'autres sont dus à des peintres moins habiles et parfois même à des manœuvres. Parmi les tableaux fabriqués de la sorte figurent une série de petits portraits de Luther, de Mélanchton et des électeurs Frédéric le Sage et Jean le Constant datés de 1532. En autorisant l'apposition de son monogramme sur ces œuvres, Lucas Cranach contribua lui-même à diminuer sa renommée auprès des générations futures. Quoique Schuchart puisse avoir raison quand il affirme qu'un triptyque de l'église de Wittenberg attribué à Lucas Cranach, n'est qu'une production banale sortie de son atelier (¹), la composition n'en est pas moins assez remarquable pour que nous la citions ici. Le centre représente la *Cène* avec les disciples aux physionomies diverses, assis autour d'une table circulaire. Les volets et le gradin représentent le baptême, la confession et la prédication : mais ils offrent cette particularité qu'ils nous mettent sous les yeux, avec le réalisme le plus fidèle, ces cérémonies religieuses telles qu'on les pratiquait à cette époque à Wittenberg. Sur le volet droit se trouve le Sacrement du baptême administré par Mélanchton en présence de plusieurs assistants et trois parrains. Sur le volet gauche Bugenhagen vient de donner l'absolution à un pécheur repentant qui s'est confessé à lui et il repousse un pécheur endurci ; il y a également plusieurs femmes présentes à cette scène ; sur le gradin enfin, Luther prêchant l'évangile est un hommage significatif rendu à la doctrine du réformateur fondée sur le

(¹) Schuchart, vol. II, p. 147, etc.

sacrifice du Christ, sujet du panneau central, et sur la foi qui seule opère le salut : en face de la chaire se groupent d'un côté des femmes et des jeunes filles, et de l'autre des jeunes gens et des hommes faits.

Lucas Cranach le jeune, né en 1515, mort en 1586, le fils et l'élève du précédent, remplit comme son père les fonctions de bourgmestre de Wittenberg. De bonne heure, sans doute, il forma son style d'après celui de son père, et il se l'appropria si bien qu'il est excessivement difficile de distinguer des œuvres de celui-ci les tableaux peints par le fils à cette époque. Il lui est cependant très-inférieur par la fécondité de l'invention, par la précision des formes et du sujet, mais sous le rapport du dessin il le surpasse en correction. Ses premiers tableaux offrent des carnations chaudes, mais d'un aspect mielleux : plus tard elles prennent un ton froid, quelquefois blafard. Souvent aussi l'exécution devient plus lâche et plus indécise. Dans la composition seulement il resta toujours fidèle à la manière de son père. On cite parmi ses meilleures œuvres : la *Prédication de saint Jean* (galerie de Brunswick), la *Vierge offrant une grappe de raisin à l'enfant* (Galerie de Munich, nº 142, cabinets), attribué au vieux Cranach. Le *Crucifiement*, de la galerie de Dresde, nº 1667, offre un échantillon de sa dernière manière, un peu moins serrée. La même galerie possède les bustes des électeurs Auguste et Maurice de Saxe (nºs 1671 et 1672) d'un sentiment délicat, dessinés avec beaucoup de correction et de vie.

ÉCOLE DE SOUABE.

Le principal maître de l'école d'Augsbourg à cette époque était **Hans Burgkmaier**, né en 1473, mort en 1559, fils de Thomas Burgkmaier, de la période précédente. Doué des facultés les plus diverses, il retraçait en maître les sujets sacrés, et se plaça au premier rang par ses représentations des scènes de chevalerie dont la cour de Maximilien Ier avait introduit l'usage en Allemagne. Sa supériorité dans ce genre se révèle surtout dans ses livres de tournoi (1) et ses dessins pour les gravures des trois ouvrages commandés par Maximilien : La *généalogie de ce prince*, le *Weisskünig* et le *Triomphe* (2). A tout prendre il resta fidèle aux traditions de l'ancienne école de Souabe. Ses compositions manquent généralement de style et son dessin, surtout au début, de fermeté. Quoique ne manquant pas de sentiment, il recherche avant tout la vérité. Aussi ses têtes ont le caractère de portraits ; l'esprit de la ligne lui fait défaut, et ses attitudes pèchent souvent par l'absence de goût. En revanche il possède à un haut degré le sens du coloris ; ses chairs ont de l'éclat et de la vigueur, la couleur des étoffes se

(1) Un de ces livres est la propriété de S. A. le prince de Hohenzollern.

(2) Tels sont les titres des ouvrages publiés par ordre de l'empereur pour glorifier ses exploits et ses ancêtres. Voir Bartsch, VII, p. 223 et suiv.

distingue par une grande profondeur, le modelé et les détails par un soin extrême.

Nous avons aussi de lui, il est vrai, bon nombre d'ouvrages d'un caractère sec et mécanique. Il fut avec Altdorfer le premier qui, en Allemagne, conforma les détails de ses paysages à la nature, bien qu'il n'ait pas, comme Altdorfer, traité le paysage comme genre spécial.

Sa longue carrière se divise en deux périodes bien distinctes. Dans la première, qui s'étend jusque vers 1508, il adhère aux formes prédominantes en Allemagne au XVe siècle. Les plis de ses draperies sont plus roides que celles du vieux Hans Holbein, et fréquemment il emploie l'or dans les étoffes et les ornements. Le goût italien ne paraît que dans l'architecture ; mais à la seconde époque il se montre aussi dans l'ampleur des formes, dans les motifs des draperies et l'harmonie de l'ensemble. Néanmoins la nature germanique reparaît constamment dans les parties essentielles, et l'influence d'Albert Dürer est très-sensible dans les bois exécutés d'après ses dessins. Son habileté à rendre les scènes de la vie vulgaire prouve encore sa tendance au réalisme. Sandrart lui attribue des fresques dont aucune ne nous a été conservée. De ses nombreux tableaux à l'huile je ne citerai qu'une partie. Ceux de la galerie d'Augsbourg sont les chefs-d'œuvre de sa première époque. Une riche composition de 1501 comprend de nombreux sujets, parmi lesquels le *Christ au mont des Olives*, *Saint Pierre*, la *Vierge et l'Enfant* et *Quatorze Saints*. L'expression du Christ est très-majestueuse, la forme des têtes d'une grande noblesse, celles des femmes distinguées, mais un peu monotones ; le raccourci de la bouche et des yeux généralement défectueux (1). Un autre tableau, représentant le *Christ et la Vierge adorés par des Saints nombreux*, appartient à la même année ; un *Christ en croix*, avec le *Martyre de sainte Ursule* sur les volets, remonte à 1504. L'artiste a rendu ici avec beaucoup de succès le contraste de la férocité des païens et de la résignation des jeunes vierges. Le tableau de la galerie de Dresde (nº 1607) représentant le même sujet date probablement de la même époque.

Voici d'admirables spécimens de sa seconde manière : La *Vierge assise sous un arbre et donnant une grappe de raisin à l'enfant Jésus* (1510), dans la chapelle de Saint-Maurice à Nurenberg ; ce petit tableau brille par un goût et une délicatesse fort rares chez Burgkmaier (2). Le *Christ en croix* (1519) (3) et l'*Adoration des Rois* (même collection). Ce dernier tableau, par le caractère des physionomies, la finesse du clair-obscur dans un ton froid, et son exécution magistrale, est à mon sens le chef-d'œuvre de la seconde période. Un *Saint Jean dans l'île de Patmos,* à la pinacothèque de Munich, nº 65, fournit la preuve de son habileté à peindre le paysage. La tête révèle une excellente inspiration. Une *Mère avec deux enfants* (1541), dans l'hospice Landau, nº 94 (4), où l'on

(1) Voir pour de plus amples détails *Künstler und Kunstwerke in Deutschland*. Vol. II, p. 28, etc.

(2) *Ibid.* vol. I, p. 197.

(3) *Ibid.* II, p. 32 et suiv.

(4) *Kunstler und Kunstwerke in Deutschland,* vol. I, p. 205.

attribue cette œuvre à Hans Olmdorf, brille par la naïveté et la vérité des scènes de la vie réelle. On voit enfin notre artiste imitateur maniéré de l'art italien dans un tableau de l'église Sainte-Anne à Augsbourg, le *Christ délivrant les âmes du purgatoire*, probablement exécuté peu après 1533. Comme peintre de portraits, il se révèle avec le plus d'avantage dans le portrait du duc Frédéric de Saxe, au château de Nuremberg, où il est attribué à Hans von Culmbach. Ce tableau se distingue par un sentiment vrai de la nature et le ton délicat des chairs. Les portraits du duc Guillaume de Bavière et de sa femme sont d'un contour plus dur et d'une carnation plus lourde. On les trouve au musée de Munich (cabinets, nos 136 et 150). Les portraits du peintre et de sa femme, datés de 1528, à la galerie du Belvédère à Vienne, sont d'un coloris plus clair et d'une conception plus animée. La femme tient un miroir dans lequel les deux personnages se réfléchissent en têtes de mort, ce qui prouve que le sentiment fantastique du moyen âge était loin d'être éteint dans l'école de Souabe à cette époque. Ce goût du fantastique apparaît dans plusieurs gravures faites d'après les dessins de Burgkmaier, particulièrement dans *Une jeune femme tentant d'échapper à la Mort qui tue un jeune homme*, dans les *Sept vertus cardinales*, dans les *Sept péchés capitaux*, et les *Trois hommes et femmes justes, chrétiens, juifs et païens* [1]. Il exécuta aussi une eau-forte sur fer [2].

(1) BARTSCH, *Le Peintre graveur*, vol. VII, p. 215, etc.
(2) *Ibid.*, p. 199.

Mais le plus grand artiste qu'Augsbourg ait produit est HANS HOLBEIN le jeune, né dans cette ville en 1498 (1). En lui la tendance réaliste de l'école allemande atteignit son plus haut degré de noblesse et de développement, et l'on peut le proclamer l'un des princes du pinceau. La comparaison avec son aîné, Albert Dürer, fera surtout ressortir son mérite. En ce qui concerne la grandeur et la puissance du sentiment, et l'appropriation du style au caractère de ses sujets, Holbein reste en dessous du grand maître de Nurenberg. Quoique ayant subi l'influence de l'élément fantastique du moyen âge, il le met en œuvre d'une tout autre façon. Si Albert Dürer traite encore les scènes de l'*Apocalypse*, avec son allure plus libre, mais sans dépouiller l'esprit du moyen âge; si, dans la *Mélancolie*, la conscience effrayante de l'impuissance humaine et de l'instabilité de toute chose prend une expression si vraie, au moins dans son estampe du *Chevalier, le diable et la Mort*, rend-il à l'homme le sentiment de la confiance et de l'énergie qui lui fait mépriser et vaincre de tels adversaires. Holbein, au contraire, dans sa *Danse des Morts*, sujet si familier au moyen âge, en profite pour rendre des sentiments de profonde ironie et de méchanceté et nous montre à tous les degrés de l'échelle sociale, depuis le pape jusqu'au mendiant, le désespoir impuissant

(1) Les principaux ouvrages relatifs à Holbein sont les suivants : ULRICH HEGNER, *Hans Holbein der Jungere;* Berlin, 1827; CHRÉTIEN DE MECKEL, œuvre de *Jean Holbein ou Recueil de gravures, d'après ses plus beaux ouvrages*. Bâle, 1780; HORACE WALPOLE, *Anecdotes on painting*.

de l'homme en présence de son ennemi. Tandis qu'Albert Dürer se rattache encore aux idées religieuses du moyen âge, Holbein est pénétré de sentiments plus modernes, et c'est ainsi que nous le trouvons aussi dépassant son rival dans l'exacte reproduction des détails de la nature. Érasme, qui ne manquait pas de coup d'œil en fait d'art, lui rend hommage sur ce point, en déclarant que de ses portraits, faits par les deux artistes, celui d'Holbein était le plus ressemblant (1). Au point de vue de la beauté des formes, de la grâce des attitudes, du goût qui préside à l'arrangement des étoffes, de la couleur et du faire, qui procède plutôt par l'empâtement et le modelé que par les hachures, selon les traditions que lui avait léguées son père, Holbein est de beaucoup le plus grand. Joignant à toutes ces qualités un admirable talent de dessinateur et de poëte, il peut être considéré parmi tous les peintres allemands comme celui que la nature avait le mieux fait pour atteindre dans les peintures historiques cette supériorité qui fait la gloire de Raphaël, d'André del Sarto et de ses autres contemporains de la péninsule. S'il n'a pas été leur rival, il faut l'attribuer aux misères de sa vie. Rarement il fut à même d'entreprendre des sujets importants, et dans le portrait il se plaça au niveau des plus grands maîtres. Son génie précoce s'étendit d'ailleurs à tous les genres. Habile à peindre à l'huile, à

(1) Cette histoire est racontée par Van Mander. La gravure bien connue d'Érasme, par Albert Dürer (Bartsch, n° 107), donne aussi une tout autre idée du modèle que les différents portraits de Holbein.

fresque, à la détrempe, en miniature, il s'appropriait à tel point l'influence des autres peintres qu'il est devenu très-difficile d'assigner à ses œuvres un ordre chronologique. Leur nombre considérable m'obligera de me contenter de citer les plus importantes de chaque période.

Les tableaux de la première époque se distinguent par le ton jaune-brun des chairs. L'un des plus remarquables de cette catégorie se trouve au musée d'Augsbourg (¹); c'est le *Saint Sébastien* dont l'exécution remonte à 1515. La vérité des formes et de l'action est un véritable prodige sous le pinceau d'un jeune homme de dix-sept ans. Les têtes ont beaucoup de caractère, et le paysage a de la richesse et de la transparence. Le plus bel ouvrage, et probablement l'un des derniers qu'Holbein peignit à Augsbourg, se trouve au musée de Munich, sous les n°s 40 et 46. Ce sont deux volets d'un tableau faussement assigné à son père, et représentant l'un *Sainte Elisabeth de Thuringe donnant à manger aux pauvres* et l'autre *Sainte Barbe*. Les deux saintes, d'une grande vérité, surtout sainte Barbe, ont des physionomies délicates et pleines de noblesse.

C'est probablement en 1516 que Holbein se rendit à Bâle qui fut le théâtre de ses travaux jusqu'en 1526. Plusieurs tableaux portant cette première date ont été certainement exécutés dans la cité suisse.

Le portrait du peintre bâlois *Jean Herbster*, qui fait

(¹) *Künstler und Kunstwerke in Deutschland*, vol. II, p. 24 et suiv.

partie de cette catégorie et figure aujourd'hui dans la galerie de Thomas Baring, esq. (1), offre pour la couleur une grande analogie avec le *Saint Sébastien* mentionné ci-dessus. Les portraits du bourgmestre Jacques Meyer, surnommé *zum Hasen* (2), et de sa femme, au musée de Bâle (3), quoique portant la même date (1516), ont dû être exécutés plus tard. La conception en est plus élégante, et les tons plus clairs, plus roses de carnation, qui distinguent les tableaux de Holbein jusqu'en 1526, commencent à se montrer. Aux premiers temps de son séjour à Bâle, il faut, croyons-nous, attribuer la *Cène* qui se trouve au musée de cette ville. Quoique la composition soit un peu chargée, le moment où le Christ présente le breuvage à Judas est rendu avec âme, et les têtes sont empreintes d'un caractère admirable.

En 1517, Holbein décora à fresque la maison du bailli Jacques von Hartenstein, à Lucerne. La destruction de ces peintures est d'autant plus regrettable qu'elles représentaient une infinité de sujets. A l'intérieur, l'artiste avait peint les saints patrons du maître, des épisodes de leurs légendes, des chasses, des batailles et une fontaine de Jouvence. A l'extérieur, entre les fenêtres, des exploits d'anciens héros; plus bas, dans une frise, des enfants

(1) *Galeries et Cabinets*, p. 97.

(2) Afin de le distinguer des autres bourgmestres de Bâle qui avaient porté le même nom.

(3) Sur ce tableau et sur les autres œuvres d'Holbein qui se trouvent au musée de Bâle, Voy. *Trésors d'art*, etc., p. 968 et suiv.

jouant avec des armes; au-dessus, un cortége triomphal d'après Mantegna, et plus haut encore, des événements de l'histoire romaine.

Un ou deux ans plus tard il aura exécuté les volets d'un triptyque placé à la cathédrale de Fribourg en Brisgau, représentant l'un *l'Adoration des Bergers*, effet de nuit d'une vérité merveilleuse, la lumière projetée par l'enfant; l'autre, *l'Adoration des Rois*, composition parfaitement réussie, dans laquelle le compagnon du roi nègre, ébloui, place sa main devant les yeux pour regarder l'étoile. Les têtes sont d'une vérité frappante et d'un caractère qui varie du beau au trivial; les formes, les mains surtout, sont exécutées avec grâce.

A ce tableau succède dignement le portrait de Boniface Amerbach, zélé protecteur de Holbein (musée de Bâle). Conçu sans aucune prétention, dans le sentiment le plus délicat de la nature, ce portrait est l'un des plus beaux que le maître ait exécutés dans cette période. Le magnifique portrait de Georges Frundsberg, un des généraux de Charles-Quint, au musée de Berlin, n° 577, paraît avoir été fait à la même époque.

C'est vers 1521 qu'il dut peindre des fresques à l'hôtel de ville de Bâle. Là, côte à côte avec ces illustrations austères de la justice, en usage aussi dans les Pays-Bas, se plaçaient des traits de vertu républicaine, l'*Aveuglement du vieux Zaleucus*, le *Suicide de Charondas* et *Curius Dentatus avec les envoyés des Sabins*. Les seuls restes de ces fresques, aujourd'hui déposés au musée de Bâle, sont les têtes de trois de ces envoyés, dont les physionomies nobles, calmes et énergiques attestent la supériorité que Holbein avait acquise dans la peinture d'histoire, et quelle place il s'y serait faite s'il avait eu plus d'occasions de s'y produire.

Le succès avec lequel il traitait les sujets religieux exigeant l'expression de sentiments passionnés, éclate dans sa composition bien connue de la *Passion* (en huit compartiments, au musée de Bâle). Ici le coloris et le procédé rappellent le beau tableau de son père, la *Vie de saint Paul,* conservé à Augsbourg. Le *Christ en croix* et le *Christ au tombeau* (lequel nous rappelle dans le groupe principal le *Christ au tombeau* de Raphaël, à la galerie Borghèse) sont admirables de composition, de sentiment et de rendu, tandis que le *Christ au mont des Olives*, par la beauté et par la profondeur de l'expression, n'est guère inférieur au célèbre tableau du Corrége, représentant le même sujet, qui figure dans la galerie du duc de Wellington, à Londres. On aurait peine à admettre que ces tableaux pussent être de cette époque, si les caricatures et les exagérations qui défigurent certains épisodes, entre autres la *Flagellation* et le *Portement de la croix,* ne portaient le cachet du temps. D'autres tableaux de cette date, révélant l'influence de Léonard de Vinci, nous font croire que Holbein fit un rapide voyage dans l'Italie septentrionale vers cette époque. Dans l'un de ces tableaux, la *Cène* (musée de Bâle, n° 33), dont il manque une partie, l'arrangement symétrique, l'élévation des têtes, surtout celle du Sauveur, et une certaine analogie de procédé, attestent l'influence incontestable de la *Cène* de Léonard à

Milan. La tête seule de Judas, juif d'une hideuse vulgarité, révèle le sentiment réaliste de Holbein dans toute sa force. Dans l'autre tableau de la même galerie, le *Christ mort* (nº 21), cette tendance éclate dans toute sa rudesse, combinée avec un essai de modelé dans le style particulier à Léonard. On a peine à croire que ce corps d'un vert pâle, d'où le sang coule, peint d'après le cadavre d'un homme assassiné, avec une habileté merveilleuse pour un artiste de vingt-trois ans, puisse avoir la prétention de représenter un Christ. L'inscription toutefois ne laisse aucun doute : « *Jesus Nazarenus. Rex Jud.* H. H. 1521. »

Nous rangeons parmi les plus beaux tableaux, non-seulement de cette période mais de tout l'œuvre du maître, le portrait d'Érasme, 1523, l'un des plus précieux ornements de la riche collection de lord Radnor à Longford-castle [1]. On ne sait ce qu'il faut admirer davantage dans ce tableau, la délicatesse, la conception et l'exécution magistrale des moindres détails. C'est sans doute le portrait qui fut envoyé par Érasme à son ami sir Thomas Morus en 1425, comme un échantillon du mérite de Holbein, et comme recommandation pour le maître qui projetait dès lors un voyage en Angleterre. Sir Thomas lui répondit : « Votre peintre, mon cher Érasme, est un admirable artiste, » et lui promit sa protection [2].

[1] *Galeries et cabinets*, p. 356.

[2] L'intérêt qui s'attache à Holbein en Angleterre m'engage à citer ici le passage complet de la lettre, dans le texte latin : « Pictor tuus, Erasme carissime, mirus est artifex, sed vereor,

A la même année se rapporte probablement le portrait d'Érasme, du Louvre, sur lequel il est représenté de profil.

Parmi les dernières œuvres exécutées par Holbein à Bâle, avant son premier voyage en Angleterre, dans l'automne de 1526, nous citerons le magnifique tableau appartenant à la princesse Charles de Hesse à Darmstadt et représentant la *Vierge, reine des cieux, debout dans une niche, avec l'Enfant dans ses bras, et la famille du bourgmestre Jacques Meyer, agenouillée à ses côtés.* Cette Vierge aux longs cheveux d'or retombant sur ses épaules, dont la tête réunit la plus grande vérité à une simplicité extrême, à une pureté et à une humilité dégagée de toute prétention, est le plus beau triomphe du réalisme allemand : c'est la perfection de l'individualisation du type; grâce à ce cachet si original, si personnel, Marie paraît bien plus digne encore de porter, comme la reine des cieux, le riche diadème qui orne son front. La pose simple et naturelle de ses belles mains est en harmonie avec cette expression. Malheureusement le peintre ne s'est guère élevé au-dessus de son modèle quand il s'est agi de figurer le Christ : c'est un enfant vulgaire, qui n'a rien d'attrayant, et d'un aspect malingre (¹). Quant aux

« ne non sensurus sit Angliam tam fœcundam ac fertilem, quam
« sperarat. Quanquam ne reperiat omnino sterilem, quoad per
« me fieri potest, efficiam. Ex Aula Grenwici, 18 Dec. 1525. »

(¹) Le poëte Tieck a cru pouvoir déduire de cette circonstance que cet enfant est un de ceux de la famille, malade et guéri par l'intercession de la sainte Vierge, tandis que l'enfant bien por-

membres de la famille, l'artiste s'est fait une loi de les représenter avec la plus scrupuleuse exactitude : il sacrifie impitoyablement la beauté à la fidélité, par exemple dans la jeune fille au rosaire, dont le torse se projette en avant. La tête du bourgmestre et celles des trois femmes respirent une expression de placidité et de sereine dévotion fort heureusement rendue. Ce tableau fut offert sans doute par le zélé catholique à une chapelle de Notre-Dame. La peinture en est fraîche et moelleuse, les tons des chairs sont d'un brun chaud. Quelques légères différences entre ce tableau et celui de Dresde (voy. gravure) prouvent qu'il lui est antérieur. On comprend aisément que le donateur, désireux de posséder chez lui d'aussi admirables portraits de famille, commanda à Holbein une répétition de son tableau de la chapelle, ce qui dut sourire au peintre toujours besoigneux. J'attribue à quelque circonstance de ce genre l'exécution du tableau de Dresde. Les changements qu'il a subis sont de nature à mieux faire valoir l'œuvre dans un salon; la tête de la Vierge est plus douce, le procédé plus tendre et le soin des détails plus scrupuleux. Les mêmes observations s'appliquent plus ou moins aux autres parties. La tête du bourgmestre seule nous paraît plus dure et plus creuse. Quant au tapis, assez négligemment peint, il pourrait bien être l'œuvre d'un élève.

tant qui est à terre représente au contraire le Christ; cette hypothèse, en contradiction avec les traditions consacrées, est tout à fait inacceptable.

Deux autres tableaux de la galerie de Bâle, également exécutés en 1526, diffèrent beaucoup de toutes les œuvres précédentes du maître. La plus grande douceur des tons locaux d'un jaune chaud, l'usage plus fréquent des glacis et la délicatesse des contours prouvent à ce point l'influence de l'art flamand, qu'un connaisseur tel que M. von Rumohr les a attribués à Bernard van Orley. Le premier, n° 34, représente une belle jeune fille en toilette élégante, portrait d'une dame de la famille Offenburg à Bâle, avec l'inscription *Laïs Corinthiaca* (¹). Le second, n° 35, peint d'après le même modèle, mais moins séduisant, représente Vénus avec un Cupidon peu aimable. Quoique ce dernier tableau porte seul la date de 1526, le précédent lui est trop analogue pour ne pas appartenir à la même époque. Le style remarquable de ces tableaux s'explique naturellement en supposant que Holbein, pendant un long séjour qu'il fit à Anvers, probablement au mois de septembre, se sera initié à la manière de Quentin Massys, que ces œuvres rappellent en effet d'une manière frappante. La lettre déjà mentionnée d'Erasme à son ami Égide, à Anvers, datée du 29 août, porte que si Holbein voulait rendre visite à Quentin Massys, et qu'Égide n'eût pas le temps de l'y conduire, il voulût bien déléguer son *famulus* pour lui montrer la maison. Peut-on supposer qu'un homme aussi désireux que Holbein de s'initier à tous les progrès, ait négligé une pareille occasion? Il dut faire

(¹) Pour les suppositions relatives à ce nom, Voy. HEGNER, p. 162, etc.

ensuite un séjour plus prolongé à Anvers. La preuve en est dans le portrait magistral qu'il fit de son ami Égide (château de Longford), et dont le style tend à faire croire qu'il fut peint pendant le séjour de l'artiste en Belgique [1]. Probablement aussi le maître envoya les deux tableaux dont il s'agit comme échantillons de sa nouvelle manière, à son patron Amerbach à Bâle, dans la collection desquels on les a repris [2].

A son arrivée à Londres, sir Thomas Morus reçut l'artiste de la façon la plus amicale, dans sa propre demeure construite près de Londres, sur les bords de la Tamise, et l'y retint pendant quelque temps sans le mettre en rapport avec le roi Henri VIII [3]. On peut attribuer cette manière d'agir à divers motifs. Sir Thomas peut avoir voulu, en toute justice, mettre à profit le génie de l'artiste pour lui-même et sa famille, et fournir à Holbein l'occasion de s'accoutumer à la langue et aux usages du pays avant son début sur une plus vaste scène. Il est certain toutefois que, même pendant la première année de son séjour en Angleterre, Holbein peignit les portraits de personnages qui étaient probablement des amis du chancelier. Parmi ces portraits, celui de sir Bryan Tuke, trésorier du roi, montre une complète affinité avec le style des derniers tableaux faits à Bâle, et nous en possédons deux

(1) *Galeries et cabinets, etc.*, p. 356.

(2) La collection Amerbach forme la partie principale du musée de Bâle.

(3) On ne le retint pas trois ans cependant, comme le prétend Van Mander.

exemplaires parfaits; le premier, que j'ai vu en 1835 dans la collection Methuen à Corshamhouse [1], porte l'inscription « *Brianus Tuke Miles : Anno ætatis suæ LVII* » avec la devise *Droit et avant*. Une légère expression de mélancolie se distingue dans ses traits, et correspond à ce passage du livre de Job inscrit sur un papier : *Numquid non paucitas dierum meorum finietur brevi?* chap. X, ver. 20. Le personnage est habillé de noir, avec des manches brodées d'or. Un sentiment exquis anime ce portrait d'une exécution magistrale. Le tableau non moins remarquable du musée de Munich (cabinets n° 143) a perdu ses inscriptions. On y voit toutefois le passage de Job, avec cette addition : *Job. cap.* 10, et IO. HOLPAIN. Un squelette qui montre un sablier bientôt vide, donne la réponse à la question. Le portrait de sir Henry Guilford à Hamptoncourt, malheureusement poussé au noir, porte la même date de 1527, la première année du séjour de Holbein en Angleterre. L'année suivante, 1528, marque un nouveau pas dans la carrière de l'artiste. L'admirable portrait de Richard Southwell, conseiller privé de Henri VIII, à la galerie des Offices à Florence, qui porte la date précise du 10 juillet, peut être considéré comme un des premiers ouvrages de cette année. Par la conception et le coloris il se place immédiatement après le portrait de sir Bryan Tuke. Vient ensuite celui de William Warham, archevêque de Cantorbéry, n° 207, de la galerie

(1) Un grand nombre de tableaux de cette collection ayant été vendus, j'ignore si celui dont il s'agit y est encore.

du Louvre, exécuté d'une façon plus large. Le portrait de Nicolas Kratzer, astronome de Henri VIII, daté de 1527, et placé au Louvre (n° 206), atteste une plus grande ampleur dans la composition et plus de simplicité dans les formes, mais la couleur en est plus profonde, moins brune et moins transparente. Il résulte de ces tableaux que la fête offerte d'après Van Mander [1] à Henri VIII par sir Thomas Morus, à l'effet de lui montrer l'œuvre de Holbein et de lui présenter l'artiste lui-même, n'a pu avoir lieu plus tard que le premier semestre de 1528, car il est impossible que le maître eût peint tous ces personnages à l'insu du roi. Le monarque, à cette occasion, se montra tellement enchanté des tableaux et de l'auteur qu'il le prit immédiatement à son service, lui donna un traitement de 30 l. st., somme très-respectable pour l'époque, et un logement au palais, tout en lui payant ses tableaux à part [2]. Parmi les portraits authentiques d'Henri VIII qui existent en Angleterre, celui de la collection de lord Yarborough a probablement été exécuté vers cette époque.

Au point de vue de la richesse et de la composition, le tableau le plus important que je connaisse de Holbein en Angleterre, et que l'on désigne sous le nom des *Ambassadeurs*, se trouve dans la galerie de lord Radnor à Longford Castle. Je crois qu'il remonte à l'an 1529 [3]. Des deux personnages à pied, de grandeur natu-

(1) Fol. 143 *a*.
(2) Walpole, *Anecdotes*. Vol. I, p. 110, 161.
(3) *Trésors*, vol. III, p. 138 et *Galeries et cabinets*, p. 359.

relle, que l'on voit debout, côte à côte, le plus richement vêtu, avec les attributs de l'ordre de Saint-Michel, est, d'après ce que m'a dit lord Folkestone, fils de lord Radnor, sir Thomas Wyatt, l'un des Anglais les plus instruits et les plus accomplis de son temps. L'autre personnage, plus simple dans sa mise et son attitude, est un savant, comme l'indiquent les instruments de mathématiques qui l'entourent. Ce portrait offre une grande analogie avec celui de Nicolas Kratzer, mais il est plus clair dans les tons jaune-clair des carnations, et plus aisé dans les motifs. Je considère comme étant encore de la même époque le magnifique portrait de l'évêque Fisher, qui faisait partie autrefois de la galerie de lord Northwick à Thirlestaine House [1].

Le tableau de Barber's Hall, contenant les portraits de dix-huit membres de la Gilde des Barbiers, recevant des priviléges du roi Henri VIII, figure parmi les plus brillantes compositions du maître. Il est malheureusement trop mal placé pour qu'on puisse le juger d'une manière exacte. Mais je n'en suis pas moins disposé à le ranger dans l'ordre chronologique immédiatement après les précédents [2]. Pendant cette année, et probablement au mois d'août [3], Holbein visita Bâle, et peignit les portraits de sa femme et de ses deux enfants [4], qui se trouvent

(1) *Trésors*, etc., vol. III, p. 210.

(2) Ibid., vol. II, p. 328.

(3) HEGNER, p. 234.

(4) *Kunstwerke und Künstler in Deutschland*, vol. II, p. 277 et suiv.

au musée de cette ville (n°32). Chez tous ceux qui jugent une œuvre d'art, non point par le sujet, mais par l'habileté de l'exécution, ce tableau provoque une vive admiration; mais la femme irritée aux yeux rouges, la physionomie vulgaire de la petite fille et les traits du petit garçon à demi mort de faim, présentent en réalité peu de charme ([1]). La conception, toutefois, est d'une simpli-

([1]) Nous croyons pouvoir placer ici quelques détails curieux sur Holbein, extraits d'une récente étude de M. X. Marmier sur la ville de Bâle :

« Holbein resta à Bâle jusqu'à l'âge de trente ans, et, en dépit de sa paresse et de ses funestes penchants, il y fit des œuvres considérables. Ce noble peintre, qui a eu un sentiment si vrai de la nature, quelquefois de si gracieuses fantaisies, et quelquefois des conceptions si idéales, aimait le vin, non point comme Anacréon, comme Horace, ou comme nos poëtes du XVIIe siècle, pour le savourer délicatement et s'égayer avec quelques amis; il aimait le gros vin lourd, enivrant, et l'orgie, et la société des gens les plus communs; il passait des journées entières dans les tavernes, et ne se remettait au travail que quand un besoin absolu l'y obligeait. On raconte que, s'étant engagé à faire une large peinture à fresque pour un riche bourgeois de Bâle, il était fort contrarié de ne pouvoir accomplir ses stations habituelles au cabaret, car, à tout instant, celui qui lui avait demandé ce travail venait le visiter, et déclarait qu'il ne lui donnerait point d'argent, s'il ne le trouvait pas assidu à sa besogne. A la fin Holbein, fatigué d'une longue contrariété, et surtout altéré par une longue privation, imagina de peindre, au bord de l'échafaudage qui lui cachait le reste du corps, l'image de ses deux jambes sur la muraille devant laquelle il se tenait assis. Son rigide patron, arrivant ensuite et voyant ces deux

cité si vraie, l'exécution si magistrale, le coloris si clair et si brillant, le procédé si hardi et si franc, que l'on consent volontiers à subir le capricieux arrangement de l'œuvre. La réalité sans voile se produit ici dans toute sa splendeur artistique. Le portrait d'Érasme, de la même collection (n° 28), fut probablement peint durant cette même visite à Bâle. Le philosophe hollandais, dans une lettre à sir Thomas More, du 5 septembre 1529, se déclare enchanté des portraits du chancelier et de sa famille [1] que Holbein lui avait rapportés : il s'agit probablement ici du dessin à la plume qui se trouve encore au musée de Bâle,

jambes pendantes, s'écriait : « Comme il travaille ! c'est pourtant « moi qui l'ai habitué à rester si fidèlement appliqué à sa « tâche. » Pendant ce temps, Holbein buvait et chantait dans une taverne.

« Une fois, pourtant, une étonnante inspiration jaillit de ses débauches habituelles. Un jour, il rentrait chez lui, ayant laissé son dernier pfenning chez le marchand de vin, et pas un denier dans son logis ; il vit sa femme affligée, éplorée, tenant dans ses bras un pâle et débile enfant ; près d'elle, un autre enfant plus âgé, amaigri par la disette, qui par ses regards languissants, implore un secours qu'elle ne peut lui donner. A l'aspect de cette profonde misère, Holbein, le cruel Holbein, sent tout à coup s'éveiller en lui, non pas le remords d'un cœur coupable, mais une idée d'art : « Restez là, s'écrie-t-il, ne bougez pas ! » et il prend sa palette, ses pinceaux, et, séance tenante, fait de ce groupe désolé un tableau qu'on ne peut regarder sans un profond attendrissement. »

(*Note du traducteur.*)

[1] Hegner, p. 235.

esquisse de ce célèbre tableau que malheureusement nous ne connaissons plus que par une copie, d'ailleurs excellente, conservée à Nostall Priory, résidence de la famille Wynn, dans le Yorkshire (1). Cette page comprend dix figures en pied, de grandeur naturelle, bien posées, d'une vérité extraordinaire, des physionomies d'une vérité frappante et d'une exécution magistrale jusque dans les moindres détails. L'âge de sir Thomas, 50 ans, étant indiqué dans le dessin, Holbein a pu ne faire que cette esquisse en 1529 et il aura seulement peint le tableau après son retour en Angleterre, en 1530, lorsque le chancelier atteignait en effet la cinquantaine. C'est à la même année qu'appartient le portrait du docteur Stokesby, évêque de Londres, conservé au château de Windsor : œuvre si achevée dans le clair-obscur et d'un modelé si délicat (2). L'aspect du portrait d'Henri VIII, au château de Warwick, si magistralement exécuté, lui assigne à peu près la même date.

L'année 1532 marque une nouvelle époque dans la carrière d'Holbein. Le portrait d'un marchand, Stallhof, qui se trouve à Windsor et qui porte cette date, unit à une délicatesse extraordinaire de dessin, le ton habituellement brun des chairs (3). En revanche, le portrait de Georges Gysen, marchand, exécuté à Londres, mais aujourd'hui placé au musée de Berlin, n° 586, prouve que

(1) *Trésors de l'art*, etc., vol. III, p. 333 et suiv.
(2) *Ibid.*, vol. II, p. 431.
(3) *Ibid.*

dans ses efforts pour atteindre à une haute délicatesse de modelé, le maître abandonna ses tons bruns pour une nuance plus claire qu'il conserva plus tard. Une grande analogie existe entre ce portrait et celui d'une femme en robe rouge, garnie de fourrure, avec un voile et un rosaire, au musée de Cassel, n° 50. Les portraits exécutés en 1533 ont des ombres et des demi-tons plus gris et plus lourds.

De ce nombre est le portrait de Geryck Tybis, cachetant une lettre, debout devant une table (galerie du Belvédère à Vienne). Sur un papier on lit la date de 1533 avec le nom et l'âge du modèle. La même date figure sur le portrait d'un jeune homme, vêtu et coiffé de noir, au château de Windsor [1].

A cause de leur ressemblance avec les deux œuvres que je viens de citer, les admirables portraits qui suivent doivent appartenir à la même année : ceux de sir Henry Guilford à Windsor [2], de Thomas Morritt, orfévre d'Henri VIII, à Dresde [3], du sombre John Chambers [4], médecin d'Henri VIII, à la galerie du Belvédère à Vienne, et le portrait d'homme vu de face, au palais Pitti (salon de l'Iliade).

Le meilleur portrait de femme que je connaisse de cette époque est celui de lady Vaux, à Hamptoncourt [5];

(1) *Trésors de l'art*, etc., vol. II, p. 432.
(2) *Ibid.*
(3) Gravé par Hollar dans la collection Arundel.
(4) Également gravé par Hollar.
(5) *Trésors*, etc., vol. II, p. 361.

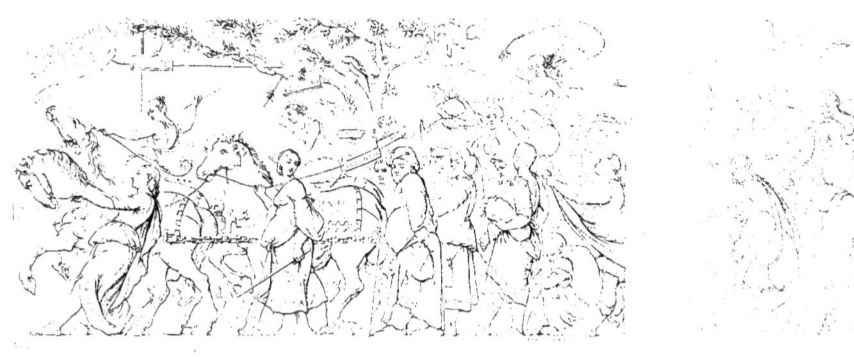

LE TRIOMPHE DE LA RICHESSE,

d'après un dessin de H. Holbein, appartenant à sir Ch. Eastlake, à Londres

une aquarelle de Chatsworth, résidence du duc de Devonshire, représentant le sujet favori du temps, la *Roue de fortune*, pleine d'esprit et d'habileté, porte la même date de 1533 ([1]).

L'estime dont Holbein jouissait en Angleterre lui valut une faveur plus grande à Bâle. Les magistrats de cette ville lui écrivirent, le 2 septembre 1532, pour le prier de revenir parmi eux, lui promettant une pension annuelle de trente pièces de monnaie. L'artiste ne se rendit à cette invitation qu'en 1533, tandis qu'il accompagnait Henri VIII au camp du Drap d'or ([2]).

La faveur que lui accordait le monarque et l'argent que lui rapportaient ses tableaux, l'engagèrent à retourner en Angleterre le plus tôt possible. Il est probable que ce fut l'année suivante qu'il exécuta le seul ouvrage considérable dans lequel il trouva l'occasion de déployer son génie ([3]) sur le sol britannique. A la requête de ses compatriotes, les marchands allemands de Londres, il peignit deux grandes toiles à la détrempe, le *Triomphe de la*

([1]) *Trésors de l'art*, etc., vol. III, p. 351.

([2]) Hegner, p. 242 et suiv.

([3]) Je place cette entreprise à cette époque, parce que le maître me paraît ici avoir atteint son apogée. Je sais bien que Horace Walpole a trouvé quelque ressemblance entre une des femmes du *Triomphe de la richesse* et la reine Anne Boleyn, ce qui reculerait la date de cette œuvre à la première époque du maître : mais cette observation n'ébranle nullement ma conviction, car elle n'a été faite que d'après les dessins de Vorsterman que possédait Horace Walpole.

richesse et le *Triomphe de la pauvreté* (voy. gravures) pour la salle des festins des Osterlings, dans Steelyard. Ces œuvres se distinguaient par un tel mérite que Federigo Zucchero, d'après le témoignage de Van Mander (¹), les plaçait au niveau des productions de Raphaël et en fit lui-même des copies à la plume. Van Mander ne les admire pas moins, et cet enthousiasme se justifie à la vue des dessins à la plume de Holbein lui-même (²), acquis il y a quelques années par le Musée britannique, et grâce auxquels il se place entre Mantegna et Raphaël. Nous en dirons autant des dessins exécutés par Vorsterman d'après ces *Triomphes*, et devenus aujourd'hui la propriété de sir Charles Eastlake. La composition se distribue dans l'espace avec un style tout à fait hors ligne. Les attitudes ont de la grâce et de la grandeur, et le caractère des têtes corrige la froideur de l'allégorie.

La Compagnie des marchands allemands de Londres ayant été dissoute, ces deux tableaux furent offerts par elle le 22 janvier 1616 au prince Henri de Galles, ainsi que le prouvent les recherches du Dr Lappenberg (³). Tel est le dernier renseignement positif que nous ayons à leur sujet. Ils passèrent probablement, à la mort du

(¹) *Schilderboek*, fol. 144 a.

(²) *Galeries et cabinets*, t. IV, p. 36.

(³) Voir l'excellent ouvrage du Dr Lappenberg, *Urkundliche Geschichte des Hansischen Stahlhofes zu London*. Hamburg, 1851, vol. I, in-4°, p. 83. Ces documents mettent à néant l'opinion d'après laquelle ces tableaux furent détruits dans le grand incendie de Londres, en 1666.

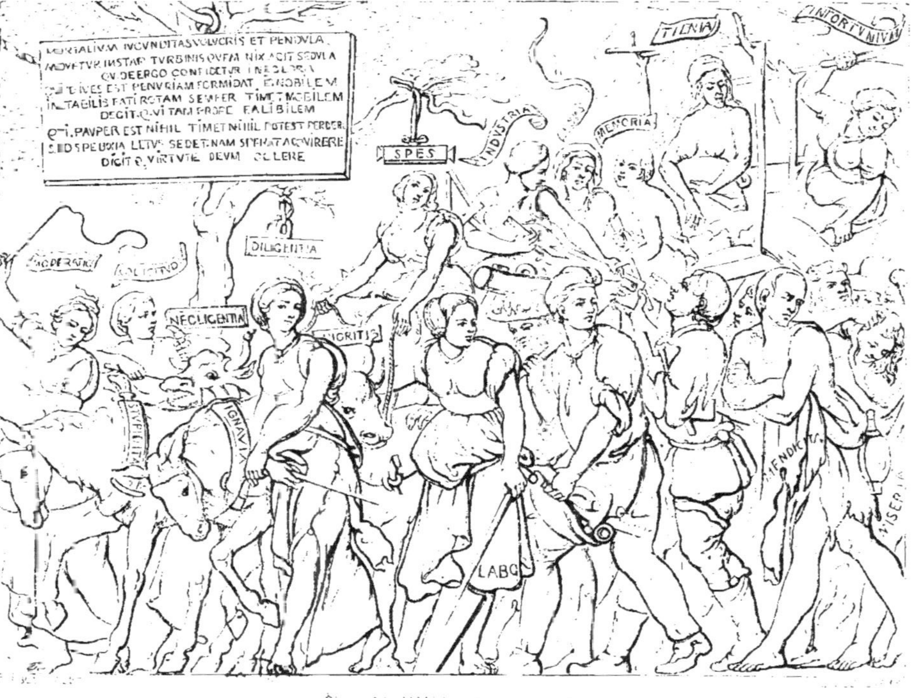

LE TRIOMPHE DE LA PAUVRETÉ, dessin de Holbein, appartenant à Sir Ch. Eastlake.

prince Henri, entre les mains de son frère, le prince Charles, plus tard Charles Ier, et comme ils ne sont pas énumérés parmi les œuvres d'art appartenant à ce monarque qui furent vendues par Cromwell, le Dr Lappenberg croit qu'ils périrent dans l'incendie de Whitehall, en 1697 : les renseignements qui nous sont fournis d'ailleurs ne confirment pas cette hypothèse, car le catalogue bien connu de la galerie de Charles Ier, dressé par le conservateur Van der Doort, et contenant des notices sur des œuvres moins importantes de Holbein, et même sur deux miniatures de mérite (1), ne mentionnent pas ces chefs-d'œuvre.

Après 1533, nous trouvons rarement des tableaux datés du maître. Il continuait toutefois les errements du même style en 1536, ainsi que le prouve le portrait de Jeanne Seymour, femme de Henri VIII (galerie du Belvédère à Vienne), revêtue d'un costume richement brodé d'or. Le ton local des chairs est ici froid, mais très-clair, les ombres ont une teinte grise, et le maniement du pinceau annonce une grande précision. A la même époque environ appartient le portrait du roi, de grandeur naturelle, vu de face dans l'attitude roide commune à tous ses tableaux (propriété de Henry Danby Seymour, esq., à Londres) (2). Les portraits de 1539 prouvent que le maître, cédant à des conseils ou bien obéissant à sa

(1) Voir la reproduction de ce catalogue à la fin du premier volume des *Trésors de l'art*, au nom de HOLBEIN.

(2) *Trésors*, etc., vol. II, p. 21.

propre conviction, adopta une teinte rose pour ses chairs au lieu de la teinte froide qui le caractérisait jusque-là, tout en conservant ses ombres grises.

La vue de ses premiers ouvrages à Bâle a pu contribuer à ce revirement, car, pour la dernière fois, il y fit un court séjour (1), en septembre 1538, à la suite d'une nouvelle et flatteuse invitation des magistrats (2). Un spécimen de ce changement se trouve dans le portrait en pied et de grandeur naturelle positivement exécuté en 1539 (3), de Christine, veuve du duc de Milan, dont Henri VIII sollicita la main après la mort de Jeanne Seymour, au château d'Arundel, résidence du duc de Norfolk (4) : les mains sont d'un dessin admirable. Le ton rose se retrouve d'ailleurs plus prononcé dans le beau portrait d'Anne de Clèves, quatrième femme d'Henri VIII, exécuté en 1540, et placé aujourd'hui au Louvre (5),

(1) Cette visite et la satisfaction de Holbein en Angleterre résultent du passage suivant d'une lettre adressée par Gualter, qui faisait alors ses études à Bâle, à Antistes Dullinger à Zurich, au milieu de septembre 1538 : « Venit nuper Basileam ex Anglia « Joannes Holbein. adeo felicem ejus regni statum prædicans, « quod aliquot septimanis exactis rursum eo migraturus est. »

(2) Hegner, p. 246 et suiv.

(3) Cela paraît résulter d'une note du 30 décembre 1539, portant que Holbein reçut dix livres sterl. du Roi pour un voyage dans la haute Bourgogne. Walpole, *Anecdotes on painting*, etc., vol. I, 261.

(4) *Trésors*, etc., vol. III, p. 29.

(5) *Künstler und Kunstwerke*. Paris, p. 352. Ce tableau fut gravé par Hollar.

n° 211. On peut citer comme d'admirables toiles de ce genre les portraits d'Édouard VI enfant à Sion-House [1], dans la galerie de lord Yarborough à Londres [2] et dans le château d'Herrenhausen, près de Hanovre; du même, adolescent, à Burleigh-House [3], et ceux de Henri VIII à Petworth [4] et à Serlby (ce dernier daté de 1543) [5]; enfin le portrait d'une jeune femme vêtue de noir, avec un chaperon orné d'or et un collier d'or, demi-grandeur naturelle, au musée de Vienne.

Vers 1546 un autre changement, cette fois définitif, s'opéra dans le coloris du maître; la carnation devient d'un jaune clair, tout en conservant ses ombres grises. Parmi les portraits de ce genre figurent ceux de Henri VIII au château de Windsor, et de son fils Édouard VI au même endroit [6]. Cette époque comprend en outre le grand tableau d'Édouard VI représenté en roi, à l'hôpital Bridewell. Le mauvais état et l'emplacement élevé de cette œuvre de la dernière époque de Holbein ne permettent toutefois pas d'émettre à son sujet une opinion bien précise [7].

Comme peintre de miniature, dépassant, d'après Van

(1) *Galeries et cabinets*, etc., p. 269.
(2) *Ibid.*, p. 69.
(3) *Trésors*, etc., vol. III, p. 407.
(4) *Ibid.*, p. 41.
(5) *Galeries et cabinets*, etc., 517.
(6) *Trésors*, vol. II, p. 31, etc.
(7) Pour les autres portraits de ce maître, voir mon ouvrage *Trésors de l'art*, etc.

Mander (¹), son maître Lucas qu'il trouva à la cour de Henri VIII, Holbein déploya une rare supériorité. Je ne citerai que ses portraits de Henri VIII et d'Anne de Clèves, dans la collection du colonel Meyrick. Le portrait de la dame est appelé par Walpole, « le plus exquis et le plus parfait de tous les ouvrages de Holbein. »

Le succès avec lequel ce maître parvint à rendre la ressemblance, sans autre moyen que les procédés ordinaires du dessin, se voit dans les portraits à la pointe d'argent qu'il exécuta à Augsbourg, et qui forment un album que possède le cabinet de gravures du musée de Berlin. Sa supériorité dans ce genre éclate surtout dans les 89 portraits de personnages de la cour de Henri VIII et d'autres de ses contemporains, qui se trouvent à la galerie royale de Windsor. La plupart de ces dessins, exécutés au crayon rouge et à l'encre de Chine, se distinguent, malgré la simplicité de ces moyens, par une vivacité de conception, une pureté de sentiment, une légèreté et une sûreté de touche que l'on n'a jamais surpassées (²). Beaucoup d'entre eux, par malheur, sont fort endommagés. J'ai décrit les plus remarquables dans mes *Trésors de l'art* (³).

La fécondité d'invention du grand Holbein éclate surtout dans ses dessins et les gravures qu'on a faites d'après

(¹) Van Mander, fol. 143, *b*.

(²) Les planches de Bartolozzi, dans l'ouvrage bien connu de Chamberlain, tout estimables qu'elles sont, ne donnent qu'une très-faible idée de ces qualités.

(³) *Trésors*, vol. II, p. 448, etc.

eux. Le musée de Bâle en possède la plus grande collection [1]. Le nº 35, représentant une bataille furieuse entre des soldats suisses, nous montre avec quelle énergie il savait rendre les accès de la passion. C'est le tableau le plus vivant et le plus énergique de cette vieille race suisse qui brisa la puissance bourguignonne et mérita longtemps le surnom d'invincible. Citons encore un *Combat de lansquenets* de la collection de l'archiduc Albert, à Vienne : pièce beaucoup plus grande que la précédente et non moins excellente ; un *Repas de soldats,* dessin à la plume et au lavis daté de 1522, plein de verve et d'animation (même collection).

Parmi les sujets bibliques, nous remarquons un *Christ portant la croix,* dont la composition est aussi belle que riche ; une *Vierge à l'Enfant,* d'une rare élévation. Ces deux morceaux se trouvent à Bâle. Vient ensuite une série de cartons pour vitraux, dessinés à la plume et à l'encre de Chine, d'un puissant effet, mais d'une valeur inégale. Sept cartons pareils, représentant la *Passion,* et remontant à la première époque du maître, se trouvent au musée britannique [2]. L'esprit élevé que Holbein apportait dans les sujets de la vie réelle se déploie dans trois dessins du même musée, une *Femme avec trois enfants,* une *Autre femme alitée, avec six enfants,* et *Henri VIII à table* [3]. Parmi les gravures exécutées d'après ses des-

(1) *Künstler und Kunstwerke in Deutschland.* Vol. II, p. 283, 291.

(2) *Trésors,* vol. I, p. 236.

(3) *Galeries et cabinets,* etc., p. 36, etc.

sins, je citerai comme exemple de son habileté à traiter les sujets historiques, la *Visite de la reine de Saba à Salomon,* gravée par Hollar.

Mais le plus grand nombre de ses compositions se retrouvent dans les planches sur bois [1] dues à des graveurs habiles, et spécialement à Hans Lützelberger, et appartenant toutes, sauf de rares exceptions, à la période qui précède son départ pour l'Angleterre. La série de sujets connue sous le nom de *Danse des morts*, comprend les inventions les plus spirituelles et les plus originales. Ces compositions, dont nous avons déjà indiqué le caractère, ont paru pour la première fois (sauf quelques épreuves), à Lyon, en 41 planches, qui ont été augmentées de 12 autres dans une nouvelle édition publiée également à Lyon, en 1547. Holbein avait pour ce sujet une telle prédilection qu'il le traita de nouveau dans un alphabet gravé sur bois, et qu'il en fit ensuite un motif d'ornementation pour une gaîne de poignard; il existe plusieurs exemplaires de ce dernier dessin. Je regarde aussi comme une œuvre d'Holbein un admirable dessin aux deux crayons, une *Femme entraînée par la Mort*, de 1525, qui figure dans la collection de l'archiduc Albert, où il est attribué à

[1] Je suis d'accord sur ce point avec Sotzmann dans le *Tubinger Kunstblatt*, 1836, n°s 30 et 32, et avec Vischer, *ibid.*, 1838, n°s 50-54; 1843, n°s 15 et 102; 1846, n° 27. D'après Rumohr et d'après d'autres il était graveur lui-même. V. RUMOHR, *H. Holbein in seinem Verhältnisse zum Deutschen Formschnitt*. Leipzig, 1836, et *Réplique à Sotzmann*, dans le même ouvrage.

Hans Lützelberger. Nous mentionnerons ensuite, dans l'ordre chronologique, les gravures de l'Ancien Testament. La plus ancienne édition, qui probablement est celle de 1538, de Lyon, comprend quatre-vingt-dix sujets, dont les quatre premiers forment la *Grande danse des morts* : ce sont des compositions d'un mérite hors ligne. Les gravures de deux autres alphabets en forment le digne pendant. Le premier représente une danse de paysans, le second une danse d'enfants. Les gravures du catéchisme de Cranmer, qui sont extrêmement rares, ont moins d'importance. Parmi celles qui révèlent son imagination, je citerai le portrait d'Erasme, avec un Terme, et deux fourreaux de poignard.

Disons enfin que Holbein fit les dessins d'un grand nombre d'objets de mobilier, tels que poêles, horloges, et surtout d'objets d'orfèvrerie, remarquables par leur riche fantaisie et le développement du style de la renaissance. On en trouve d'admirables exemples dans la collection des estampes et à la Bibliothèque du musée britannique [1]. Ce grand maître mourut de la peste à Londres en 1554. A en juger par le plus authentique de ses portraits, dessiné aux deux crayons, à l'époque de sa jeunesse et placé au musée de Bâle (n° 16), Holbein avait des traits agréables et réguliers où se peignait avec l'enjouement et la franchise un caractère calme et décidé [2].

[1] V. *Trésors de l'art*, etc., vol. I, pp. 205 et 206. — *Galeries et cabinets*, p. 37.

[2] On en trouve une gravure au trait en tête du livre de Hegner.

Quoique son départ d'Augsbourg et son séjour de dix ans à peine à Bâle, l'aient empêché de fonder, à proprement parler, une école, quelques peintres ont cependant formé leur style d'après le sien. Je citerai, entre autres, CHRISTOPHE AMBERGER, né à Nuremberg en 1490, mort en 1563, habitant d'Augsbourg et célèbre peintre de portraits. Inférieur à Holbein par l'énergie de la conception et la délicatesse du dessin, il le dépasse quelquefois par la transparence et par la chaleur du coloris. On a de lui dans ce genre les portraits bien connus du géographe Sébastien Munster, au musée de Berlin, nº 583, et de l'empereur Charles V, à la galerie de Sienne. Comme peintre d'histoire, il s'élève moins haut : toutefois un tableau représentant la *Vierge et l'Enfant entourés de saints*, et placé sur le mur de la sacristie de la cathédrale d'Augsbourg, se distingue par l'habileté du dessin et la physionomie élevée des personnages. Le sentiment religieux y est vrai, mais il manque de vigueur : coloris transparent. Comme peintre d'histoire, Amberger personnifie la transition du style allemand primitif au style moderne; ce caractère éclate surtout dans un autre tableau représentant le même sujet, daté de 1560 et placé dans l'église de Sainte-Anne à Augsbourg [1].

Un peintre du nom de HANS ASPER nous sert à constater l'influence de Holbein en Suisse. Les portraits de Zwingle et de sa femme, à la bibliothèque de Zurich,

[1] *Künstler und Künstwerke in Deutschland*, vol. II, p. 62 et 67.

fournissent un spécimen de sa manière. Je ne les ai toutefois pas vus.

Un autre peintre suisse, natif de Berne, Nicolas Manuel, surnommé Deutsch (1484-1530), occupe une position plus indépendante ([1]). Quoique sacrifiant comme Holbein aux tendances réalistes, il diffère essentiellement de lui par l'expression. Il a traité la *Danse des Morts* avec infiniment d'esprit dans quarante-six grandes peintures à fresque du cimetière des Dominicains à Berne. Sa composition n'a rien de l'amertume de Holbein ; elle brille au contraire par la bonne humeur. Ainsi la mort caresse le gras menton de l'abbé, emboîte le pas du soldat, et amuse l'enfant en jouant du flageolet. Aussi tous, sauf un fou qui résiste, obéissent tranquillement à son appel. Nous n'avons malheureusement de cette œuvre que des copies ([2]). Manuel ayant été à la fois peintre, soldat, poëte, homme d'État et réformateur, on comprend qu'il n'ait pu atteindre le même degré de développement que Holbein ; il ne possédait pas d'ailleurs comme lui le sens de la beauté. Ses tableaux sont d'un mérite fort inégal. La richesse de ses paysages indique l'influence de Titien, avec qui il passa quelque temps à Venise, en 1511. On peut l'étudier au musée de Bâle dans les ouvrages suivants : la *Décollation de saint Jean-Baptiste*, n° 70. L'impression de dégoût qu'éprouve Salomé en recevant la

([1]) Gruneisen. *Nicolas Manuel*. Stuttgart, 1837, p. 156 à 194.

([2]) Des lithographies de cet ouvrage ont été publiées par N. Haag et Comp., à Berne.

tête sanglante des mains du bourreau est bien rendue, le coloris brillant, le détail soigné. Le même éloge s'applique à *David et Bethsabé*, 1517, n° 68, peint en un seul ton avec du blanc dans les clairs. Une *Lucrèce* de la même époque et du même style, n° 69, possède des formes épaisses et peu séduisantes. Nous avons encore ici deux tableaux peints à la détrempe sur toile, n°s 66 et 67. Le premier représente deux scènes de l'histoire de *Pyrame et Thisbé*, véritable parodie, les personnages étant revêtus du costume officiel de la haute Allemagne. Le second, traité avec soin, représente la *Vierge et l'Enfant, avec sainte Anne et d'autres saints*, assis sur des nuages et adorés par les fidèles. Dans ces deux tableaux le paysage est digne d'admiration. Un grand tableau peint à l'huile sur toile, et représentant une *Noce de village* (propriété de la famille Manuel à Berne), montre avec quelle distinction il savait traiter au besoin les sujets de la vie réelle, en même temps que son portrait peint par lui-même (Bibliothèque de Berne) nous le révèle comme un portraitiste de premier ordre. Nous voyons aussi par ses œuvres, le profond intérêt qu'il dut prendre à la réformation dans son pays natal. Le docteur Grüneisen, à Stuttgart, possède de lui un dessin de la *Résurrection du Christ*. Les gardiens du sépulcre, au lieu d'être des soldats romains, sont des prêtres catholiques et des moines, avec leurs concubines, s'enfuyant à toutes jambes à l'apparition du Sauveur.

Cette branche de l'école de Souabe qui florissait à Ulm, produisit à cette époque un peintre très-remarquable, nommé Martin Schaffner, qui travailla de 1499 à 1535 [1]. Réaliste par tendance, il ne retrace au début de sa carrière que des figures ayant le caractère de portraits, témoin son *Adoration des Rois* (chapelle de Saint-Maurice, à Nurenberg, n° 52). Mais il montra de bonne heure un talent particulier pour rendre l'innocente beauté des jeunes filles. On en a la preuve dans un *Groupe de cinq jeunes saintes avec une sainte âgée*, placé au musée de Berlin, n° 1234 *a*. Plus tard, et grâce sans doute à l'étude qu'il fit à Pavie et à Milan des œuvres de Borgognone, il cultiva des aspirations plus élevées, et nous le retrouvons ainsi transformé dans quatre tableaux de 1524, transférés de Wetterhausen au musée de Munich, n°s 17, 18, 25, 36 : l'*Annonciation*, la *Présentation au Temple*, la *Descente du Saint-Esprit* et la *Mort de la Vierge*. Dans tous ces tableaux, les carnations sont traitées dans un ton plus ou moins clair, froid, mais d'une grande délicatesse : c'est d'ailleurs le ton dominant de sa gamme dans la plupart de ses ouvrages. On y reconnaît aussi dans l'association des couleurs une influence marquée de Hans Burgkmaier. Martin Schaffner fut un excellent peintre de portraits, ainsi que le prouvent le portrait du comte d'OEttingen, daté de 1508 (galerie de Munich, n° 156), tableau d'un sentiment élevé, mais d'un modelé sans relief, et les portraits plus animés et plus brillants qui ornent la chapelle Besser et la sacristie de la cathédrale d'Ulm.

(1) Gruneisen et Mauch. *Ulm's Kunstleben*, p. 53, etc.

Une place spéciale, enfin, revient dans l'école de Souabe, à HANS BALDUNG, surnommé GRIEN, né vers 1470 à Gmünd et mort en 1552 à Strasbourg. Aucun autre maître ne subit à ce point l'influence d'Albert Dürer, et tout fait supposer qu'il passa quelque temps dans son atelier à Nurenberg. Au point de vue du sentiment de la beauté, de l'harmonie, de la couleur, et du clair-obscur, il est inférieur toutefois aux autres maîtres de l'école de Souabe. Le caractère de ses têtes, rondes et trop chargées dans les détails, se répète avec une monotonie fâcheuse. Son chef-d'œuvre est un grand tableau, de 1516, placé dans la cathédrale de Fribourg [1]. Le panneau principal représente le *Couronnement de la Vierge par Dieu et le Christ* entourés d'anges qui jouent de divers instruments. Les petits nuages qui les soutiennent sont des têtes de chérubins. Sur les faces intérieures des volets, on voit les douze apôtres, têtes puissantes, en adoration. Sur les faces extérieures, et sur deux contre-vantaux fixes, sont représentées la *Visitation*, la *Nativité*, la *Fuite en Égypte*, et l'*Annonciation*, la dernière exécutée probablement par une autre main. Dans la *Visitation*, la douceur de la Vierge et la grâce d'*Élisabeth* ont un charme exquis. Dans la *Nativité*, la lumière rayonne de l'Enfant ; la lune aussi projette sa clarté sur la scène. Constatons encore ici la tendresse de la physionomie de la Vierge et des

[1] Voyez la vie de ce maître et la description de cette œuvre, par SCHREIBER : *Das Munster zu Freiburg*, 2e édition, et *Das Munster zu Strasburg*, 2e id., p. 73.

cinq anges. Mais la *Fuite en Égypte,* par l'originalité de la composition et le talent du rendu, dépasse de beaucoup les œuvres qui précèdent. Un ange descend d'un dattier sur lequel se trouvent quatre autres anges, pour aller au-devant de l'âne qui porte le Christ; et il présente des fruits à l'Enfant qui se serre contre sa mère. Au revers du panneau principal, on voit le *Crucifiement,* parfaitement bien exécuté d'après la composition d'Albert Dürer. Les volets de cette partie représentent *Saint Martin, Saint George, Saint Jean-Baptiste,* et *Saint Jérôme,* quatre grandes figures du plus beau caractère. Les portraits des donateurs, représentés sur le gradin, sous le crucifiement, en adoration devant la Vierge, se distinguent par une grande animation. Parfois aussi le peintre s'abandonne à des exagérations révoltantes, comme dans les figures des personnages qui lapident saint Étienne. La tête du saint lui-même se distingue toutefois par sa noblesse et la vigueur du coloris; ce tableau se trouve au musée de Berlin, n° 623, avec la date de 1522. Dans la même galerie, n° 603, nous voyons un *Crucifiement* de 1512; un admirable carton du même sujet est conservé au cabinet des estampes. Ce peintre possédait en outre à un haut degré l'intelligence du fantastique, ainsi que le prouvent les grands volets d'un tableau de Colmar, et spécialement l'un d'eux représentant la *Tentation de saint Antoine.* Dans l'autre volet, le même saint converse avec Paul l'Ermite, au milieu d'un splendide paysage. Deux femmes, accompagnées de squelettes, au musée de Bâle, appartiennent à la même catégorie. Ce sont des sujets antipathiques, mais admirablement exécutés. Le meilleur portrait de l'artiste, que je connaisse, porte la date de 1511 et représente un jeune homme aux cheveux blonds (galerie de Vienne). Celui du margrave de Baden, daté de 1527, à la galerie de Munich (cabinets, n° 148) est plus sec. Dans ses dessins, Hans Baldung approche de la précision d'Albert Dürer, quoiqu'il lui soit inférieur en correction. Il exécuta avec beaucoup d'art deux gravures, et un nombre considérable de dessins, la plupart représentant des sujets religieux, mais quelques-uns aussi des scènes profanes, destinés à être gravés sur bois (1).

ÉCOLES DU BAS-RHIN ET DE LA WESTPHALIE.

Les Pays-Bas exercèrent par leur voisinage une influence tellement prépondérante sur ces contrées, que nous n'y trouvons pas d'artistes doués d'une originalité bien définie. L'influence de Quentin Massys surtout est reconnaissable chez ces peintres, à qui leurs préoccupations réalistes ne permettent pas de s'élever, dans leurs têtes, au-dessus d'une expression banale et monotone. Au point de vue de la couleur ils se rapprochent des maîtres néerlandais, ainsi que par les détails et le fini des paysages qui forment le fond de leurs tableaux. Leur procédé

(1) Bartsch cite cinquante-neuf gravures sur bois. *Peintre-graveur*, vol. III. p. 305.

se distingue par une certaine sécheresse et une grande dureté de contours.

Ici encore Cologne forme le centre du mouvement artistique, et une prédilection toute particulière se manifeste pour les scènes de la Passion, telles que la *Descente de croix*, qui excitent de sombres pensées. Le sujet le plus en vogue après elles est l'*Adoration des trois Rois*, dont les ossements reposent dans la cathédrale de Cologne. Au premier rang de cette école nous trouvons un maître colonais qui florissait vers le commencement du XVIe siècle. Sa couleur et sa façon de traiter le paysage annoncent un disciple de Quentin Massys. Il visita l'Italie, sans laisser altérer toutefois son esprit germanique, et dans ses tableaux, composés depuis lors avec plus d'art, on constate une ferveur religieuse qui ne se dément pas.

Ses têtes de femmes ont une certaine grâce idéale, les têtes d'hommes une vérité parfois voisine de la laideur. Les vieillards, dans ses premiers ouvrages, ont parfois des formes trop molles qui siéraient mieux à l'autre sexe. Les nus sont quelquefois un peu maigres, quoique pour le reste l'artiste soit un excellent praticien. A ses débuts on constate une grande transparence dans ses couleurs, et dans ses chairs un ton d'un rouge vermeil. Plus tard, il subit quelque peu l'influence de l'art italien et sacrifia ce ton local à une étude plus consciencieuse du modelé : en même temps ses têtes se revêtent d'un caractère plus noble et plus pur. Dans la minutie toute néerlandaise de ses paysages, il reste le même, avec cette différence que ses derniers tableaux prennent un ton plus lourd. Le plus ancien tableau que nous connaissions de lui, daté de 1515, est la *Mort de la Vierge* (au musée de Cologne).

Certes la composition manque d'unité, et les attitudes de calme ; mais que de tendresse dans la physionomie de la Vierge et des saintes, que de vérité dans les traits des donateurs ! Une représentation analogue, mais beaucoup plus vaste, du même sujet se trouvait jadis dans l'église de Sainte-Marie au Capitole, à Cologne, d'où elle passa avec la collection Boisserée au musée de Munich, pour y rester attribuée à Schoreel. Les volets sont entièrement pareils à ceux du tableau précédent, mais le panneau central en diffère de tous points. Comme d'autres peintures réunies par les Boisserée, celle-ci a subi des retouches et des glacis qui lui donnent un aspect cru et criard. Les tons des chairs, d'un rouge brique, ont surtout un caractère désagréable. Un autre tableau du même maître, placé au musée de Naples, ressemble à celui de Munich. Il représente *le Christ en croix avec la Vierge, saint Jean, la Madeleine et trois anges qui recueillent le sang du Sauveur.* Sur les volets, on voit le donateur avec ses trois fils, présentés par saint Jérôme, sa femme avec deux filles présentées par sainte Marguerite, le tout surmonté des armoiries de la famille.

On peut en rapprocher aussi deux belles *Madones* de la galerie de Vienne, où on les regarde comme des imitations de A. Dürer, et le portrait d'une femme en robe bleue et en voile blanc, tenant un rosaire d'une main et un œillet de l'autre : cette œuvre d'une vérité frappante et d'un magnifique coloris, figure dans la galerie de Lichtenstein, à Vienne, sous la fausse attribution de Holbein le jeune. Mais une des plus belles productions de cette époque figure dans la collection de M. Blundell Weld, de Ince, près de Liverpool : elle représente la Vierge qui contemple avec amour le sommeil de l'enfant Jésus que trois anges entourent en chantant (¹). Citons encore une copie librement faite, et appartenant à lord Heytesbury (²), de la fameuse *Descente de croix* de Rogier Van der Weyden le jeune, dont nous avons déjà dit qu'il exécuta trois exemplaires.

La présence autrefois de l'une de ces copies à Louvain prouve que le maître de Cologne habita pendant quelque temps les Pays-Bas. La composition ne diffère que par la figure placée sur l'échelle, et l'expression de quelques têtes. Le copiste a remplacé le fond d'or par un riche paysage.

A la même époque appartient enfin une *Adoration des Rois*, galerie de Dresde, nº 1688. La transition du style primitif au style nouveau apparaît dans les tableaux suivants : dans la galerie de Vienne, un retable erronément attribué à C. Engelbrechtsen ; le milieu représente Marie et l'Enfant, à qui un ange présente des cerises, et saint Joseph ; sur les volets figurent le donateur avec saint George, et la donatrice avec sainte Catherine. Seulement les carnations grisâtres de la Vierge, de l'ange et de l'Enfant assignent à cette belle œuvre une date un peu plus

(¹) *Trésors de l'art*, vol. III, p. 250.

(²) *Galeries et cabinets*, etc., p. 386.

récente ; l'Institut Städel, à Francfort, possède (nº 117) une *Pietà, avec Joseph d'Arimathie et sainte Véronique*, datée de 1524, qui se trouvait autrefois à la *Lyskirche*, littéralement *Sancta Maria in littore*, à Cologne. La transparence de la couleur se combine ici avec l'élévation des physionomies. Voici les chefs-d'œuvre du dernier temps de ce maître inconnu : une *Adoration des Rois* de très-grande dimension, au musée de Dresde, nº 1687. Le caractère des têtes rappelle la première époque, mais avec un ton plus gris. Ce tableau fut probablement peint pour une église de Gênes où il figurait jadis (¹). Un grand triptyque du Louvre, nº 601, représente une *Pietà* au centre, *Saint François recevant les stigmates*, dans un tympan demi-circulaire qui surmonte le tableau, et la *Cène*, peinte sur le gradin. Les attitudes empruntées à Léonard de Vinci prouvent que le peintre avait visité Milan. L'arrangement de la composition centrale se distingue par un style plus correct que celui des œuvres précédentes, avec moins de vérité et plus de noblesse : le modelé est plus soigné, mais le coloris est moins chaud et moins transparent (²). Citons en dernier lieu une *Adoration des Rois* du musée de Naples, erronément attribuée à Luca d'Ollanda (Lucas de Leyde), avec deux des Rois représentés sur les volets. Les têtes de la Vierge et du roi agenouillé se distinguent par une beauté hors ligne ; le clair-obscur dans lequel se perd le cortége mérite aussi d'être admiré.

(¹) *Remarques sur l'exposition*, etc., *de la galerie de Dresde*, par le docteur Waagen, Berlin, 1818, p. 42.

(²) *Kunstwerke und Künstler in Paris*, p. 553, etc.

Au commencement du XVIe siècle fleurit à Cologne un autre peintre, que l'on a appelé par erreur Lucas de Leyde, et plus tard, d'après des données insuffisantes, baptisé du nom de Christophe. On trouve dans ses formes et ses attitudes une gaucherie traditionnelle qui, cependant, n'exclut pas le fini. Nous trouvons dans les physionomies le même type monotone, parfois un sourire affecté. Les mains sont osseuses et les doigts pareils à des fuseaux : les tons froids des chairs sont d'un gris-perle ; les draperies retombent en plis lourds, coupés à arêtes vives, mais les somptueuses étoffes sont travaillées avec un soin minutieux. Rien de plus merveilleux que le modelé des moindres parties de cette œuvre qui révèle l'influence de Quentin Massys.

Le plus ancien tableau connu de ce maître date de 1501 et se trouvait à la Chartreuse de Cologne avant de passer entre les mains de M. Haan, de la même ville. Il représente *Saint Thomas touchant des doigts les plaies du Christ qui l'y invite*. Aux côtés du personnage principal, quatre saints et des anges, debout sur l'herbe, jouent de divers instruments. Sur les deux faces des volets se dessinent des saints.

Un peu plus tard, l'artiste exécuta pour la même église, d'où il passa dans les mêmes mains, un tableau représentant le *Christ en croix, avec les disciples et Saint Jérôme*. Sur les faces intérieures des volets, des *Saints* et l'*Annonciation*, sur les faces extérieures *Saint Pierre et Saint Paul*. Immédiatement après vient une série de saints isolés, dont cinq se trouvent dans la galerie de Munich (cabinets, nos 38 à 40). Nous citerons dans le nombre *Saint Jacques le mineur*, *Saint Barthélemy* et *Saint Jean l'Évangéliste*. On en trouve deux autres au musée de Mayence, et deux encore, *Saint Pierre* et *Sainte Dorothée*, nº 36, dans la galerie du prince-époux à Kensington Palace (1). Toutes ces œuvres se distinguent par un fini merveilleux. Mais l'œuvre capitale du maître, par la dimension et l'importance, est la *Descente de Croix* du Louvre, nº 280, attribuée à Quentin Massys. Dans aucun autre tableau de notre artiste, nous ne trouvons le sentiment mieux exprimé, ni les chairs d'un ton plus chaud. Les ombres glacées de brun sur fond d'or donnent à ce tableau l'aspect d'une châsse.

A côté de ces deux maîtres anonymes, nous citerons JEAN VON MELEM de Cologne, que diverses figures de saints et des portraits de donateurs, placés au musée de Munich (cabinets, nos 74, 75, 77, 78, 81, 87), placent à un rang inférieur par le dessin, l'exécution et le coloris (2).

Parmi les peintres westphaliens de cette époque, dont aucun ne nous est connu de nom, il en faut citer un d'une manière spéciale. Son style se rapproche en tout point de celui de l'école flamande, quoiqu'il se distingue par une forme plus sévère et plus surannée que le peintre de Cologne, cité plus haut en première ligne. Sa ten-

(1) *Galeries et cabinets*, etc., p. 228.

(2) Je réserve à dessein la mention de Hans von Calcar pour plus tard.

dance est réaliste, le sentiment de la vérité le domine; malheureusement le sens de la beauté lui manque, ses têtes de femmes sont peu attrayantes, ses têtes d'enfants d'une laideur frappante et monotone, ses contours durs et son dessin d'une médiocre fermeté. En revanche, on trouve dans ses œuvres la naïveté, la puissance de la couleur, et un soin infini des détails. Ses fonds de paysages, entre autres, qu'animent des épisodes intéressants, figurent parmi les meilleures productions du temps. Le morceau le plus remarquable que je connaisse de lui, une *Nativité*, de 1512, est attribué par erreur à Albert Dürer, dans le catalogue du musée de Naples (1842, n° 342). Au milieu des ruines d'un temple antique est étendu l'enfant Jésus que la Vierge et saint Joseph adorent, tandis que des anges chantent le *Gloria in excelsis*, en s'accompagnant sur divers instruments. A leurs côtés on voit les donateurs, deux hommes et deux femmes, avec leurs saints patrons. Dans le paysage montagneux du fond, l'on voit une ville sur les bords d'un lac. L'exécution est jusque dans les moindres détails d'une prodigieuse délicatesse. Je citerai encore comme très-important, à cause de ses grandes dimensions et de la richesse des scènes qui y figurent, un retablo à doubles vantaux, daté de 1511 et qui est attribué à Michel Wohlgemuth, dans la galerie de Vienne. Le milieu représente *Saint Jérôme avec son lion*, et de chaque côté, dans l'attitude de la prière, d'une part le fondateur, de l'autre sa femme avec une jeune fille et un enfant : dans le riche paysage qui se développe au fond, on voit différentes scènes de la légende du saint. Les volets intérieurs sur leurs deux faces, les volets extérieurs sur la face interne seulement, représentent un grand nombre de saints isolés : sur la face extérieure de ces derniers est représentée la *Messe du pape Grégoire*. Toute cette œuvre est vraiment d'un fini indescriptible !

Le musée de Berlin possède un tableau plus petit, mais non moins remarquable, n° 607. Au milieu d'un riche paysage est assise la Vierge avec l'Enfant qui étend les mains pour bénir : six anges sont à ses côtés ; sur les faces intérieures on voit le donateur avec saint Augustin, et sa femme avec sainte Barbe ; à l'extérieur, sainte Anne avec la Vierge et l'Enfant, et sainte Élisabeth de Thuringe avec un mendiant. Un troisième triptyque (de 1515) figure au musée d'Anvers, n°s 121-123. Au centre, la Vierge et l'Enfant prenant des cerises dans un panier que lui présente un ange, tandis qu'un autre ange joue d'un instrument. Dans le ciel, l'Éternel et le Saint-Esprit. Dans le paysage se dessinent le *Massacre des Innocents* et la *Fuite en Égypte* ; sur les volets, le donateur avec saint Sébastien et sa femme avec la Madeleine.

L'influence d'Albert Dürer ne se retrouve que chez un seul peintre du Bas-Rhin, ANTOINE DE WORMS [1] qui fleurit à Cologne de 1525 à 1531 ; il s'y distingua surtout comme graveur. Ses rares tableaux révèlent un maître qui joignait une certaine notion de la beauté à une grande

[1] SOTZMANN. *Antoine de Worms*, Cologne, 1819, et *Kunstblatt* de 1838, n°s 55 et 56.

habileté de dessin. Une page signée de son monogramme se trouve entre les mains de M. Merlo à Cologne. La bonté de son dessin éclate dans les gravures faites d'après son crayon. Les recherches de M. Sotzmann ont prouvé que des onze dessins que lui attribue Bartsch [1], un seul (nº 11) est d'un artiste plus faible ; que sa *Passion* n'est pas copiée d'Albert Dürer, dont il s'est borné à adopter quelques groupes, et enfin qu'il exécuta plusieurs autres gravures, entre autres un grand plan de Cologne.

Parmi les tableaux du musée et des églises de Cologne on trouve encore plusieurs spécimens respectables, quoique peu importants, de l'art à cette époque.

(1) *Peintre-graveur*, vol. VII, p. 488.

LIVRE IV.

LE STYLE TEUTONIQUE.

TROISIÈME ÉPOQUE (1530-1600).

ALTÉRATION DU STYLE TEUTONIQUE DANS LA PEINTURE D'HISTOIRE, SOUS L'INFLUENCE DE L'ART ITALIEN. DÉVELOPPEMENT DE LA PEINTURE DE GENRE, DU PAYSAGE, ETC.

CHAPITRE PREMIER.

LA PEINTURE DANS LES PAYS-BAS.

La renommée des grands maîtres italiens, Léonard de Vinci, Michel-Ange et Raphaël, attira bientôt dans la péninsule un grand nombre d'artistes des Pays-Bas et de l'Allemagne. Ils y subirent surtout l'impression de ces qualités qui s'écartaient le plus des leurs, la beauté grandiose, la simplicité des formes, le dessin magistral des nus, la hardiesse et la franchise des mouvements, en un mot tout ce qui constitue l'idéal. Mais leurs tentatives pour s'approprier ces qualités ne pouvaient aboutir à un heureux résultat, elles étaient trop étrangères à leurs propres sentiments, et ils n'en pouvaient comprendre que l'imitation purement extérieure. En cherchant à reproduire la grâce, la ligne et le mouvement des œuvres italiennes, ces artistes tombèrent dans l'invraisemblable, dans les expressions artificielles, l'exagération du dessin, les attitudes forcées, et leurs efforts pour soigner le modelé n'aboutirent qu'à leur faire perdre une partie de leur prestige comme coloristes. Ils perdirent ainsi les éminentes qualités qui distinguent leur style, le naturel avec la chaleur et la transparence du coloris, sans la moindre compensation. Déjà les tableaux qui représentent des sujets sacrés sont d'autant moins de nature à charmer les regards, que le défaut d'inspiration originale engendre la froideur. Mais dans les scènes empruntées à la mythologie, dans les allégories traitées avec l'ostentation du pédantisme, l'effet devient positivement désagréable. Par bonheur, à côté d'un grand nombre de peintres qui suivirent cette voie, il en est d'autres dont le bon sens résista à l'erreur et les poussa dans un chemin différent. A la place des sujets religieux, pour lesquels manquait la foi, ils se plurent à traiter des scènes de la vie réelle, suivant ainsi le chemin frayé par Lucas de Leyde. Les sujets religieux devinrent des accessoires et le prétexte d'études d'un autre genre. Quelques-uns, que séduisait le paysage, suivirent Patinier et Civetta, faisant du paysage le principal, diminuant peu à peu les figures de manière à les réduire au rôle d'accessoires. Toutefois ces maîtres que le soin des détails, l'animation, la naïveté, l'esprit, la poésie des paysages placent au-dessus des imitateurs de l'art italien, n'occupent aux yeux des amis de l'art qu'une place secondaire, par suite de leur tendance au fantastique, de leur dédain de la simplicité, de leur coloris éclatant et cru, du défaut de clair-obscur, de leur peu de souci de l'effet final de leurs œuvres.

Aussi les productions les plus satisfaisantes de cette époque se trouvent parmi les portraits, qui obligeaient l'artiste à mettre en œuvre ses propres sentiments. Cette période ayant beaucoup plus d'importance comme transition historique que par la valeur intrinsèque de ses œuvres, il suffira de citer ici les peintres les plus importants et quelques-uns de leurs principaux ouvrages.

Le peintre qui le premier abandonna le style national, dans lequel il avait acquis une grande renommée, fut Jean de Mabuse. Après 1512, ses œuvres, à de très-rares exceptions près, se distinguent par tous les défauts que nous avons énumérés. Heureusement que l'exécution magistrale en rachète les erreurs. Parmi ses tableaux religieux, quelques-uns, de petite dimension, méritent d'être signalés. L'*Ecce Homo*, du musée d'Anvers, n° 57, si fréquemment copié par des peintres contemporains, est un chef-d'œuvre de modelé et de coloris ; nous en dirons autant de deux madones avec de riches détails d'architecture, dans la collection de M. Baring (¹). Mabuse ne

(¹) *Galeries et cabinets*, etc., p. 98.

réussit guère dans les nus, ainsi que le prouve l'*Adam et Ève* de Hampton Court (¹), dont une reproduction se trouve au musée de Berlin, n° 642. Mais il pèche surtout dans les figures empruntées à la mythologie, telles que *Neptune et Amphitrite*, de 1516 (musée de Berlin, n° 648), et *Danaé et la pluie d'or*, de 1522 (galerie de Munich, cabinets, n° 41). En revanche, il se montre plein d'attraits dans des portraits de genre, tels que celui d'une *Jeune fille pesant des pièces d'or,* au musée de Berlin, n° 656 *a*.

Immédiatement après Mabuse, dans cette catégorie, se range Bernard Van Orley, né à Bruxelles en 1471 et mort dans cette ville en 1541. Quoiqu'il ait été contemporain du maître précédent, nous ne connaissons de lui aucune œuvre qui rappelle les qualités de l'ancienne école aussi parfaitement que les œuvres exécutées par Mabuse avant son voyage en Italie. Mais en revanche, dans ses productions de style italien, Van Orley n'est pas aussi froid ni aussi dépourvu de goût que Mabuse, parce qu'il ne se dépouilla jamais entièrement de son sentiment flamand, et que pendant son séjour à Rome il se consacra tout entier à l'imitation de Raphaël. Les travaux du peintre bruxellois annoncent du discernement ; les premiers respirent souvent un sentiment profond ; plus tard son dessin devient plus correct, ses formes ont plus d'ampleur, sa palette est plus soutenue ; mais dans ses dernières œuvres on retrouve souvent les exagérations et les poses affectées des derniers imitateurs de Raphaël.

(¹) *Trésors*, etc., vol. II, p. 368.

Toujours cependant, l'exécution est soignée, mais le coloris reste froid et le ton des chairs tourne au rougeâtre. Bernard Van Orley fut peintre de la cour de Marguerite d'Autriche, gouvernante des Pays-Bas, et conserva ce poste sous Marie de Hongrie. Celle de ses œuvres qui porte le mieux le cachet de l'inspiration flamande est une *Pietà* avec les portraits des donateurs sur les volets, au musée de Bruxelles. Les têtes se distinguent par la noblesse et la profondeur du sentiment, les portraits par leur frappante vérité. Le même caractère se retrouve dans un triptyque de l'église de Lierre, près de Malines. Le panneau central représente le *Mariage de Joseph et de la Vierge*, les ailes l'*Annonciation* et la *Présentation au Temple* [1]. Son œuvre la plus considérable est une châsse à doubles volets, à l'église de Notre-Dame, à Lubeck. Les faces extérieures de la première paire de volets représentent l'*Annonciation*, composition médiocre; dans l'intérieur de ces volets et à l'extérieur des deux autres, on voit les quatre Pères latins, bien drapés; le côté intérieur de la deuxième paire de volets représente la *Sibylle montrant à l'empereur Auguste la Vierge et l'Enfant*, puis *Saint Jean l'Évangéliste avec la vision de l'Apocalypse*. Le panneau central porte la *Trinité adorée par les Saints*, imitation libre de la célèbre gravure sur bois d'Albert Dürer [2]. De nombreuses qualités distinguent ce tableau. Un autre, signé du nom du maître et

(1) Voir mon article dans le *Kunstblatt*, 1847, p. 219, etc.

(2) Voir *Kunstblatt*, 1846, p. 115.

divisé en deux compartiments, figure au musée de Vienne. Il représente l'*Empereur Antiochus Epiphanes érigeant une idole dans le temple de Jérusalem*, et la *Pentecôte avec saint Pierre haranguant le peuple*. Les têtes offrent peu de charme, mais l'exécution est très-soignée. Le grand *Jugement dernier* de la chapelle des orphelins à Anvers, avec les *Sept OEuvres de miséricorde* sur les vantaux, révèle décidément la manière italienne. Malgré le dessin habile de quelques-unes des figures, le ton vigoureux des chairs et l'animation des physionomies, l'ensemble présente un effet désagréable par suite de l'exagération de l'attitude du Christ, et de l'éclat par trop criard du coloris. Nous citerons parmi les tableaux les plus attrayants du même peintre, une *Sainte Famille*, traitée avec un sentiment élevé, et empruntée d'ailleurs à une composition de Léonard de Vinci, qui figure à l'Institut de Liverpool (1). En revanche, dans une tenture de Hampton Court, probablement exécutée d'après ses cartons, et représentant *Abraham et Melchisédech*, et *Rebecca à la fontaine* (2), il apparaît comme un imitateur maniéré de Raphaël.

JEAN SCHOREEL, né en 1495, mort en 1582 (3), élève de Mabuse. Ce peintre paraît avoir introduit le premier le style italien en Hollande. En revenant d'un pèlerinage en Terre Sainte, il s'arrêta à Rome au moment où son compatriote Adrien VI fut élevé sur le siége pontifical,

(1) *Trésors de l'art*, etc., vol. III, p. 236.

(2) *Ibid.*, vol. II, p. 367.

(3) VAN MANDER, fol. 154 *a*, et *Joh. Secundi opera Epist* Lib. VII, 2.

en 1521. Il peignit son portrait et fut nommé conservateur des objets d'art du Vatican. Après le règne très-court de ce pape, Schoreel retourna en Hollande et mourut à Utrecht, où il occupait la place de chanoine. Dans le seul tableau bien authentique que l'on possède de lui, à l'hôtel de ville d'Utrecht, et qui représente la *Vierge assise avec l'Enfant dans un paysage,* plus les portraits des donateurs, il se montre habile dessinateur et son coloris singulièrement brillant décèle un imitateur de Raphaël et de Michel-Ange. Les portraits des donateurs, le sien et ceux d'une série de vingt-quatre pèlerins de Jérusalem, placés au même endroit, révèlent un artiste inspiré, chaud coloriste, habile exécutant, selon les principes de l'école flamande [1]. On en peut dire autant des portraits d'homme et de femme (1539) qui se trouvent au musée de Vienne [2]. On a récemment découvert un tableau de ce maître, décrit par Van Mander et bien reconnaissable à l'inscription qu'il porte : c'est un *Baptême du Christ* qui figure au musée de Rotterdam, mais restauré de telle façon qu'il n'y a pour ainsi dire plus que la composition qui en appartienne à Schoreel [3].

Un tableau, placé en 1836 à Corsham House, entre les mains de la famille Methuen, et représentant *des couples d'amoureux se livrant aux plaisirs de la musique et la table,* prouve qu'il traitait le genre avec succès. Le procédé est

(1) Voir Passavant, dans le *Kunstblatt,* 1841, n° 13.

(2) On prend par erreur ce portrait d'homme pour le sien.

(3) Voyez Burger, *Musées de la Hollande,* t. II, p. 279 et suivantes.

plein de vérité et d'animation, la couleur d'un ton brun chaud, magistralement appliquée [1].

Michel Van Coxcyen, appelé vulgairement Coxie, naquit et mourut à Malines (1499-1592), et fut successivement l'élève de son père et de Bernard Van Orley [2]. Il passa plusieurs années en Italie, où il adopta la forme extérieure des œuvres de Raphaël, sans en comprendre le génie. Aussi faut-il accepter avec une extrême réserve l'appellation qu'on lui a donnée de Raphaël flamand. Les nombreux travaux qu'il produisit pendant sa longue carrière sont d'un mérite fort inégal. Ses fresques à l'église dell' Anima, à Rome, n'ont pas d'importance. Dans ses compositions, trop souvent des copies serviles de Raphaël, il déploie parfois beaucoup de sentiment et de goût, mais en général il manque d'expression et de naturel dans les attitudes, et met une grande exagération dans l'indication des muscles. Nous avons des exemples de cette catégorie au musée d'Anvers, surtout le *Martyre de saint Sébastien*, n° 88, et le *Triomphe du Christ*, n° 93.

Une copie du grand tableau de Van Eyck, l'*Adoration de l'Agneau*, exécutée par ordre de Philippe II, roi d'Espagne, mérite des éloges pour l'exécution des figures de grandeur naturelle : dans les petites, il reste bien au-dessous de l'original.

(1) Tous les autres tableaux qu'à Munich, à Cologne et ailleurs on attribue à ce maître, ne sont pas de lui.

(2) Pour l'orthographe de son nom et sa biographie, voir le *Catalogue du musée d'Anvers*, 1857, p. 82.

LANCELOT BLONDEEL ([1]), de Bruges, fleurit dans cette ville, de 1520 à 1574. Ce maître se plut à tracer des fonds d'architecture magnifique, chargés de capricieux ornements dans le style de la Renaissance, exécutés en brun sur un fond d'or, et par conséquent d'un grand éclat. Ses figures, conçues dans le goût des Italiens, sont exécutées avec soin, mais maniérées et d'un ton froid dans les chairs. Le plus ancien tableau que nous connaissions de lui, daté de 1523, est à l'église de Saint-Jacques à Bruges et représente *Saint Cosme et Saint Damien;* un autre, dans la cathédrale de la même ville (1545), représente la *Vierge et l'Enfant avec saint Luc et saint Éloi.* Au musée de Berlin, nous trouvons la *Vierge et l'Enfant* (nº 641) et un grand *Jugement dernier* (nº 656), mélange malheureux du style italien et du flamand. Il fit aussi le dessin de la cheminée de la salle du conseil à Bruges ([2]), ornée des statues de Charles-Quint et d'autres princes.

JEAN-CORNEILLE VERMEYEN, né en 1500, mourut à Bruxelles en 1559. On ne sait pas où il apprit les principes de son art. Mais il avait dû se distinguer comme peintre, à l'époque où Charles-Quint le manda en Espagne (1534) pour l'emmener l'année suivante au siége de Tunis. A l'aide des dessins qu'il prit sur les lieux, il exécuta dix grands cartons coloriés, d'après lesquels l'Empereur fit

([1]) F. DE HONDT. *Deuxième notice sur la Cheminée de la grande salle du Franc de Bruges.* Gand, 1846, p. 42.

([2]) Voir la notice ci-dessus et une autre plus ancienne de M. De Hondt.

broder des tapisseries dans les Pays-Bas. J'ai pu voir, en 1860, un de ces cartons qui sont aujourd'hui roulés au garde-meuble de Vienne (¹). Il représente la victoire remportée par l'Empereur sur les Maures, aux environs de Carthage. La composition en est très-ingénieuse. L'armée des Maures, qui se défend en opérant sa retraite, occupe la plus grande partie du tableau. Au lieu de concentrer la fougue de l'action sur les premiers plans, l'artiste n'y a placé que quelques groupes épars. Tout au fond on découvre la mer. Il est aisé de reconnaître d'après le style, que Vermeyen appartient aussi à cette catégorie d'artistes qui s'étaient voués à l'étude des maîtres italiens; aucun Hollandais, que je sache, ne l'a cependant fait avec autant de bonheur que celui-ci. Ses figures ont beaucoup de vérité et de mouvement, les attitudes sont variées et naturelles; hommes et chevaux sont d'un excellent dessin, je dirai même d'une certaine élégance de formes. L'expression des têtes, par exemple le désespoir du chef maure, est énergiquement rendue, sans être exagérée; l'artiste n'a pas moins heureusement caractérisé les officiers et les combattants. L'état actuel de la peinture ne permet plus de porter un jugement certain sur le coloris primitif, mais il paraît avoir été harmonieux. D'après ce que m'a dit M. le directeur Engert, les autres cartons doivent représenter le portrait de l'Empereur et de ses compagnons d'armes les plus distingués. Les tapisseries exécutées d'après ces cartons se trouvent encore à Schoen-

(¹) V. *Kunstblatt*, 1821, nº 51.

brunn; mais elles sont toujours roulées et à cause de cela elles ont beaucoup souffert. Une mauvaise étoile semble avoir plané sur les autres ouvrages de ce maître, très-célèbre dans son temps, et appelé en Espagne, à cause de sa beauté physique et de sa longue barbe, *El Mayo* et *Juan de Barbalonga*. Ses tableaux à la cathédrale de Bruxelles furent détruits par les Iconoclastes, et ses paysages, très-admirés, du palais du Prado, à Madrid, périrent dans l'incendie de cet édifice en 1608. On dit que Vermeyen fut aussi un habile peintre de portraits.

MARTIN VAN VEEN, appelé d'après le lieu de sa naissance, MARTIN HEEMSKERK, naquit en 1498 et mourut en 1575. Il fut élève de Schoreel, de qui il reçut les notions du style italien, dont il exagéra plus tard les tendances, à Rome, par l'étude de Michel Ange et de l'antique. Ses nombreux tableaux devinrent très-populaires en Hollande de son temps, et il en fut exécuté une quantité considérable de gravures : mais le plus grand nombre a disparu. Quant à son style religieux, nous trouvons le moyen de le juger dans les tableaux des hôtels de ville de Delft et de Haarlem. Le premier, signé et daté de 1557, porte au centre le *Serpent d'airain*, en grisaille. Un autre, de 1559, représente un *Ecce Homo*. Dans un tableau de Haarlem nous voyons *Saint Luc peignant le portrait de la Vierge*. S'il y a dans cette œuvre quelque chose de dur et de maniéré, le *Martyre de deux saints*, de l'année 1575, peut être traité à bon droit d'horrible. *Momus critiquant les œuvres des dieux*, 1561, au musée de Berlin (n° 655) donne une idée exacte de sa manière dans le genre mythologique; on en peut dire autant de *Silène assis sur un âne*, et de deux *Bacchantes*, au musée de Vienne ([1]).

Lambert Sustermann, surnommé Lambert Lombard, né à Liége en 1506, et mort dans cette ville en 1560, fut élève de Mabuse, et reçut de lui les notions du style italien, dans lequel il se perfectionna sous André del Sarto, pendant un voyage qu'il fit dans la Péninsule avec le cardinal Pole. A son retour à Liége il ouvrit une école où se pressèrent de nombreux disciples et qui servit à répandre davantage le style italien dans les Pays-Bas. Il cultivait en même temps que la peinture, l'architecture, la gravure, la numismatique, l'archéologie et la poésie. Il comprend le sentiment du beau et parvient à l'exprimer dans les têtes et dans les mouvements, quoique ceux-ci soient parfois excessivement maniérés. Dans le dessin des muscles il se montre plus modéré que d'autres peintres de son temps. Généralement son coloris est assez froid et sa peinture affecte des tons effumés qu'il emprunta sans doute à André del Sarto. L'exécution est toujours très-soignée.

Ses tableaux sont devenus très-rares. Voici les plus remarquables : le *Passage de la mer Rouge*, peu réussi ; une *Vision*, plus satisfaisante ; les *Fléaux de Dieu*, la *Peste et le naufrage*, les meilleurs de tous, se trouvaient dans la collection du roi de Hollande ([2]). Une *Vierge avec l'Enfant*

([1]) Les nombreux tableaux qu'on lui attribue à Munich sont l'œuvre de Barthélemy de Bruyn.

([2]) Ils furent retirés lors de la vente, et sont restés dans la collection royale à La Haye

endormi, pâle, mais d'un sentiment délicat, orne le musée de Berlin, n° 653.

FRANS DE VRIENDT, appelé FRANS FLORIS, né à Anvers en 1520 et mort dans cette ville en 1570, apprit son art de Lambert Lombard et visita ensuite l'Italie. Dès 1540 il fut admis dans la gilde des peintres d'Anvers, et y ouvrit une école qui compta, dit-on, 120 élèves. En lui l'imitation de l'art italien atteignit son apogée. Floris fut un maître d'un talent éminent, d'une imagination féconde et doué d'une grande facilité. Mais il lui manquait le sentiment des physionomies et la science du dessin, et il tombait ainsi fréquemment dans des exagérations. Pour ce motif ses tableaux historiques offrent peu d'attrait. Ses portraits seuls présentent du charme, parce qu'il y reste fidèle à la tradition néerlandaise. L'un de ses premiers tableaux (1547), *Vulcain exposant aux regards des dieux Vénus et Mars autour desquels il a jeté un filet* (musée de Berlin, n° 698), chaud de couleur, est une preuve de son talent précoce, en même temps que du peu de goût de ses compositions et de l'insignifiance de ses têtes. La *Chute des anges*, 1554, au musée d'Anvers, n° 161, considérée comme son chef-d'œuvre, est traitée avec une grande hardiesse et peinte d'une façon magistrale; mais les têtes d'animaux données aux démons pèchent par le goût, la rudesse du contour et la crudité du coloris. Il se montre d'une façon plus avantageuse dans une *Adoration des Bergers* de la même galerie, n° 162. Les têtes sont plus animées, plus vraies, le clair-obscur est mieux soutenu, mais la Vierge et l'Enfant pèchent par le ton froid des chairs. Un autre tableau du même musée, *Saint Luc peignant le portrait de la Vierge*, offre plus de charme par le caractère et la vraisemblance des physionomies. Le saint est représenté sous les traits du peintre Rykaert-Aertsz. L'ouvrier qui broie les couleurs est le portrait du maître lui-même. La façon dont est peint le bœuf prouve une fois de plus le peu de goût de cet artiste.

Martin de Vos, né et mort à Anvers, 1531-1603, fut le meilleur des nombreux élèves de Frans Floris. Il visita l'Italie et reçut, à Venise, des leçons de Tintoret. Il retourna ensuite à Anvers où il ouvrit une école. Ce peintre, doué de puissantes facultés d'imagination, a produit un grand nombre de travaux dont on possède des gravures d'un caractère fort attrayant. Martin de Vos est d'un sentiment moins froid que Frans Floris ; il exagère moins le jeu des muscles, soigne ses détails et fond bien ses couleurs. Mais souvent il a des attitudes maniérées, des contours durs, et une certaine crudité de coloris. Le musée d'Anvers possède toute une série de ses œuvres, parmi lesquelles le triptyque de 1574, dont le panneau central représente l'*Incrédulité de saint Thomas*, se distingue par le fini de l'exécution. Dans la *Tentation de saint Antoine*, n° 212, fini en 1594, se révèle une combinaison toute particulière d'esprit et de fantaisie. Enfin un tableau de lui au musée de Berlin, n° 709, daté de 1589, portant d'un côté le *Christ apparaissant aux disciples sur le lac de Tibériade*, de l'autre le *Prophète Jonas précipité dans la mer*, fait déjà pressentir, par le dramatique des épisodes et le magnifique effet du soleil levant, l'avénement d'un maître tel que Rubens.

Parmi les autres élèves de Frans Floris on peut citer quelques membres de la famille des FRANCKEN, entre autres trois frères : FRANS FRANCKEN, l'aîné (1544?-1618), AMBROISE FRANCKEN, l'aîné (1545?-1618) et JÉRÔME FRANCKEN, l'aîné, qui tous continuèrent le style de leur maître. Le musée d'Anvers possède un grand nombre d'ouvrages du second des trois frères, parmi lesquels un panneau représentant *Saint Sébastien guérissant Zoë, femme de Nicostrates* (n° 240), se distingue par la vivacité de cinq portraits. Les trois autres Francken, qui portaient les mêmes prénoms et sont appelés *les jeunes*, peignirent des tableaux de moindre dimension. Ici nous reconnaissons déjà l'influence de Rubens, mais avec des résultats peu satisfaisants. Nous parlerons plus tard de Frans Francken le cadet, qui fut le plus important des trois.

JEAN STRAET, communément appelé STRADANUS, né à Bruges en 1535, appartient à la même catégorie. Mais il partit de bonne heure pour Florence, y mourut en 1618, à l'âge avancé de 82 ans, et n'exerça guère d'influence sur l'art dans son pays natal. Il imita la manière de Michel-Ange de la même façon malheureuse que Vasari, à qui il servit d'aide. Il peignit toutefois des scènes de chasse et de pêche qui lui permirent de mettre en action sa nature néerlandaise. Le nombre de ses tableaux à l'huile et à fresque fut très-considérable Des tapisseries aussi ont été exécutées d'après ses cartons (¹). Je ne saurais citer de lui aucune œuvre authentique.

(¹) VAN MANDER, fol. 184. *a*.

Mais cette forme peu attrayante des imitations du style italien se révèle surtout dans les œuvres de Barthélemy Spranger, d'Anvers, 1546-1625, l'un des peintres favoris de l'empereur Rodolphe II qui le retint pendant longtemps à sa cour, à Prague. Il voulut imiter le Parmesan, et ne parvint qu'à rendre des situations forcées, dépourvues de tout sentiment, traitées dans un ton froid qui est rouge dans les chairs, vert dans les ombres et d'un aspect heurté. Le principal mérite de ses meilleures compositions est dans le modelé et dans l'admirable fusion des couleurs. Parmi les nombreux tableaux de lui qui figurent à la galerie de Vienne, j'en citerai un seul, *Minerve écrasant l'ignorance*, qui donne une idée complète de sa manière. Cependant en traitant le portrait, il ne laisse pas de trahir encore cette tendance au réalisme qui caractérise si intimement le style flamand. On en voit la preuve dans son propre portrait (même galerie), qui, malgré un peu d'affectation, se distingue par une facture habile, un air animé et un coloris très-chaud.

Henri Goltzius, né en 1558, mort en 1617, est le digne émule de Spranger. Ses rares tableaux l'ont moins fait connaître que ses nombreuses gravures, dans lesquelles il fait preuve d'une imagination variée et d'une grande habileté à imiter différents maîtres, y compris Lucas de Leyde et Albert Durer. Il manie le burin avec une étonnante adresse [1]. Son principal modèle fut cependant Michel-Ange qu'il chercha à égaler dans la

[1] Bartsch, *Catalogue de ses œuvres*, vol. III.

fougue de ses motifs et dans le jeu violent des contractions musculaires. Scènes sacrées ou profanes, mythologie ou allégorie, portraits même et paysages, tous les sujets qu'il aborde sont traités dans le goût maniéré de son époque. Je me contenterai de citer ici, parmi ses compositions historiques, ce qu'on est convenu d'appeler ses six chefs-d'œuvre (Bartsch, 15-20); les plus heureusement réussies sont la *Circoncision* et l'*Adoration des Rois*, l'une traitée dans le goût d'Albert Dürer, l'autre dans celui de Lucas de Leyde. Dans le portrait il atteint une supériorité extraordinaire; le sien, de grandeur naturelle (Bartsch, nº 172), est un chef-d'œuvre. Il exécuta aussi plusieurs planches en camaïeu.

Ici se place le nom de Karel van Mander (1548-1606), qui, malgré sa fidélité à ce style faux, mérite de grands éloges comme critique d'art. De tous ses nombreux ouvrages je n'en connais pas un toutefois qui puisse lui être attribué avec certitude.

Pieter de Witte, né à Bruges ([1]), fut emmené très-jeune par ses parents à Florence. Il y devint peintre habile et fut employé par Vasari pour l'exécution de ses énormes fresques à Rome et à Florence. Il acquit ainsi de vastes connaissances comme architecte et sculpteur et une aptitude toute spéciale pour la décoration des édifices, qu'il mit à profit pour la construction du palais du duc de Bavière, à Munich. Quoique gâtées par le mauvais goût du temps, quelques-unes de ses œuvres appar-

([1]) Van Mander, fol. 305 *a*.

tiennent à la catégorie des productions les moins imparfaites. Ce qui existe encore du vieux palais de Munich atteste les talents multiples de ce maître. En Italie, on traduisit son nom en Pietro Candido, dont les Allemands firent plus tard Peter Candit.

Plusieurs peintres d'histoire de la génération suivante formèrent une sorte de transition à une école plus parfaite. Quelques-uns d'entre eux, même en imitant les Italiens, évitèrent les exagérations de leurs prédécesseurs ; d'autres s'appliquèrent avec quelque succès à rechercher cette vérité de forme et de couleur qui fut toujours le vrai principe de l'école indigène.

A la tête de ces peintres se place Othon van Veen, appelé Otto Vaenius, né à Leyde en 1558 et mort à Bruxelles en 1629. Quoique l'influence de Federigo Zucchero, ce peintre maniéré sous lequel il étudia à Rome, à l'âge de 17 ans, se voie encore dans les attitudes affectées et le bruyant coloris de ses œuvres, on y remarque toutefois une certaine modération, du goût et quelque sentiment du beau, empreint, il est vrai, d'une froideur à laquelle contribuaient à la fois son éducation classique et son penchant pour les allégories raffinées. On a de lui un grand nombre de tableaux : au musée d'Anvers, la *Vocation de saint Mathieu*, n° 244 ; *Saint Paul devant Félix*, n° 248, et un portrait de Jean Miræus, évêque d'Anvers, n° 247. Ce sont du moins les plus remarquables. Le dernier, comparé aux peintures historiques du maître, se distingue par le naturel de l'expression et un coloris vigoureux. Les six tableaux de Munich, le *Triomphe de l'Église catholique* (cabinets, nos 234-240), quoique artificiels, froids et crus, présentent de l'intérêt, parce qu'ils ont servi de modèles aux compositions analogues de Rubens.

Henri van Balen, né à Anvers en 1560, y mourut en 1632. Il est froid, maniéré et vitreux. Dans les nus toutefois il présente quelque charme; il se distingue, entre autres par le soin de l'exécution et par un empâtement très-fin. Ses tableaux religieux, par exemple la *Résurrection*, à l'église Saint-Jacques à Anvers, sont les moins remarquables. Dans les sujets mythologiques, dont les paysages sont dus parfois au pinceau de Jean Breughel, il atteint de meilleurs résultats.

Corneille Corneliszen, communément appelé Corneille de Haarlem, né dans cette ville en 1562 et mort en 1638, se distingua d'abord par un grand tableau de portraits, exécuté pour la gilde des arbalétriers de sa ville natale, et quoiqu'il ait traité plus tard des sujets bibliques, et des scènes à personnages complétement nus, il est resté fidèle pour l'ensemble à la tradition réaliste. Ses tableaux sont d'un mérite très-inégal, les têtes souvent vulgaires, les attitudes dépourvues de goût. Dans les meilleurs, on trouve un modelé traité avec soin, une couleur chaude et transparente. Nous citerons comme un de ses chefs-d'œuvre *Bethsabée se baignant avec ses servantes*, de 1617, au musée de Berlin, no 734. On y distingue David à peine visible dans un coin sombre. Mais le talent de l'artiste se prêtait mal à l'expression des fortes émotions. Ainsi le *Massacre des innocents*, au musée de la Haye, est un tableau fort désagréable. En fait de composition mythologique, *Vénus, Cupidon et Cérès*, du musée de Dresde (nº 1030), malgré le peu d'harmonie des têtes avec le sujet, se distingue par la force et la transparence de la couleur et le fini de l'exécution.

Abraham Bloemaert, né à Gorcum en 1564, mourut à Utrecht en 1647. Il constitue sous divers rapports le lien qui rattache cette époque de transition à l'école nouvelle, car malgré ses affectations, son coloris criard qui trahit la période sans goût dans laquelle il a vécu, ses derniers tableaux présentent un aspect général de meilleur goût et d'une touche plus large, qui les rendent plus satisfaisants. Ses œuvres, autrefois nombreuses, ont aujourd'hui disparu en partie. Une *Adoration des Mages* de 1604, au musée de Berlin, nº 745, traitée sous forme d'effet de nuit, est habilement composée et d'un effet remarquable, quoique un peu criard. Le *Second rêve de Joseph*, avec la Vierge et l'Enfant Jésus dans le fond (Berlin, nº 772), renferme des parties maniérées, entre autres la figure de l'ange ; mais la figure de Joseph est pleine de vérité et d'énergie et le clair-obscur très-bien rendu. En revanche, le *Festin des dieux*, à la galerie de la Haye, se range par sa crudité et son aspect vitreux parmi les œuvres déplaisantes de la période antérieure. La *Résurrection de Lazare*, à Munich, nº 193, est traitée avec soin, le clair-obscur y est bien observé et l'exécution n'est pas moins heureuse que la composition elle-même.

Pieter Lastmann, né en 1562, visita Rome en 1604,

et y subit l'influence d'Adam Elzheimer. A son retour il acquit assez de réputation pour être appelé en 1619 et 1620 à peindre des tableaux pour une église de Copenhague. Il était bon praticien, mettait du sentiment dans ses têtes et savait donner un ton vigoureux à ses chairs. Dans les paysages, qui forment une partie importante de ses tableaux, on aperçoit l'influence de Paul Bril. Le musée de Berlin renferme de lui deux tableaux, *Saint Philippe baptisant l'eunuque* et une *Sainte Famille*, nos 677 et 747.

ADRIEN VAN DER VENNE, né à Delft en 1589, et mort à la Haye en 1622, occupe une place toute particulière parmi les artistes. Ce ne fut qu'après avoir reçu une éducation classique et scientifique à Leyde, qu'il se consacra à la peinture sous la direction de Jérôme de Diest. Ces circonstances l'amenèrent à choisir de préférence des sujets allégoriques et à partager sa vie entre l'art et la littérature. On distingue dans ses tableaux le zèle pour la réforme qui venait de triompher par les armes de la Hollande, et son respect pour la maison d'Orange. Mais sa manière de concevoir les sujets prouve une tendance énergique au réalisme. Les portraits dont il introduisit un grand nombre dans ses pages historiques et allégoriques sont bien dessinés, d'un coloris chaud et transparent, et d'un fini très-scrupuleux, mais les autres figures de ses tableaux ressemblent trop elles-mêmes à des portraits. Sa tendance réaliste se manifeste dans ses tableaux de genre et ses paysages. Il fit pour le prince Maurice d'Orange, le roi de Danemark et d'autres grands personnages, de nombreuses grisailles. La plus grande page que je connaisse de lui est au musée d'Amsterdam, n° 337, et représente le prince Maurice et ses frères, avec d'autres personnes de distinction à cheval, dans les environs de la Haye. Les figures sont aux trois quarts de grandeur naturelle. Cette œuvre possède toutes les qualités que j'ai indiquées plus haut. mais avec le même aspect suranné que j'ai signalé déjà. L'auteur peignait d'habitude des sujets à petites figures, comme la *Pêche aux âmes*, du musée d'Amsterdam, n° 338 (1). Dans un paysage peint par Jean Breughel, des catholiques et des protestants occupent les deux rives d'un fleuve, qui porte en outre dans des barques des prêtres des deux religions. Les uns et les autres jettent des filets pour pêcher les âmes qui nagent dans le courant. Parmi les catholiques on reconnaît les portraits d'Albert et Isabelle, parmi les protestants ceux des princes Maurice et Frédéric d'Orange et de l'électeur Palatin Frédéric. Des scènes et des inscriptions diverses ridiculisent la papauté en élevant l'Église évangélique. Ce riche tableau se distingue à la fois par l'exécution et le sujet (1). Mais nous trouvons un exemple plus frappant encore de la manière de l'artiste dans le n° 543 du Louvre, qui représente une fête donnée à l'occasion de la trêve conclue entre l'archiduc Albert et les Provinces-Unies en 1609.

(1) Ce tableau fut attribué primitivement à H. Van Balen. Le mérite d'en avoir reconnu l'auteur, appartient à M. Burger, dans ses *Musées de la Hollande*, vol. I, p. 61, etc.

Ce tableau porte l'inscription *A. V. Venne fesit* (sic) 1616. Le paysage est de Breughel. Le mélange de portraits, tels que ceux d'Albert et Isabelle, avec des figures allégoriques et mythologiques, est très-curieux. Les têtes ont beaucoup de caractère et brillent par une exécution nette, précise et d'un ton doré. Les compositions de Van der Venne sont aussi nombreuses que brillantes, ainsi que le prouvent les dessins exécutés pour l'illustration des œuvres de Cats, le poëte populaire hollandais.

Pour divers artistes, le style réaliste dans lequel QUENTIN MASSYS avait traité des scènes de la vie réelle devint un modèle qu'ils imitèrent jusque dans les sujets bibliques. Mais aucun d'eux ne s'éleva à la hauteur du maître, et tous se laissèrent aller à des exagérations et à une vulgarité repoussante.

A leur tête figure le fils même du maître, JEAN MASSYS, qui vécut de 1500 à 1570. J'attribue aux premiers temps de sa carrière les répétitions des *Changeurs* et d'autres tableaux de son père. Van Mander nous le représente s'occupant activement de ces copies. Nous avons de remarquables spécimens de cette catégorie dans les *Avares* du château de Windsor, le n° 671 du musée de Berlin et le n° 80 du musée de Munich. Vient ensuite le *Saint Jérôme*, n° 1537, placé à la galerie de Vienne. Tous ces tableaux sont d'un coloris vigoureux et chaud, d'une exécution soignée quoique un peu rude. En revanche, ses derniers ouvrages attestent une déplorable faiblesse au point de vue de l'expressoin autant que de la couleur et du procédé : tels la *Visitation* de 1558, n° 156, et la

Guérison de Tobie, de 1564, n° 157, au musée d'Anvers.

JEAN VAN HEMESSEN, né vers 1500, mort avant 1566, ne fut peut-être pas l'élève de Quentin Massys, mais il fut certainement un de ses imitateurs. Ses formes et ses expressions sont d'une vulgarité extrême, ses contours durs et d'un ton brun épais. Il fit un grand nombre de copies de Quentin Massys. J'en connais trois de lui d'après la *Vocation de saint Mathieu*, qui est en Angleterre, dont une au musée d'Anvers, n° 94, et deux au musée de Vienne. L'un de ses tableaux les plus charmants est une petite *Sainte Famille*, de 1541, au musée de Munich (cabinets, n° 100) ; l'un des plus mauvais, un *Saint Jérôme*, du musée de Vienne ; mais la même galerie renferme un *Portrait de Jean Mabuse*, qui le place au rang des portraitistes de premier ordre.

Un autre peintre, allié de près au précédent, et d'un mérite trop peu connu, est HUIJS, dont on possède un *Joueur de cornemuse et une vieille femme*, daté de 1571, au musée de Berlin, n° 693.

PIETER AERTSZEN, surnommé LANGE PEER, né en 1507, mort en 1573, fut élève d'Allard Claessen. Peintre d'un rare talent, il exécuta à Louvain, à Amsterdam, à Delft, de nombreux tableaux d'église, qui furent détruits par les iconoclastes, en 1566. A en juger par les représentations plus petites de sujets bibliques qui nous restent de lui, ses tableaux devaient être conçus dans la forme réaliste des peintures de genre. C'était un observateur attentif, un compositeur distingué, et un praticien habile que ce maître, qui dans ses meilleures œuvres se distingua en outre par un coloris vigoureux et clair. On a de lui au musée d'Anvers, n° 159, un excellent petit tableau, représentant le *Christ en croix;* un autre, le *Portement de la croix*, figure au musée de Berlin, n° 726. Ce dernier sujet est traité entièrement d'après la coutume du temps. Les deux larrons sont accompagnés d'un franciscain et d'un dominicain. Le *Portement de la croix* ne forme qu'un épisode du second plan. Parfois cet artiste a peint des scènes de marché dont on trouve un remarquable échantillon au musée de Vienne.

Joachim Buecklaer, élève du précédent, fleurit de 1550 à 1570, et suivit fidèlement ses traces. Un *Christ devant Pilate*, conçu dans le même style que le *Portement de la croix* de Pieter Aertszen, figure au musée de Munich, n° 78. Ses scènes de marché et de cuisine sont très-populaires.

Pierre Breughel l'aîné, appelé aussi **Breughel le Paysan**, naquit vers 1520, fut membre de la Gilde des peintres d'Anvers en 1551, visita Rome vers 1553 et mourut à Anvers en 1569. Quoiqu'il ait parfois traité des sujets bibliques dans le style des maîtres précédents, il fut le premier à s'appliquer à l'étude des scènes diverses de la vie de la campagne. Il les rend d'une façon grossière et parfois triviale. Il représente aussi des scènes de revenants et de magie, dans le genre de Jérôme Bosch. Il peint généralement dans un ton chaud, d'une façon large et par moments négligée. Il faisait encore de beaux dessins de paysages dans ses excursions, et d'après l'un de ces croquis il exécuta au burin une forêt d'un caractère très-pittoresque.

On a des gravures sur bois d'après ses dessins. Le musée de Vienne possède de remarquables tableaux de ce maître. Dans le genre historique, citons un *Crucifiement* de 1563, composition riche et digne d'attention; les têtes, surtout celle de la Vierge, ont une expression élevée. Sa *Construction de la tour de Babel*, même année, le montre faisant de la fantaisie dans le paysage. Son côté comique se révèle dans ses tableaux de l'*Hiver*, du *Printemps*, et de l'*Automne* (celui-ci très-poétique), et dans une *Bataille entre le carnaval et le carême* (1599), pleine d'épisodes grotesques. Nous avons enfin une *Noce de village* bien comprise et d'une exécution habile.

Son fils aîné, PIERRE BREUGHEL, dit *le jeune*, communément appelé aussi BREUGHEL D'ENFER, à cause du sujet favori de ses tableaux, marcha sur les traces de son père, mais il lui est bien inférieur au point de vue de l'invention, du coloris et du mérite technique. On trouve généralement chez lui la composition boiteuse, les têtes sans esprit, les chairs d'un ton lourd, la touche très-mécanique. On a de lui le *Christ portant la croix*, au musée d'Anvers, n° 255, et le n° 721, du musée de Berlin. Les tableaux qu'on lui attribue à Dresde et à Munich sont de son frère cadet JEAN BREUGHEL, dit BREUGHEL DE VELOURS, né à Anvers en 1568, mort en cette ville en 1625, beaucoup mieux doué et d'une souplesse de talent peu commune. Quoiqu'il fût aussi un excellent paysagiste, dont nous aurons lieu de nous occuper plus loin à ce titre, il joua un rôle important parmi ses contemporains comme peintre de genre. Ses paysans ne s'élèvent pas au-dessus de la réalité, mais la vie les anime; on en peut dire autant de ses tableaux religieux, traités dans de plus petites dimensions, comme ses *Scènes de l'enfer*, et de ses sujets démoniaques qui parfois ont peu suivi l'Ecriture, et se distinguent par de puissants effets de lumière. Un coloris transparent et vigoureux, un fini très-minutieux, distinguent surtout ses œuvres qui, en revanche, manquent d'ensemble. Les galeries de Dresde, Munich et Berlin possèdent de nombreux tableaux de cet artiste, parmi lesquels plusieurs exemples des sujets que nous venons d'indiquer.

David Vinckebooms ou Vinckeboons (1), né à Malines en 1578, se rapproche par beaucoup de points du précédent, quoique se mouvant dans un cercle beaucoup plus étroit. Il peignit le paysage en même temps que le genre. Il aime à représenter la vie du peuple sous son aspect le plus vif, dans les foires et les fêtes. Ses figures sont en général d'une laideur repoussante et les tons de ses chairs d'un rouge cru et criard. Les galeries que j'ai citées plus haut renferment des tableaux de ce genre.

Lucas van Valkenburg, né à Malines, mort en 1625, représente des scènes de la vie des paysans et des soldats, dans un ton gris, mais harmonieux. Ses figures, d'un

(1) Dans le registre de la gilde des peintres d'Anvers, son nom est orthographié de cette seconde manière. Voir *Catalogue du musée d'Anvers*, p. 210.

dessin équivoque, ne manquent pas d'élégance. L'exécution brille par le fini. Les meilleurs tableaux que je connaisse de lui sont au musée de Vienne, où l'on peut voir aussi des spécimens de ses frères Frédéric et Martin van Valkenburg, qui peignaient les mêmes sujets, mais avec moins de talent.

Sébastien Vranck, né vers 1573, est l'un des premiers peintres qui peignirent des batailles, des combats de cavalerie, des sacs de village, etc. Ses attitudes sont vraies et touchantes, sa couleur est un peu lourde, son exécution large, mais soignée. Le musée de Vienne possède un excellent tableau de cette catégorie.

Frans Francken, le jeune, né à Anvers (1581-1642), fut l'un des meilleurs peintres de genre de la fin de cette époque. On trouve dans ses œuvres l'invention jointe au sentiment, au dessin, à une touche spirituelle. Son coloris seul accuse un peu de lourdeur. Il peignit avec grand succès les personnages des tableaux d'architecture du vieux Peter Neefs, de Barthélemy Van Bassen et de Josse de Momper. L'un de ses plus remarquables ouvrages est le *Sabbat des sorcières*, daté de 1607, à la galerie de Vienne, peut-être la représentation la plus complète qui nous ait été donnée de ce monde fantastique. Dans ses tableaux historiques de plus grande dimension, dont quelques-uns se trouvent au musée d'Anvers, Francken est moins heureux.

A tout prendre, ce sont les peintres de portraits qui à cette époque nous fournissent dans les Pays-Bas la plus ample matière à éloges.

Le plus ancien d'entre eux est JOAS VAN CLEVE, d'Anvers. Il fleurit de 1530 à 1550 ; nous ne connaissons la date ni de sa naissance ni de sa mort. D'après Vasari il visita l'Espagne et peignit des portraits pour la cour de France. Il dut travailler aussi en Angleterre, où l'on assure que le grand succès des portraits d'Antonis Moor troubla ses facultés mentales. Toutefois, les quelques tableaux qui restent de lui justifient complétement la haute réputation dont il jouit de son temps. Son style lui assigne une place entre Holbein et Antonis Moor. Ses contours sont fermes, sans dureté; son coloris chaud et transparent rappelle les grands maîtres de l'école vénitienne. Son portrait et celui de sa femme, au château de Windsor, figurent parmi ses meilleurs ouvrages. Son propre portrait, dans la galerie de lord Spencer à Althorp, n'est pas moins remarquable. On confond souvent ses tableaux avec ceux de Holbein, comme je l'ai montré dans mes *Trésors de l'art*.

Immédiatement après Joas van Clève, vient ici ANTONIS MOOR (1518-1588) [1]. Élève de Schoreel, dans sa jeunesse, il visita l'Italie, fut admis à son retour, et sur la recommandation du cardinal Granvelle, au service de Charles-Quint, et le charma à tel point que l'Empereur l'envoya à Lisbonne faire le portrait de la fiancée de son fils Philippe.

Plus tard il alla en Angleterre, pour y peindre la seconde femme de Philippe, la reine Marie, et il y resta sans doute assez longtemps.

[1] On le fait naître aussi en 1512 et mourir en 1575.

Après avoir passé quelque temps à la cour de Madrid, il retourna dans les Pays-Bas, où le duc d'Albe lui fit de nombreuses commandes. Partout il acquit gloire, honneur et fortune.

Toutefois dans ses rares tableaux historiques, il est un des imitateurs les plus répugnants du style italien.

Dans ses portraits, en revanche, la beauté du dessin, la transparence de la couleur, le goût et la vérité de ses compositions, le placent au rang des premiers maîtres de l'époque. Les portraits de sa jeunesse et ceux de son âge mûr se distinguent, par la vigueur et la chaleur du coloris, des peintures plus pâles et plus négligées de sa dernière époque. Les plus anciens tableaux de ce maître qui me soient connus sont des portraits de chanoines d'Utrecht (musée de Berlin, nº 585 A), signés et datés de 1544. Sous le rapport de la composition ils se rapprochent extrêmement des tableaux de Schoreel, son maître : on y trouve une naïveté et une vérité rares, jointes à un dessin correct et à un coloris à la fois chaud et transparent. Des hachures très-déliées donnent à la touche un aspect tout à fait original. Mais aucun musée ne nous en apprend autant sur ce peintre que celui de Vienne. Je ne citerai de son premier temps que le magnifique portrait du cardinal Granvelle, daté de 1549, peint dans un ton rougeâtre plein de finesse et de transparence ; le portrait, moins chaud de ton, mais délicatement conçu d'un *Jeune homme avec une balafre*, 1564, et les portraits d'un jeune couple, dans des tons plus froids et blancs dans les clairs, de 1575. La galerie de Dresde possède aussi deux portraits de femme, de son meilleur temps, nos 1698 et 1701, erronément attribués à Holbein. Les meilleurs portraits qui existent de lui en Angleterre sont ceux de la reine Marie et du comte d'Essex, dans les collections de lord Yarborough, à Londres, et ceux de sir Henry Sidney et de sa femme, datés de 1553 et placés dans la galerie du colonel Egremont Wyndham, à Petworth.

FRANS POURBUS *l'Ancien* (1540-1580). Quoique procédant de la funeste école de Frans Floris, ce peintre occupe un rang distingué comme peintre de portraits. S'il est inférieur aux précédents par la délicatesse du dessin, il les surpasse par son coloris clair et doré. Exemple : un portrait d'*homme*, daté de 1568, la main droite sur la hanche, la gauche sur la poignée de son épée, au musée de Vienne.

WILLEM KEY (1520-1568) dut être un remarquable peintre de portraits, puisque le duc d'Albe le choisit pour peindre le sien ; mais je ne puis lui assigner aucun tableau bien authentique.

NICOLAS NEUCHATEL, surnommé LUCIDEL (1550-1600). Ce Belge, qui peignit d'admirables portraits, s'établit à Nuremberg, et nous a laissé le magnifique portrait d'*Un mathématicien donnant une leçon à son fils*, qui se trouve au musée de Munich, n° 124. L'air de famille qui rapproche ces deux têtes leur donne un double intérêt. Les tons locaux des chairs sont rougeâtres, les ombres grises.

GUALDORP GORTZIUS, vulgairement nommé GELDORP, né à Louvain, en 1553, se montre bien plus remarquable dans ses portraits que dans ses tableaux historiques, pour la plupart disparus, et dont Van Mander [1] a fait l'éloge. Élève de Frans Francken l'aîné et de Frans Pourbus le père, il s'établit à Cologne où l'on conserve plusieurs de ses œuvres, dont les premières sont d'une conception vive et peintes avec soin, dans un ton vigoureux. Ses derniers ouvrages sont d'un ton froid et d'une exécution négligée. Il mourut à Cologne en 1616 ou 1618. Deux de ses fils, MELCHIOR et GEORGE, peignirent des portraits dans le même goût que leur père : le premier resta à Cologne, où l'on retrouve plusieurs de ses œuvres exécutées de 1615 à 1637 ; le second alla se fixer à Londres : il peignit beaucoup de personnages de distinction du temps de Charles Ier et de Cromwell : il vivait encore dans cette ville en 1653 [2].

Parmi les peintres de portraits recommandables de cette époque, il faut compter CORNEILLE KETEL, né à Gouda en 1548. Il fit en 1578 le portrait de la reine Elisabeth ; plus tard celui de plusieurs personnages de la cour, et des membres de la confrérie des archers d'Amsterdam et d'une autre corporation. Mes efforts pour découvrir ces tableaux ou quelque autre de ceux exécutés par lui en Angleterre ont été infructueux.

En revanche, il existe encore un grand nombre de tableaux de MARC GÉRARD de Bruges, l'un des portraitistes favoris de la cour d'Angleterre sous Elisabeth, mort en 1635.

(1) Folio 195 *b*.

(2) Voy. sur cette famille d'artistes l'ouvrage de Merlo déjà cité, p. 221.

Ce n'est pas qu'il soit un des meilleurs artistes de son temps, car sa conception est timide, son dessin faible ainsi que son coloris : mais la valeur de ses tableaux résulte de l'importance de ses modèles ; aussi ne citerai-je de lui que les portraits de la reine Elisabeth, du ministre Burleigh et du comte d'Essex, qui figurent dans la collection du marquis d'Exeter, à Burleigh House [1].

Frans Pourbus le fils (1570-1662), élève de son père, se distingua comme lui dans la peinture de portraits, tout en lui restant inférieur au point de vue de la couleur. Il brilla pendant quelque temps à la cour d'Henri IV et fit plusieurs portraits de ce monarque et de sa femme, Marie de Médicis. Le plus important de ses ouvrages est précisément le portrait de cette princese, qui se trouve au Louvre, n° 396. Les deux portraits plus petits du roi, nos 394 et 395, méritent une mention.

Paul van Sommer, né à Anvers en 1576, mort en 1624, travailla pendant plusieurs années en Angleterre, où l'on trouve par conséquent ses meilleurs ouvrages. Il a la conception vive, le coloris chaud, l'exécution soignée. Son portrait de lord Bacon (collection de lord Cowper, à Pansanger) est excellent, ainsi que les portraits très-connus de lord et lady Arundel, au château d'Arundel, résidence du duc de Norfolk.

La plupart des autres portraitistes de cette génération furent des Hollandais.

Michel Janse Mierevelt, né à Delft en 1567, mort en

[1] *Trésors de l'art*, etc., vol. II, p. 488, etc.

1651, joignit la chaleur et la transparence du coloris à la vérité du sentiment. Le nombre de ses ouvrages est très-considérable. On en trouve une série à l'hôtel de ville de Delft. Il ne brille pas à son avantage dans une confrérie d'archers de 1611, le plus grand tableau que je connaisse de lui. Si les têtes sont animées, en revanche le coloris est lourd et l'exécution mécanique. Les portraits de Guillaume Ier et II, de Maurice d'Orange dans le cabinet du bourgmestre, sont supérieurs, et au point de vue de la conception, du coloris et de l'exécution, le portrait en buste d'Hugo Grotius peut être cité comme une œuvre admirable. Les trois enfants, placés au-dessus de la cheminée, sont d'une douceur pour lui tout à fait exceptionnelle. On trouve de remarquables spécimens de son talent dans les galeries de Munich et de Dresde. Parmi ses meilleurs élèves nous citerons son fils Pierre Mierevelt et Paul Moreelze, dont un excellent tableau orne le musée de Berlin.

Parmi les artistes qui se rapprochent de lui nous citerons Jean Guillaume Delft, dont un écusson fait pour une confrérie d'archers, signé et daté de 1592, figure à l'hôtel de ville de Delft. Ce tableau contient de nombreuses figures, peintes avec beaucoup de naturel et d'habileté, malgré la rudesse des contours et la lourdeur des tons bruns.

Jacob Delft est l'auteur du remarquable portrait de femme qui se trouve à l'institut Städel à Francfort.

Daniel Mytens, né à la Haye, passa comme Van Somer la meilleure partie de sa carrière en Angleterre. En 1625, il fut engagé par Charles Ier au taux de 20 livres par an, et il resta au service de ce souverain jusque vers 1630, époque à laquelle il quitta probablement le pays. Ce maître se distingue par une grande simplicité et une extrême légèreté de coloris. Les tons de ses chairs ont quelque chose d'argentin. L'exécution est fondue et soignée. Ses chefs-d'œuvre sont deux portraits de Charles Ier et de Marie-Henriette dans leur jeunesse, représentés avec le nain sir Geoffrey Hudson, des chiens et un cheval gris, le tout de grandeur naturelle. Le premier se trouve au château de lord Galway, à Serlby dans le Nottinghamshire, l'autre dans la collection de la comtesse de Dunmore, à Dunmore-Park, près Falkirk, en Ecosse. Mytens peignit plusieurs tableaux d'une grande délicatesse. Deux exemples de ce genre, les portraits de Charles Ier et de Marie-Henriette, avec un fond d'architecture par le vieux Steenwyck, se trouvent au musée de Dresde (nos 965 et 966) sous le nom erroné de Gonzalès Coques. Un autre portrait de Charles et de la Reine, avec un de leurs enfants, fait partie de la collection royale du palais de Buckingham.

Corneille Jansens ou Janson van Ceulen, né à Amsterdam en 1590, passa en Angleterre en 1618 (1) et ne quitta ce pays qu'en 1648 (1); il y travailla principalement pour Charles Ier. Il continua de peindre des portraits en Hollande avec grand succès jusqu'en 1666, époque de sa mort. C'était un artiste d'un sentiment très-délicat, compositeur plein de goût, ayant un coloris chaud et tendre.

(1) Walpole, p. 150.

En Allemagne, il est représenté à la galerie de Dresde par un portrait d'homme et un portrait de femme d'une extrême finesse, dont le coloris est un peu faible cependant pour ce maître. Tous deux sont datés de 1615 et ils portent les nos 1150 et 1151. Parmi les nombreux tableaux dont il a doté l'Angleterre, je ne citerai que les portraits de l'électeur Palatin Frédéric, à Hampton Court, celui de lady Dorothée Nevill, dans la collection du marquis d'Exeter, à Burleigh House, celui de John Taylor, maître de ballets à la cour de Charles Ier, et son propre portrait, au château de Longford, résidence de lord Radnor. Il fit aussi quelques portraits dans de plus petites dimensions, entre autres celui de Charles Ier avec des personnes de sa cour dans Green-Park, qui se trouve dans les galeries royales du palais de Buckingham.

A cette époque aussi les peintres d'animaux commencèrent à former une classe distincte, quoique l'on continuât de donner à leurs tableaux une qualification biblique, telle que *Adam et Ève dans le paradis*. Le meilleur artiste de cette catégorie fut Roelandt Savery de Courtrai (1576-1639). Ses tableaux, dans lesquels domine généralement un ton brun, sont surchargés d'animaux d'une parfaite ressemblance avec la nature. L'une de ses meilleures pages figure au musée de Berlin sous le no 710. Plusieurs autres tableaux de lui, représentant une nature sauvage peuplée de bêtes fauves, présentent un caractère fantastique.

A côté de lui dans cette catégorie se place Jean Breughel, déjà cité comme peintre de genre. L'influence de Rubens se révèle dans ses animaux qui surpassent ceux de

Roelandt Savery par la transparence et la vérité du coloris. De bons spécimens de cette nature figurent dans les galeries de Dresde, de Berlin et du Louvre; le principal est un *Paradis* du musée de la Haye, n° 25, dans lequel les figures d'Adam et Ève ont été peintes de la main de Rubens.

Jean Breughel eut pour imitateur FERDINAND VAN KESSEL, peintre d'une grande dureté et d'une égale sécheresse.

Le paysage, d'après Van Mander, eut aussi à cette époque des sectateurs, mais d'aucun des paysagistes qu'il célèbre, FRANS MINNEBROER, JEAN DE HOLLANDER, JACQUES GRIMMER, MICHAEL DE GAST, et HENDRIK VAN CLEEF, je n'ai vu un seul ouvrage. Quelques tableaux d'un seul, LUCAS GASSEL, qui florissait vers le milieu du XVIe siècle, ont été conservés. Ce maître continua la manière fantastique de Patenier, dessinant des rochers aux formes bizarres et une foule de détails très-bien rendus d'ailleurs. Son coloris est quelque peu froid et monotone. Un *Paysage avec Juda et Thamar* (galerie de Vienne), porte son monogramme et la date de 1548. J'ai vu dans des collections particulières d'autres tableaux de 1558 et de 1561. Mais comme ils sont exposés à changer de mains, je ne les citerai pas ici.

PAUL BRIL fit accomplir des progrès surprenants à la peinture du paysage. Elève de son frère aîné, MATHIEU BRIL, né à Anvers en 1550 et mort à Rome dès 1580, Paul, qui était né en 1556, le rejoignit de bonne heure à Rome et ne tarda pas à le surpasser. Il mourut en 1626. Paul Bril peignit à l'huile et à fresque un grand nombre de paysages [1]. Cet artiste vit la nature sous un nouveau jour, s'attachant à ses côtés poétiques de préférence aux côtés fantastiques et bizarres. Le premier il introduisit dans ses tableaux une sorte d'unité de lumière, éminemment favorable à l'effet général. Sa faiblesse réside dans la trop grande valeur et le vert monotone de ses avant-plans, et l'exagération du bleu dans les lointains. Ce peintre néanmoins exerça une grande et bienfaisante influence sur Rubens, Annibal Carrache et Claude Lorrain et sa place restera marquée dans cette branche de l'art. Dans ses premiers ouvrages seuls, et rarement encore, l'élément fantastique se trahit, comme dans sa *Construction de la tour de Babel* (musée de Berlin, n° 731). Les qualités qu'il acquit en dernier lieu, surtout dans la distribution de la lumière, se reconnaissent dans un *Effet du matin* (musée de Berlin, n° 744). Au Louvre on trouve quelques spécimens de sa meilleure époque, n°s 69, 71 et 73.

Lucas van Valkenburg. Ce peintre que nous avons déjà cité, reparaît ici comme paysagiste, en même temps que ses frères Frédéric et Martin. Tous sont restés fidèles au style primitif, et se distinguent par un soin minutieux des détails. Les tableaux de Lucas ont quelque chose de naïf et sont empreints d'un charme poétique tout particulier. La galerie de Vienne possède les meilleurs paysages des trois frères.

Josse de Momper, probablement né à Anvers en 1559,

[1] Voir, pour ce maître, la notice de M. Ed. Fétis dans les *Bulletins de l'Académie royale de Belgique*, 1855, p. 594-616.

mourut en 1634 ou 1635 [1]. Quoique plus jeune que Paul Bril, il a conservé bien plus de restes de l'ancien style fantastique des premiers peintres de paysage. Il nous montre le plus souvent des montagnes et des formes hardies en plein soleil; sa couleur alors est fausse, et l'exécution monotone et maniérée. On a de lui de nombreux tableaux à Dresde et à Vienne. Dans ses derniers ouvrages il atteignit de grands effets, comme le prouve un paysage du musée de Berlin, n° 772. Il grava aussi des eaux-fortes. Pierre Breughel le jeune, plusieurs artistes de la nombreuse famille des Francken, David Teniers le père, et Henri van Balen, exécutèrent les figures de ses paysages.

Ici encore nous retrouvons JEAN BREUGHEL, occupant une place distinguée. Il peint les plates campagnes de son pays natal, coupées de canaux et d'avenues, avec une vérité et un soin extrêmes, tout en négligeant l'effet de l'ensemble. Ses petits tableaux ont souvent du charme. Henri Van Balen, Jean Rothenhamer, et parfois Rubens même, ont peint des figures idéales dans ses paysages. Les galeries que j'ai citées plus haut possèdent d'excellents paysages de ce maître.

WILLEM VAN NIEULANDT, ANTOINE MIRON et PIERRE GYSSENS suivirent son style et ont été plus d'une fois confondus avec lui. Les tons verts du second sont cependant plus lourds et plus ternes, et les feuillages de Gyssens sont d'une facture maigre et pour ainsi dire mécanique.

(1) J'emprunte ces dates au catalogue du musée d'Anvers de 1857, p. 175 et suiv.

Nous ne devons pas omettre enfin de signaler encore ici deux peintres déjà cités, ROELANDT SAVERY et DAVID VINCKEBOONS : le premier, moins vrai mais plus poëte que J. Breughel, surtout quand il peint des bois peuplés de grands arbres (musée de Berlin, nº 749); l'autre, sombre et un peu lourd, possède un sentiment de la nature moins délicat que celui de Breughel ; mais en revanche ses conceptions sont souvent plus grandioses et son pinceau retrace avec un sentiment tout poétique la solitude des forêts.

Nous retrouvons à cette époque la même tendance chez ALEXANDRE KIERINGS et HANS TILEN. Le premier aime surtout à peindre des forêts où la verdure affecte des tons gris, mais où les rameaux des arbres tombent d'une manière trop uniforme : la galerie de Dresde et celle de Berlin possèdent des tableaux de cet artiste.

La peinture de marines paraît avoir été cultivée d'abord en Hollande, où elle atteignit ensuite son plus haut degré de perfection. HENRI CORNEILLE VROOM, né à Harlem en 1566, est le premier maître connu de cette catégorie. Il visita l'Espagne et l'Italie, et devint, à son grand avantage, l'ami intime de Paul Bril. Il parcourut ensuite l'Angleterre, où il exécuta un dessin de la défaite de l'*Armada* pour le comte de Nottingham, grand amiral des Iles Britanniques. De ses tableaux autrefois très-estimés, très-peu subsistent encore. Il s'en trouve un de très-grande dimension à l'hôtel de ville de Harlem, représentant de grands navires, avec une ville dans le fond. L'exécution en est soignée, le ciel clair, mais la couleur verte de l'eau et le défaut de perspective caractérisent l'enfance de cette branche de l'art. Un tableau du musée d'Amsterdam, n° 306, est d'autre part d'un effet trop large et ressemble trop à un décor.

ADAM WILLAERTS, né à Anvers en 1577, vécut et mourut à Utrecht vers 1640. Il peignit surtout des scènes de côtes, animées de nombreuses figures. A un grand soin des détails, il joint une science réelle de l'ensemble, et une touche large et douce en même temps. Il ne parvint toutefois pas à rendre le mouvement des vagues. On a de lui un bon tableau au musée de Berlin, n° 711. Parfois il s'écartait des sujets ordinaires, et peignait des scènes de marchés et de fêtes. Un tableau de ce genre, qui ressemble un peu à un décor, se trouve au musée d'Anvers, n° 287.

BONAVENTURE PETERS, né à Anvers en 1614, y mourut en 1653. Ce peintre de marines représente la mer agitée par la tempête et des navires frappés de la foudre et jetés sur la côte. Ses tableaux ont un caractère poétique malgré la forme assez peu naturelle des collines, des nuages et des vagues. La couleur en est claire et puissante, et l'exécution de main de maître. On en trouve peu dans les musées, excepté à celui de Vienne, qui en renferme cinq, tous signés. L'un représente une galère sombrant au milieu d'une effroyable bourrasque : l'idée est extrêmement poétique, mais les formes sont maniérées et capricieuses. Un autre, une plage à l'approche de la tempête, est éclairé aussi avec beaucoup de poésie et d'une admirable transparence ; seulement le mouvement des vagues affecte des directions trop parallèles entre elles. Le pendant de cette page, avec une ruine sur la côte, se distingue par un grand mérite, mais la forme des nuages est trop arbitraire. Deux autres tableaux, de 1645, représentant, l'un un *Fort vénitien pris d'assaut par les Turcs*, l'autre un *Port fortifié*, révèlent un sentiment plus raffiné de la forme avec la même transparence de coloris.

Jean Peters, né à Anvers en 1625, mort en 1677, frère puiné du précédent, traita avec succès des sujets analogues. On admire de lui à Munich, nº 243, des vaisseaux jetés par la tempête sur une côte escarpée : composition superbe, lumière distribuée avec beaucoup d'art, mais le brun foncé des rochers et le fond brunâtre qui perce à travers l'eau, font tort à l'aspect général.

La peinture architecturale se développa de très-bonne heure. Jean Fredeman de Vries naquit à Leeuwarden en 1527. Cet artiste étudia à fond Vitruve et Serlio et acquit dans cette branche de l'art une supériorité peu commune. Les figures de ses avant-plans fournissent les titres de ses tableaux, quoique la riche architecture qui les entoure, et dans laquelle les lois de la perspective aérienne et linéaire sont fidèlement observées, forment le sujet principal. Le ton de ses formes architecturales est généralement délicat et transparent, mais froid. Les meilleurs ouvrages que je connaisse de lui sont une série de tableaux à l'hôtel de ville de Dantzick, dans laquelle les figures ont conservé toutefois les attitudes maniérées de l'époque.

Cette branche de l'art se perfectionna plus tard, grâce à Henri van Steenwyck (1550-1604), élève du précédent. Il peignit surtout des intérieurs d'églises gothiques, sur une petite échelle : les figures de ces tableaux, costumées à la mode de cette époque, sont la plupart l'œuvre des Francken. Il fut le premier à rendre l'effet des torches et des cierges sur les formes architecturales. La science de la perspective linéaire et aérienne, donne de la valeur à ses tableaux, dont les détails sont cependant exécutés d'une façon un peu rude et métallique. D'admirables spécimens de cet artiste figurent au musée de Vienne.

Pieter Neefs, né à Anvers en 1570 et mort vers 1651, fut le meilleur élève de Steenwyck. Il peignit dans le même style que son maître, mais il le dépassa par la puissance de son coloris, la vérité de ses effets de lumière et, plus tard, par l'ampleur de sa touche. On voit un excellent tableau de ce maître au Louvre, nº 346, et quelques toiles admirables au musée de Vienne. Frans Francken le jeune, Jean Breughel et David Teniers le père ont peint les figures de plusieurs de ses œuvres.

Henri van Steenwyck le jeune, fils de l'autre Steenwyck, fut le condisciple de Pieter Neefs, mais peignit dans un ton plus froid et lui fut inférieur sous d'autres rapports. On a des ouvrages de lui au musée de Vienne et une grande page à Berlin.

Pierre Neefs le jeune, fils et élève du précédent, lui fut encore inférieur. Le musée de Vienne possède quelques-uns de ses ouvrages.

Barthélemy van Bassen, qui florissait de 1610 à 1630, forma son style en dehors de la petite école qui précède;

il peignit surtout des intérieurs d'églises et de palais de la renaissance. Les figures de ses tableaux sont généralement l'œuvre de Frans Francken le jeune. Quoique ses œuvres brillent par le soin des détails et l'exactitude de la perspective linéaire, elles manquent leur effet par la crudité des tons, la dureté des formes et le défaut de perspective aérienne. On voit deux spécimens de ses églises et de ses intérieurs au musée de Berlin, n°s 695 et 755.

De cette époque datent aussi les premiers tableaux de fleurs et de fruits, et c'est encore Jean Breughel que nous retrouvons en scène, quoique ses compositions en ce genre soient rares. Chaque fleur isolée est peinte avec une grande vérité de forme et de couleur, mais l'ensemble est criard et manque d'unité. Nous trouvons un de ses chefs-d'œuvre à Munich (cabinets, n° 226). Le Louvre possède aussi une grande guirlande de fleurs (n° 249), au centre de laquelle Rubens a peint une *Vierge et l'enfant Jésus* : à la galerie de Vienne, enfin, figure un troisième tableau du même genre.

Quoique pendant cette période de la splendeur des grands monuments de l'art, la miniature n'ait pas conservé sa haute position passée, cependant deux artistes belges se consacraient à cette spécialité pendant la seconde moitié du XVIe siècle, avec un talent qui me fait un devoir de les mentionner ici.

Hans Bol, né à Malines en 1535, mort à Amsterdam en 1593, se consacra d'abord à la grande peinture, pour ne s'occuper ensuite exclusivement qu'à peindre des miniatures, et il en produisit un grand nombre. Dans ses sujets historiques, domine le goût maniéré de l'école de Frans Floris; mais dans ses paysages, beaucoup plus nombreux, animés de petites figures, il joint le pittoresque de la composition et l'excellence du dessin au fini d'une exécution savante. Le ton général toutefois manque souvent de chaleur et l'ensemble d'unité. La vérité fait le mérite de ses portraits, de ses fruits et de ses animaux. Comme les anciens miniaturistes, il peint à l'aquarelle, et orne des manuscrits, tout en peignant le plus souvent des paysages sur des feuilles séparées. Comme exemple de la première manière, je citerai un petit missel de la bibliothèque de Paris (supplément latin, n° 708), exécuté en 1582. On trouvera de magnifiques échantillons de la seconde espèce au cabinet de miniatures de Munich et au cabinet de gravures de Berlin. Hans Bol fit aussi avec succès des eaux-fortes d'après ses propres dessins.

Joris Hoefnagel, né à Anvers en 1545. Il reçut des leçons de Hans Bol, mais grâce à une éducation très-soignée, il devint un artiste bien plus éminent que son maître. Il voyagea en France, en Espagne, en Italie et en Allemagne, où il se mit successivement au service du duc de Bavière à Munich, et de l'empereur Rodolphe II à Prague, tout en résidant à Vienne, où il mourut en 1600. Grâce à une facilité étonnante de dessin, à une activité infatigable, il composa en voyage une quantité incroyable de dessins et de miniatures qui représentent tous les sujets imaginables; scènes historiques, sacrées et profanes, paysages, plantes, animaux, fleurs, fruits, bijoux, pierres fines, etc. Il orna aussi des manuscrits dans l'ancien style et par les anciens procédés. Le plus fameux est un missel romain de la bibliothèque impériale de Vienne (nº 1784), qu'il exécuta pour l'archiduc Ferdinand du Tyrol, et auquel il travailla pendant huit ans, de 1582 à 1590. Il se montre ici savamment éclectique, versé dans les idées symboliques d'autrefois, et dans les anciens procédés d'ornementation. Par moments il fait preuve d'un mysticisme allégorique, souvent recherché, qui lui est particulier et qui dégénère parfois en exagération d'un mauvais goût. Il s'empare quelquefois de la *Biblia Pauperum*, et dans ses sujets historiques il emprunte des groupes à Raphaël et à d'autres artistes; pour l'ornementation il s'approprie successivement et en maître la première manière des miniaturistes flamands, allemands et italiens, et enfin se met à étudier les miniatures de Giulio Clovio, le plus célèbre miniaturiste italien du XVIe siècle. Outre ce missel, je citerai deux ouvrages exécutés pour Rodolphe II, dont l'un représente, en quatre livres, les animaux de toutes les catégories; l'autre contient divers sujets. Hoefnagel peignit aussi des sujets isolés, entre autres la *Glorification de la Monarchie espagnole*, datée de 1573, à la bibliothèque royale de Bruxelles. Ses nombreuses compositions emblématiques sont dans le style artificiel et de mauvais goût de son époque, mais l'exécution est d'une délicatesse et d'un travail inouïs.

CHAPITRE II.

LA PEINTURE EN ALLEMAGNE.

L'état de la peinture à cette époque est moins satisfaisant en Allemagne et en Suisse que dans les Pays-Bas. Ce qui manque surtout, c'est un centre d'activité tel qu'Anvers. Les anciennes écoles de Nurenberg, d'Augsbourg, d'Ulm et de Cologne s'étaient éteintes, et l'on ne rencontre plus que des peintres isolés. La peinture historique, il est vrai, suivit la même voie que dans les Pays-Bas, c'est-à-dire qu'elle imita aussi maladroitement l'art italien, mais ses quelques maîtres épars n'apparurent que plus tard. La richesse d'invention, dans le genre et le paysage, qui faisait la gloire de l'école néerlandaise, ne se retrouve pas ici. Le portrait, en revanche, est cultivé avec succès, sans toutefois égaler l'éclat des maîtres de l'école flamande et de l'école hollandaise.

HANS STEPHANUS, connu dans l'histoire de l'art sous le nom de HANS VON CALCAR, d'après une ville du bas Rhin, où il vit le jour, naquit probablement en 1510 (¹). Il fut

(¹) C'est tout à fait inexactement qu'on l'a fait naître en 1500.

le premier à adopter avec grand succès le style italien, pendant son séjour à Venise, de 1536 à 1537, dans l'atelier du Titien, dont il s'appropria si bien la manière, qu'on eut peine à distinguer leurs œuvres. C'est à Venise qu'il exécuta les admirables dessins des gravures qui ornent le fameux ouvrage de Vésale sur l'anatomie. Plus tard il se rendit à Naples, où il fit la connaissance de Vasari, en 1545, et mourut, d'après Van Mander, en 1546. Je ne connais de lui aucun tableau d'histoire, mais ses très-rares portraits justifient de tout point le témoignage de Vasari. Ils présentent une grande affinité avec ceux du Titien, avec moins d'énergie, mais un sentiment délicat de la nature, par lequel ils se rapprochent de ceux de Jean-Baptiste Moroni. Le dessin du maître est excellent, sa couleur chaude et transparente, ses chairs ont une teinte rougeâtre. Un très-beau portrait d'homme, attribué alternativement à Pâris Bordone et au Tintoret, se trouve au Louvre, n° 95 (école italienne). Un autre portrait d'homme figure au musée de Berlin, n° 190.

Beaucoup de peintres allemands, dans leurs premiers essais, conservèrent le style de l'école précédente, et n'imitèrent que plus tard les formules de l'art italien. Les principaux d'entre eux sont les suivants.

Barthélemy De Bruyn, qui fleurit à Cologne de 1520 à 1560. Ses premiers travaux se rapprochent de ceux de son maître, le peintre de la *Mort de la Vierge;* nous en citerons comme un exemple particulier une *Adoration des Bergers,* au musée de Cologne, sur les volets de laquelle figurent le donateur Arnold von Bruweiler et sa femme, avec leurs saints patrons George et Barbe. Les volets du maître-autel de l'église de Xanten, 1534, constituent son chef-d'œuvre. Les faces intérieures présentent des épisodes des légendes de saint Victor, saint Sylvestre et sainte Hélène; les faces extérieures, les figures de ces trois saints, avec la Vierge et l'Enfant, saint Géréon et saint Constantin. Les têtes ont un caractère élevé, les formes de l'ampleur, l'exécution est habile, et le ton d'une rare vigueur. Ses portraits de la même époque, ceux du bourgmestre Jean von Ryth (1525), au musée de Berlin (nº 588) et d'un nommé Browieller, 1535 (musée de Cologne), ressemblent à s'y méprendre à des Holbein. La *Descente de croix*, avec volets, au musée de Munich, nºs 112, 113, 114, est un ouvrage excellent de la même époque. Bien qu'il ait dégénéré depuis, en ce qui concerne la vérité des tons et le soin de l'exécution, il conserve une grande affinité avec Holbein. La preuve en est dans la *Vierge à l'Enfant adoré* par le duc de Clèves (musée de Berlin, nº 639). Plus tard il essaya d'adopter le style italien, comme Martin von Heemskerk, et ne réussit à produire que des têtes sans entente, des attitudes sans goût, un coloris froid et insipide, un faire négligé. Même ses portraits de ce temps, sont pauvres de couleur et négligemment peints. On voit plusieurs de ses ouvrages de cette catégorie à Cologne et à Munich, où, sauf les nºs 76 et 80, ils portent tous le nom de Martin von Heemskerk.

En Westphalie, on trouve toute une famille de peintres, les Tom Ring; à Munster, Ludger, le père. Son œuvre principale (1538), dans la galerie de l'*Union de l'art west-*

phalien, représente le *Christ et la Vierge intercédant auprès de Dieu qui, entouré des anges, est près de détruire le monde*. Le peintre se conforme ici aux traditions austères de l'ancienne école allemande : c'est un œuvre digne et sévère, d'une exécution très-habile. Son fils, HERMANN TOM RING, à en juger par son principal ouvrage, la *Résurrection de Lazare*, 1546, à la cathédrale de Munster, a subi sous divers rapports l'influence italienne. L'architecture, ornée de bustes blancs, est dans le goût italien. Mais les têtes ont peu d'importance, et les attitudes peu de naturel. Le portrait du donateur ne manque pas d'animation, mais Marthe et Marie ressemblent à deux nonnes. Le coloris est criard, le clair-obscur bien observé, l'exécution des accessoires soignée. Dans ses derniers tableaux l'artiste ressemble à un faible imitateur de Frans Floris.

Le fils d'Hermann, LUDGER TOM RING, le jeune, se consacra, comme beaucoup de Flamands, à l'imitation des détails de la vie réelle. Aussi ses tableaux religieux n'ont de sacré que le nom. Voyez les *Noces de Cana*, 1562, au musée de Berlin, n° 708 : c'est littéralement une grande cuisine garnie d'une foule d'accessoires, sans perspective, sans clair-obscur; quant au sujet principal du tableau, il est caché dans un coin du fond.

A Nuremberg, vers la même époque, vivait un maître nommé VIRGILIUS SOLIS, peintre, graveur et dessinateur sur bois (1514-1562). Ses tableaux sont devenus très-rares; mais à en juger par ses dessins et ses gravures [1],

[1] BARTSCH, vol. IX, p. 243 et suiv., cite de lui 558 gravures et une foule de bois exécutés d'après ses dessins.

qui représentent les sujets les plus variés, il dut suivre dans ses premières années la tradition d'Albert Dürer, pour se consacrer ensuite à l'imitation du style italien dans laquelle il déploie beaucoup de facilité mais peu de sentiment.

MICHEL OSTENDORFER fleurit à Ratisbonne vers 1550. Il se forma d'après Albert Altdorfer, auquel il est inférieur par le sentiment et l'habileté. Comme Lucas Cranach, il tenta de mettre son art au service des doctrines de Luther. Un tableau de ce genre se trouve au musée historique de Ratisbonne (¹).

A Munich, nous rencontrons un peintre nommé HANS MUELICH, appelé par erreur MIELICH, né en 1525, et mort en 1572. Ses portraits sont rares aujourd'hui. Un portrait de femme, placé dans la galerie du roi de Prusse, montre qu'il se conforma au style primitif des Allemands, s'attachant à la vérité et à la transparence de la couleur. Les mêmes qualités distinguent ses portraits du duc Albert V de Bavière, de la duchesse Anne, son épouse, et d'autres personnages, et le sien propre, exécuté en miniature pour cette princesse, dans les manuscrits enluminés qui contiennent la musique des sept psaumes de la pénitence, par Roland de Lattre, et les motets de Cyprien de Rore (²). D'un autre côté, les compositions

(¹) *Kunstwerke und Künstler in Deutschland*, vol II, p. 125 et suiv.

(²) Ces manuscrits se trouvent à la bibliothèque royale de Munich, parmi les plus rares trésors qu'on y appelle *Cimelien*, nos 51 et 52.

historiques qu'il a introduites dans ce manuscrit, le montrent comme un faible imitateur des Italiens.

A cette époque encore appartient Hans Sebald Lautensack, qui travailla à Vienne et qui descendait sans doute de la famille du même nom originaire de Nurenberg. Toutefois je ne connais de lui aucun tableau. En ce qui concerne ses gravures [1], il apparaît surtout à son avantage dans ses paysages et ses vues de ville, conçues dans le style fantastique et exécutées avec le procédé mécanique d'Albert Altdorfer. Ses portraits, d'un dessin faible et d'une facture rude, prouvent aussi sa fidélité au style de l'ancienne école allemande.

La manière de Quentin Massys de représenter des scènes de la vie domestique trouva aussi des imitateurs en Allemagne, mais ils sont rares. A Bâle, entre autres, florissait le peintre Maximin, qui peignit avec beaucoup de verve et d'*humour* des *changeurs* et d'autres sujets analogues : la galerie de Munich possède un excellent spécimen de ce genre (n° 44).

Une nouvelle génération plus jeune se consacra plus formellement encore à l'imitation de l'art italien. Les productions de cette école révèlent une complète perversion de ce goût. Dans tout le domaine de l'idéal, qu'il s'agisse d'histoire, de mythologie ou de l'Évangile, éclate la même absence de tact. Les scènes de la vie réelle, les portraits, les paysages, sont traités avec un peu plus de

[1] Bartsch, vol. IX, p. 107, mentionne de lui 59 estampes et deux gravures sur bois.

goût, quoique avec moins de naturel et d'habileté que les œuvres des maîtres flamands contemporains. Voici les noms des plus distingués de ces artistes.

TOBIAS STIMMER, né à Schaffhouse en 1534. D'après l'usage alors dominant en Allemagne, il orna de fresques les façades de bon nombre de maisons de sa ville natale, de Strasbourg et de Francfort. Rien n'a été conservé de ces travaux, et ses tableaux à l'huile sont très-rares. Les portraits d'un M. von Schwyz, porte-bannière de Zurich, et de sa femme, dans les collections de Carl Waagen de Munich, brillent par le naturel, la correction du dessin et l'habileté du faire. Son style se retrouve dans plusieurs centaines de gravures exécutées sur bois d'après ses dessins (1). Il mourut à Strasbourg au printemps de sa vie.

JOST AMMAN, né à Zurich en 1539, partit pour Nurenberg en 1560 et y mourut en 1591. Je ne connais pas de restes de ses tableaux à l'huile ou sur verre. Mais diverses estampes et de nombreuses gravures taillées en bois d'après ses dessins prouvent sa grande activité (2).

CHRISTOPHE MAURER, né à Zurich en 1558, mourut en 1614. Il fut l'élève de Tobias Stimmer, et imita fidèlement son style. Il est connu aussi par un petit nombre d'estampes et de gravures, les premières gravées à l'eau-forte par lui-même, les autres exécutées sur bois d'après ses dessins et devenues aujourd'hui très-rares (3).

(1) BARTSCH, vol. IX, p. 330.
(2) *Ibid.*, p. 351.
(3) *Ibid.*, p. 385.

HANS BOCK, connu par les fresques confuses dont il décora l'intérieur et l'extérieur de l'hôtel de ville de Bâle, est très-maniéré, mais d'une grande vigueur, comme le prouve un tableau de la *Calomnie d'Apelles*, au même hôtel de ville.

Tandis que les quatre artistes que je viens de nommer trouvèrent principalement à exercer leur talent dans les grandes cités, les quatre suivants se concilièrent surtout les bonnes grâces de l'empereur Rodolphe II et des ducs de Bavière, et ils travaillèrent à la cour de ces princes.

HANS VON ACHEN, né à Cologne en 1552, mort à Prague en 1615, étudia à Cologne à l'école du peintre Jerrigh. A son retour d'Italie, il fut employé successivement par les princes que nous venons de nommer. Ses meilleurs tableaux sont ceux dans lesquels nous retrouvons l'étude de Tintoret, par exemple : *Bethsabée au bain* (galerie de Vienne) ; les moins bons, ceux dans lesquels il imite son ami Barthélemy Spranger, exemple : *Bacchus et Vénus*, *Jupiter et Antiope*, de la même collection. On trouve des spécimens de ses peintures religieuses dans les églises des Jésuites et de Notre-Dame à Munich.

JOSEPH HEINZ, probablement né à Berne, fut, d'après Van Mander, élève de Hans von Achen et l'un des peintres favoris de Rodolphe II. Il mourut à Prague en 1609. Ses tableaux se distinguent parfois par une sorte de froideur pompeuse, comme *Vénus et Adonis*, au musée de Vienne ; parfois par une grande élégance de forme, comme *Diane et Actéon*, de la même galerie. La couleur est fausse et criarde, mais la touche fondante et magistrale.

C'est dans les sujets empruntés à l'Écriture qu'il réussit le moins : ainsi le *Crucifiement*, à Venise. Il se montre supérieur dans les portraits, témoin celui de l'empereur Rodolphe II, à Vienne.

CHRISTOPHE SCHWARZ, né à Ingolstadt en Bavière, mort en 1594, se forma à Venise par l'étude du Tintoret et devint peintre de la cour à Munich. Cet artiste était doué du sentiment de l'élégance et de la grâce dans les formes et les mouvements, mais il tombe souvent dans l'afféterie et le maniéré : ses têtes sont fades, son coloris est tantôt criard et dur, tantôt faible et effumé. Il a peint à fresque plusieurs façades. Le plus remarquable de ses tableaux est la *Vierge à l'Enfant*, à Munich, n° 105, et un *Portrait de famille*, n° 115, dans lequel il a évidemment imité le Tintoret.

JEAN ROTTENHAMMER, né à Munich en 1564, mort à Augsbourg en 1623, fut élève de Hans Donnauer et visita l'Italie où il étudia spécialement le Tintoret. Il peignit beaucoup de grands tableaux, mais dut surtout sa réputation aux petits qu'il exécuta en collaboration avec Jean Breughel et Paul Bril; ceux-ci peignaient le paysage dans lequel il plaçait des figures, ordinairement nues, empruntées à la mythologie ou à l'allégorie. Dans ses premiers tableaux, tels que la *Mort d'Adonis*, au Louvre, n° 424, il approche du Tintoret par la force, la chaleur, et la transparence du coloris : ses formes elles-mêmes rappellent ce maître par leur élégance et par leur aspect un peu anguleux. Malheureusement il adopta aussi l'arrangement arbitraire et confus des lignes du maître vénitien.

Ses dernières œuvres, telles que la *Vierge* du musée de Munich, nº 111, produisent un effet désagréable par le ton rouge-brique des chairs et la teinte verte des ombres. Dans ses petits tableaux, il se distingue par la douceur de l'exécution. On en trouve dans tous les musées.

Le peintre le plus attrayant de l'Allemagne à cette ingrate époque est Adam Elzheimer, né à Francfort-sur-Mein en 1574 (¹). Son talent se révéla de bonne heure et il fut confié à un maître de Francfort, Philippe Uffenbach, dont il quitta l'atelier pour visiter l'Allemagne et Rome, où il se maria avec une Italienne et fixa son séjour. Imbu d'un sentiment profond de la nature, que développèrent des études incessantes et d'admirables qualités techniques, il produisit une série de petits tableaux hors ligne. Dans les sujets empruntés à l'histoire et à l'allégorie, empreints d'un caractère très-prononcé de réalisme, il se rapproche de Rembrandt par la chaleur des tons, et apporte un soin infini aux détails. Il étudia de préférence les effets de lumière.

Kugler a dit, avec un grand bonheur d'expression, que ses paysages font le même effet que si on regardait la nature dans une chambre noire : on pourrait aussi l'appeler le Gérard Dow du paysage. Malgré le fini merveilleux de ses œuvres, l'ensemble ne laisse rien à désirer : des bois sombres, des nappes d'eau où souvent se reflète un jour intense, des montagnes alternant avec

(¹) Sandrart, vol. I, p. 294, et Schnaase, *Niederlandische Briefe*, p. 26.

de vastes plaines, ses paysages tout entiers en un mot joignent à la vérité la plus naturelle un sentiment poétique tout particulier. La plupart d'entre eux sont animés par des scènes empruntées à l'histoire sacrée ou à la mythologie. Quoique ses tableaux lui fussent payés fort cher, le temps qu'il y passait le dédommageait si peu de son travail, que le pauvre artiste, chargé d'une famille nombreuse, mourut dans la plus affreuse misère (1620), après avoir été jeté dans une prison pour dettes. Le temps que lui prenait l'exécution de ses peintures fait qu'il n'en a laissé qu'un petit nombre, regardées aujourd'hui comme de hautes raretés. Quelques-unes malheureusement ont poussé au noir, ce qui leur a ravi leur charme primitif. Les tableaux les plus importants de ce maître, à ma connaissance, sont : à Francfort (musée Städel, n° 68) *Paul et Barnabé à Lystre :* cette toile splendide, dont la vigueur rappelle celle de Rembrandt, occupe un rang très-élevé parmi ses tableaux d'histoire ; j'en dirai autant du paysage d'un petit tableau de la même galerie (n° 269), représentant *Bacchus enfant élevé par les nymphes de Nysa*. Parmi les cinq toiles de ce maître qui figurent au musée de Munich, je signalerai la *Fuite en Égypte par un beau clair de lune* (n° 186), un des tableaux que le burin du chevalier Goudt a popularisés ; quoique le noircissement lui ait fait perdre beaucoup de son effet primitif, il ne laisse pas d'être encore très-intéressant par le sentiment avec lequel est rendu l'effet de nuit, par la vérité du jeu de la lumière combinée de la lune et d'une torche, et surtout par le fini de l'exécution. *L'Incendie de Troie* (n° 184), où figure Énée sauvant son père, est un chef-d'œuvre d'une saisissante vérité. La galerie de Vienne possède une *Halte pendant la fuite en Égypte :* la composition, l'élégance des formes et les têtes y sont très-remarquables, mais l'aspect général est un peu criard. Au Louvre : le *Bon Samaritain* (n° 160), toile d'un coloris très-profond, et une *Fuite en Égypte* (n° 159), qui est la reproduction originale du tableau de Munich ; au musée de Madrid, *Cérès étanchant sa soif*, qui a été gravée par Goudt, une autre *Cérès*, qui est probablement une reproduction originale du tableau qu'on voit à Berlin, n° 696. Je citerai dans les galeries publiques de l'Angleterre, l'*Amour et Psyché* du musée Fitzwilliam, à Cambridge, remarquable par la grandeur des figures et la vigueur du coloris, et une admirable *Vénus* dans la galerie Mesman. A Florence, dans la galerie des Offices, le *Triomphe de Psyché*, erronément attribué à Paul Bril. Elzheimer a en outre gravé à l'eau-forte une planche, le *Jeune Tobie guidant son père*.

Je terminerai ce chapitre par quelques réflexions sur la peinture sur verre de cette époque. Lorsque, dans la première moitié du XVe siècle, les frères Van Eyck eurent introduit dans la peinture de chevalet un si haut caractère d'individualité, les peintres verriers à leur tour abandonnèrent l'élément architectural qui avait jusqu'alors distingué leurs œuvres, pour adopter l'élément pittoresque et, autant que le leur permettaient les ressources de leur art, ils cherchèrent même à rivaliser avec les peintres à l'huile. Ils abordèrent de vastes compositions, d'un mouvement quelquefois fort animé, qui remplirent toute la largeur des fenêtres, se détachant souvent sur des arrière-plans en perspective et sur des fantaisies architecturales dans le goût de la Renaissance. Bien qu'ils employassent de plus grands vitraux qu'auparavant, qu'ils s'appliquassent en même temps à donner plus de finesse à leurs têtes et à mieux ménager dans les détails le jeu de la lumière et des ombres, et quoiqu'ils produisissent souvent des morceaux d'une grande valeur intrinsèque, il s'en faut beaucoup cependant qu'ils égalassent jamais les succès des peintres à l'huile, et cela pour plusieurs motifs inhérents aux procédés mêmes. Car la peinture sur verre, malgré ses progrès, resta toujours un art très-difficile et très-ingrat en comparaison de la peinture à l'huile et, d'un autre côté, les rinceaux des fenêtres gothiques produisaient un fâcheux effet sur ces grandes compositions qu'ils coupaient dans tous les sens. Il en résulta que la peinture sur verre, en voulant devenir un art indépendant, n'occupa plus qu'un rang très-subalterne et qu'elle perdit en outre son caractère original, en cessant d'être un admirable auxiliaire de l'architecture, sous le rapport ornemental. Tandis que les anciennes peintures sur verre visaient surtout à correspondre aux formes architecturales qui les encadraient et ne faisaient que continuer celles-ci par la couleur, grâce à l'arrangement symétrique des médaillons ornés de petits sujets, à la calme simplicité des figures isolées, à une distribution des couleurs soumise à des lois régulières et au soin d'éviter les fonds en perspective, pour laisser intact le sentiment des plans; les vitraux plus modernes, au contraire, en donnant aux vêtements des couleurs éclatantes malheureusement empruntées aux compositions peintes, produisent de loin un effet heurté, bigarré, dénué de style, et, de près, la grandeur de la composition ne compense pas assez ces défauts. En outre l'accouplement du style de la Renaissance et de l'architecture gothique, dans les édifices de ce dernier style, trouble complétement l'harmonie de l'aspect général.

Quoique le même principe pittoresque domine dans les peintures sur verre des différents pays, du XVe siècle à la décadence de cet art, au XVIIe siècle et au XVIIIe, elles ne laissent pas d'offrir entre elles des différences notables qui correspondent au caractère artistique de leur époque et de leur patrie. Nous allons les examiner rapidement.

En Belgique, dès le XVe siècle, l'art de peindre des vitraux en grisaille, où les tons sont formés par le verre lui-même légèrement couvert, avait atteint une haute perfection. Les plus beaux vitraux exécutés en couleur dans ce pays, à cette époque, sont ceux du chœur de Saint-Jacques, à Liége, datés de 1525 et représentant au milieu le *Crucifiement* et des deux côtés des anges, des saints et le donateur. Ce ne sont pas seulement des œuvres d'art remarquables par la beauté des têtes, par la pureté des lignes et par la grandeur de l'exécution : ils satisfont aussi jusqu'à un certain point aux lois primitives du style de la peinture sur verre. Les portraits des souverains Charles-Quint, Ferdinand Ier, etc., dans l'église de Sainte-Gudule, à Bruxelles, de la première moitié du XVIe siècle, rappellent encore très-avantageusement les anciens vitraux, quoiqu'ils soient encadrés dans le goût le plus riche de la Renaissance. Dans les célèbres verrières de la cathédrale de Gouda, en Hollande, et dans le grand vitrail du *Couronnement de la Vierge,* à l'église Saint-Paul, à Liége, de la seconde moitié du XVIe siècle, règne au contraire le goût maniéré des pasticheurs italiens, des Frans Floris, des Martin Heemskerke. Cependant sous le rapport de la vivacité des couleurs et de la perfection des procédés, ils occupent encore une place très-élevée dans cet art. Les vitraux d'Abraham Van Diepenbeck, élève de Rubens, qui ornent la chapelle de la Vierge dans l'église de Sainte-Gudule, à Bruxelles, sont en contradiction directe avec la destination primitive de ce genre de peintures, et l'éclat et l'harmonie des couleurs y subissent aussi une décadence bien marquée.

En Allemagne, les verrières de la fin du XVe siècle et du commencement du XVIe siècle de l'église de Saint-Laurent, à Nurenberg, reproduisent les formes de l'école de Franconie et les couleurs, comme l'exécution, attestent une grande habileté. Les cinq grandes verrières de la nef septentrionale de la cathédrale de Cologne, de 1508 et 1509, ne manquent pas de mérite dans les détails, mais l'aspect général en est très-peu satisfaisant.

Un emploi particulier de la peinture sur verre, qui a survécu jusque dans le XVIIIe siècle à la perte de cet art, resta longtemps florissant en Suisse et trouva un vaste champ d'application : nous voulons parler des armoiries. Holbein, Manuel surnommé l'Allemand, les deux

Stimmer, Urs Graf ont souvent fourni des cartons pour des blasons ou de petits tableaux historiques de ce genre, et, par la profondeur du coloris aussi bien que par l'exécution, ces peintures offrent souvent un grand intérêt. Outre la Suisse, on en rencontre des échantillons dans beaucoup de collections publiques et privées de toute l'Europe.

LIVRE V.

LE STYLE TEUTONIQUE.

QUATRIÈME ÉPOQUE.

DEUXIÈME PHASE DU DÉVELOPPEMENT DU STYLE TEUTONIQUE DANS L'ART MODERNE.

(1600-1690.)

INTRODUCTION.

Ce fut à cette époque que les peintres des Pays-Bas, dans le genre historique et religieux, recherchèrent de nouveau les tendances réalistes, particulières à l'art teutonique. Cette réaction se produisit, il est vrai, dans de tout autres conditions que celles de la période des Van Eyck, mais en même temps sous des formes en harmonie avec l'esprit du temps. Ce sentiment de la réalité, qui sentait si bien son terroir et que les Van Eyck avaient porté si haut, étendit son influence bien au delà du sol natal et par l'action d'Antonello de Messine, élève de Jean Van Eyck, se fit sentir jusqu'à Venise ; à ce point qu'au XVIIe siècle, ce fut de Venise même que réagit sur les autres pays le caractère réaliste qui distingue cette époque. Autant l'influence de l'école florentine et de l'école romaine avait nui aux peintres du Nord de la précédente génération, si étrangers aux tendances idéales, autant la réaction exercée par l'école de Venise eut une heureuse influence sur les peintres des Pays-Bas. Toutes les qualités que ces maîtres avaient recherchées, la vérité dans la conception, la beauté et l'harmonie de la couleur, se trouvaient portées par les Vénitiens au plus haut degré de perfection, tandis que les qualités d'ensemble, le clair-obscur, le maniement de la brosse, servant à modeler et non plus à fondre les couleurs dans un empâtement uni, répondaient de tout point aux goûts artistiques des Flamands. Un changement important s'était produit aussi dans le choix des sujets. Le public pour lequel travaillaient les Van Eyck n'avait réclamé d'eux que l'expression du sentiment profondément religieux de l'époque. Aujourd'hui, dans tous les pays qui avaient adopté les lois rigoureuses de la réforme, tels que la Hollande, la Suisse et certaines parties de l'Allemagne, l'Eglise avait renoncé au concours de l'art. Dans les pays catholiques, il est vrai, un nouvel élan religieux s'était produit vers la fin du XVIe siècle et au commencement du XVIIe; mais bientôt après, grâce à l'invention de l'imprimerie et à la diffusion si facile et si prompte de l'instruction au moyen des livres, dont l'Eglise elle-même étendit extrêmement l'usage, l'art fut dépouillé de sa mission la plus importante au moyen âge, celle d'*éducateur* des laïques. La peinture, armée de toutes ses ressources, se consacra, il est vrai, dans la Belgique surtout, restée catholique, à l'exaltation et à la gloire de la religion. Mais quoique les œuvres écloses sous cette inspiration surpassent de beaucoup, par l'effet général, celles de l'époque des Van Eyck, elles ne sont toutefois pas comparables à celles-ci sous le rapport de l'intimité et de la profondeur de l'idée religieuse. Lorsque la masse des connaissances nouvelles répandues par l'imprimerie eut initié les artistes eux-mêmes à la mythologie et à l'histoire profane, il leur devint impossible de consacrer leur talent, je ne dis pas exclusivement, mais même avec quelque prédilection, à la représentation de sujets purement religieux. Les peintres cherchèrent avant tout la faveur du public, et ils l'acquéraient en flattant son goût pour les scènes empruntées à l'histoire profane, et pour des allégories froides, souvent obscures, dans lesquelles s'incarnait sous une forme pédantesque la science de cette époque. Même dans les provinces belges quelques artistes se consacrèrent à cette époque à la peinture de genre et de paysage : mais ces deux branches de l'art n'occupaient qu'un rang très-secondaire, de même que la peinture d'animaux, de batailles, de chasses et de fleurs, et le petit nombre de ceux qui s'y adonnèrent en Belgique, très-restreint si on le compare au nombre de leurs émules en Hollande, appartient surtout à la première période de cette époque. Dans la Hollande protestante, au contraire, des circonstances variées agirent à la fois, non-seulement pour élever au plus haut degré de perfection ces diverses branches de la peinture, comme en

Belgique, par l'appropriation de toutes les ressources que peuvent offrir le naturel, le clair-obscur, la perspective aérienne et la perspective linéaire, la couleur et l'habileté à manier la brosse, mais encore pour créer, avec un succès également extraordinaire, des genres spéciaux : la peinture de marine, la peinture architecturale, les scènes de la vie privée. Ces circonstances méritent que nous nous arrêtions un peu à les considérer. Lorsque le peuple hollandais eut reconquis son indépendance, après avoir longtemps et péniblement lutté avec la puissante monarchie espagnole et qu'il eut fondé lui-même un Etat fort et opulent, on le vit bientôt récolter aussi de riches moissons sur le domaine de la pensée, la poésie, la philologie, l'histoire. Mais l'inclination toute particulière des Hollandais pour la peinture devait naturellement les porter à reproduire les formes que leur offrait leur nouvelle existence et donner à leur instinct artistique une immense activité. Aussi, bien que le protestantisme eût banni l'art de ses églises, la piété trouva encore l'occasion de s'exprimer dans des pages empruntées à l'Ancien et au Nouveau Testament, et vraiment empreintes du caractère biblique, en dépit de leur forme bourgeoisement réaliste.

Mais ce furent surtout les sujets de la vie réelle et le désir du public de les voir retracer sur la toile, qui fournirent de l'occupation aux artistes; l'aisance qui s'était bientôt répandue dans toutes les classes de la société y avait fait naître le goût des œuvres d'art, comme ornement des habitations. Le nombre de tableaux de genre que produisit en peu de temps ce petit pays, nous confond autant que leur mérite hors ligne. Aucune phase de la vie n'est oubliée dans ces représentations intimes. Tel maître se plaît à reproduire le luxe introduit par la richesse dans les hautes classes de la société ; tel autre nous initie sous des aspects tout nouveaux aux douceurs d'une honnête aisance. Ici nous assistons à un concert de famille ; là, un médecin traite son patient ; ailleurs, un épagneul ou un perroquet favori est le personnage intéressant du tableau; ou bien encore nous assistons à une visite du matin ou aux élégants mystères de la toilette. D'autres peintres se consacrent plus volontiers aux scènes de la vie du petit bourgeois ou du paysan, dont ils nous montrent les heures de loisir, les repas, les danses et les jeux, qui parfois dégénèrent en rixes. Souvent un vif esprit éclate dans ces tableaux.

D'autres fois, le peintre représente de magnifiques troupeaux épars dans les vastes et grasses prairies du pays natal ; ces tableaux sont profondément empreints du calme et de la tranquillité sereine de la vie champêtre. Souvent aussi les animaux ne servent qu'à étoffer le paysage. Ici la puissance de l'art est frappante, car malgré la monotonie du site, la vérité et le sentiment qui brillent dans ces toiles, l'heureux choix des points de vue, la manière habile dont elles sont éclairées, les placent au niveau des œuvres de Claude Lorrain et de Gaspar Poussin, qui avaient cependant pour animer leurs paysages les pittoresques splendeurs de la nature italienne. Nous dirons même que les artistes hollandais qui ont essayé de rendre des paysages italiens, sont restés bien en deçà des maîtres qui se sont contentés de retracer les sites humbles et modestes de leur patrie : on ne retrouve pas chez ceux-là cette profondeur et cette sérénité de sentiment qui donnent à ceux-ci un cachet si particulier.

On comprend aussi que la vie maritime, sous toutes ses faces, ait fourni des éléments précieux aux peintres du Nord. Ils devaient à la mer, à ses combats, au commerce, leur existence politique et leur prospérité matérielle. Le talent des maîtres hollandais se manifeste ici avec autant d'éclat que dans leurs paysages. Nous voyons la mer, tour à tour calme ou agitée par la brise, ou battue par la tempête, animée par l'aspect des côtes ou le mouvement de quelques embarcations, depuis la plus humble nacelle jusqu'au vaisseau de haut bord; les navires se livrent parfois aux paisibles opérations du commerce, parfois à l'humble métier de la pêche, parfois ils s'alignent pour le combat, et au-dessus de ces diverses scènes planent de sombres nuages ou rayonne un soleil resplendissant.

Parlons encore de ces intérieurs d'une propreté luisante et de ces vues d'églises où la lumière tamisée et les combinaisons de la perspective aérienne et de la perspective linéaire, produisent sous la main d'un artiste habile des vues d'un rare attrait. La beauté de ces fruits et de ces fleurs, produits de la culture hollandaise; la combinaison des formes et des couleurs que l'œil de l'artiste saisissait dans les objets d'utilité domestique, entraînèrent beaucoup de peintres à l'imitation de ces humbles détails de la nature ou de l'industrie humaine. Dans tous ces tableaux, quels que soient les sujets qu'ils représentent, dominent deux qualités invariables : la perception la plus délicate du pittoresque et l'habileté technique la plus consommée. Les peintres qui traitèrent ces sujets comprirent en outre qu'ils ne comportaient que de petites dimensions, exigées d'ailleurs par le peu d'espace dont disposaient les amateurs. — Telles sont les deux principales causes qui donnèrent naissance, en Hollande, à ce qu'on appelle la peinture de cabinet.

Tandis que cette école prouve au monde ce que peut dans le domaine de l'art un petit pays qu'exalte l'esprit d'indépendance, nous voyons en Allemagne le triste exemple d'une situation tout opposée. Cette grande nation, qui au début du XVIe siècle avait possédé Albert Dürer et Hans Holbein, se trouve réduite, par de profondes et constantes infortunes, à une condition dont la rareté des œuvres d'art prouve la détresse. Le trouble moral et l'état d'incertitude, engendrés par la guerre de trente ans, rendaient la situation peu favorable au développement artistique. Les dépenses et les ravages de la guerre avaient épuisé les ressources des Etats et des particuliers, au point de les priver des nécessités de la vie. La paix ne ramena pas un ordre de choses plus favorable ; le pays était trop pauvre et le peuple trop ignorant pour que l'on pût espérer la renaissance de l'art national. Aussi les peintres de quelque mérite qui surgirent en Allemagne pendant cette ténébreuse époque, n'eurent d'autre ressource que de se rattacher aux écoles de la Belgique et surtout à celles de la Hollande.

CHAPITRE PREMIER.

L'ÉCOLE BELGE.

PIERRE-PAUL RUBENS.

C'est au génie de PIERRE-PAUL RUBENS que la Belgique doit une révolution complète et radicale de la peinture [1]. Telle était la puissante individualité de ce maître, que les œuvres même des grands hommes qui le précédèrent n'eurent d'autre effet que d'aider au développement de sa propre originalité sans qu'il s'en écartât jamais. Son caractère comme peintre consistait essentiellement dans ces qualités qu'aucun autre avant lui n'avait réunies à un pareil degré : le sentiment vrai de la nature, un coloris vigoureux et transparent, un puissant effet d'ensemble, une inspiration capable d'embrasser tous les objets, et la puissance de les rendre avec une exactitude et une originalité merveilleuses. C'est

[1] Le but et le cadre de ce livre ne me permettent de considérer Rubens que comme peintre. Je ne pourrai citer non plus qu'un petit nombre de ses œuvres les plus importantes.

grâce à ces divers mérites que le connaisseur tolère, tout en la constatant, l'absence d'un sentiment délicat et élevé dans la plupart des têtes de Rubens; ses figures sont rarement nobles, en effet, souvent même elles sont vulgaires ou emphatiques, et les mêmes types se répètent fréquemment : leur expression la plus ordinaire est plutôt dure et grossière que profonde et chaleureuse. Aussi les sujets qui répondaient le mieux aux sentiments de l'artiste sont ceux qui excitent la plus vive admiration du public.

Les circonstances de la vie de Rubens influèrent heureusement sur le développement de sa nature si richement douée.

Il naquit à Siegen, dans le comté de Nassau, le 29 juin 1577 [1]. De bonne heure il reçut une éducation conforme à son désir d'apprendre. Aussi quand il vint chercher dans l'atelier d'Adam Van Noort les principes

[1] Cfr. Bakhuizen van den Brink, archiviste à la Haye : *Het huwelijck van Willem van Oranje mit Anna van Saxen.* Amsterdam, 1853, p. 133-143; Le même, *Les Rubens à Siegen.* La Haye, 1861; L. Ennen, archiviste à Cologne : *Ueber den Gebürtsort des Peter-Paul Rubens.* Cologne, 1861; Verachter : *Généalogie de Pierre-Paul Rubens;* Anvers, 1840; Groen van Prinsterer : *Archives de la maison d'Orange.* Leyde, 1835-1847; B.-C. Du Mortier : *Recherches sur le lieu de naissance de P.-P. Rubens*, Bruxelles, 1861; Le même : *Nouvelles recherches sur le lieu de naissance de P.-P. Rubens*, Bruxelles, 1862; Michel : *Histoire de Rubens*, 1771; Smet : *Biographie de Rubens;* et Decort, 2e édition du même ouvrage, Anvers, 1840, etc.

de l'art de peindre, il y apporta ce bagage, si rare chez les artistes, d'une éducation classique, et le moyen de s'approprier une foule de sujets ignorés de la plupart de ses confrères. — Durant les quatre années qu'il passa auprès d'Adam Van Noort, peintre habile et excellent coloriste, il eut cette autre bonne fortune de se rendre maître de cette partie technique de l'art qui devait servir de base aux triomphes de sa vie. Les quatre années suivantes le virent dans l'atelier d'Otto Venius qui pouvait lui être de peu d'utilité comme peintre, mais dont l'esprit cultivé dut exercer une bienfaisante influence sur la carrière de son élève. En 1598, n'ayant pas même vingt et un ans, Rubens fut jugé digne d'être admis dans la gilde des peintres à Anvers [1], et il partit pour l'Italie en 1600, riche déjà de toutes ces qualités artistiques qui lui permirent de se laisser aller à ses sympathies, sans crainte de se méprendre ou de s'égarer. Guidé par la conscience de sa force et de ses ressources, il se rendit d'abord à Venise où son talent acheva de se perfectionner dans l'étude de Titien et de Paul Véronèse. Parmi les maîtres de l'école florentine et de la romaine, Michel-Ange et Jules Romain, dont Rubens eut l'occasion d'étudier les œuvres pendant le long séjour qu'il fit à la cour de Mantoue, durent par leur audace et leurs attitudes dramatiques exercer sur lui une puissante influence. Mais en admettant que son talent seul ait mérité les honneurs dont il fut comblé par les princes italiens

[1] *Catalogue du musée d'Anvers*, p. 192.

pendant le séjour de sept années qu'il fit dans la Péninsule, il n'est pas inutile de rappeler combien sa beauté physique, son caractère aimable et son esprit cultivé contribuèrent à la faveur qui l'entoura. On en peut dire autant de l'existence qu'il mena à Anvers, où il retourna en 1609, et s'entoura d'un nombre considérable d'élèves. Ici encore ses travaux et sa compagnie furent recherchés par les princes et les souverains, par Isabelle, gouvernante des Pays-Bas et son époux l'archiduc Albert, par Marie de Médicis, reine de France, dont il célébra la vie dans une série de tableaux, par Philippe III et Philippe IV d'Espagne, et enfin par Charles Ier d'Angleterre, qui, en 1630, le combla de faveurs. Son habileté dans les affaires diplomatiques le mit en relation plus étroite encore avec la plupart de ces princes, dans son âge mûr, et plus d'une fois il se vit honoré de missions importantes de cette nature, dont il s'acquitta avec un rare bonheur. Il fut en outre l'ami de la plupart des hommes illustres de son temps. Après une carrière marquée de toutes les distinctions que peuvent conférer la gloire et l'admiration universelle, due à l'homme, au peintre et au diplomate, il mourut à Anvers en 1640.

Occupons-nous maintenant de sa carrière artistique. Dans plusieurs des tableaux qu'il exécuta en Italie, sa conception n'avait pas encore atteint cette impétuosité, sa couleur cette clarté qui distinguent les œuvres qu'il exécuta après son retour à Anvers. Les tons clairs des chairs sont jaunâtres, les ombres brunes. Je citerai comme exemple deux parties d'un tableau d'autel de la bibliothèque de Mantoue représentant le *Duc Vincent Ier, sa femme et deux autres personnes adorant la Vierge.* Les portraits sont admirables. Un excellent ouvrage du même temps, ainsi que le prouve la couleur plus sobre et moins lumineuse, est la copie libre de l'un des *Triomphes* (à la détrempe) d'André Mategna, aujourd'hui placé à Hampton Court, et qui du temps de Rubens se trouvait encore à Mantoue. Ce tableau passa de la collection de M. Roger à la *National gallery* et donne un exemple frappant des études multiples de Rubens et de la façon dont il savait imprimer son caractère propre à une œuvre imbue d'un tout autre sentiment (1).

Une *Sainte Famille* représentant la *Vierge avec l'Enfant Jésus, adoré par saint Jean, sainte Élisabeth et Joseph.* montre combien il acquit de bonne heure ce merveilleux éclat dont il possède le secret. Ce tableau, peint un peu après son retour en Belgique pour la chapelle particulière de l'archiduc Albert, passa ensuite au musée de Vienne et forme aujourd'hui l'un des plus beaux ornements de la galerie du marquis de Hertford. Les têtes, à l'exception de celle de l'enfant Jésus, ont un caractère plus élevé que d'habitude (2). Vient ensuite le triptyque (aujourd'hui à Vienne) qui, en conséquence de l'admiration produite par le tableau précédent, lui fut commandé par la confrérie de Saint-Ildefonse pour l'église de Caudenberg près de Bruxelles. Le centre représente la *Vierge*

(1) *Trésors de l'art,* vol. II, p. 70.
(2) *Ibid.*, p. 157.

assise sur un trône, présentant une magnifique chasuble à saint Ildefonse, évêque de Tolède; de chaque côté sont des saintes et dans l'air planent trois anges. Sur le volet droit on voit, agenouillé sur un prie-Dieu, l'archiduc Albert accompagné de son patron, saint Albert, en costume de cardinal : sur la gauche, dans la même attitude, sa femme Claire-Eugénie avec sa patronne, sainte Claire, qui lui présente une couronne de roses sur un livre. La beauté et le bon style de la composition font reconnaître de suite dans cette page l'influence encore toute fraîche des grands chefs-d'œuvre italiens : les têtes des saints, au contraire, ont un caractère tout à fait flamand. Celle de saint Ildefonse respire une profondeur que Rubens a su rarement atteindre, et l'expression joyeuse des saints qui prennent part à la faveur dont le saint évêque est l'objet est traduite avec un bonheur inouï. Mais ce qui excite le plus l'admiration, c'est le coloris de la partie centrale : comparé à celui des volets, c'est de l'idéal. Toute la scène est couverte d'une vapeur légère du sein de laquelle les figures se dégagent dans un jour plus lumineux et plus chaud. Les portraits, au contraire, soumis à de tout autres lois, que le tact merveilleux de l'artiste n'a garde de violer, ressortent avec une frappante réalité : les personnages peints dans un ton doré, nourri et vigoureux, qui s'harmonise de la façon la plus heureuse avec les draperies et les tentures rouges, produisent par leur contraste avec les saints et le fond, peints dans une gamme plus sombre, un effet vraiment saisissant. Les têtes pleines de vie, le modelé puissant, les mains et les autres détails sont trai-

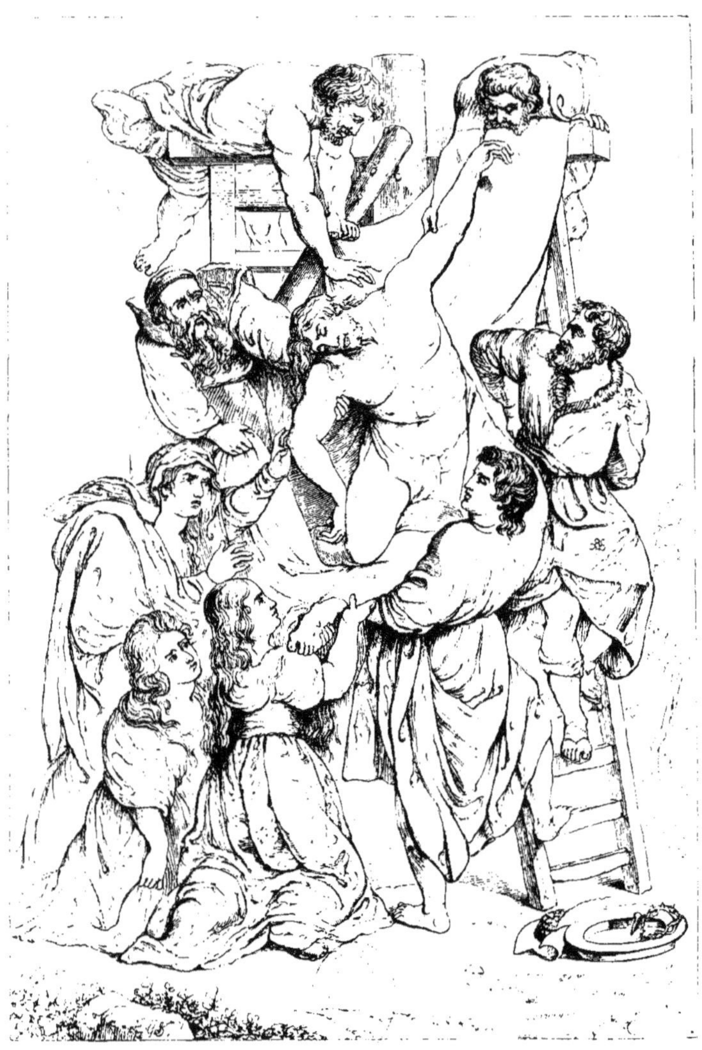

THE DESCENT FROM THE CROSS.

By Rubens. In the Cathedral at Antwerp.

LA DESCENTE DE CROIX,

par Rubens, cathédrale d'Anvers.

tés avec un fini qui prête un mérite nouveau à l'admirable harmonie de l'ensemble. Nous trouvons dans une étroite analogie avec celui-ci, par l'époque et le mérite, un petit triptyque du musée d'Anvers (nos 275-277), au centre duquel on voit l'*Incrédulité de saint Thomas*, et sur les volets les portraits bien conçus des donateurs, le bourgmestre Rockox et sa femme, ce dernier malheureusement un peu effacé. La grâce, un sentiment exquis, la sobriété du coloris et le soin de l'exécution rapprochent ce tableau de celui d'*Isabelle Brant*, la première femme de Rubens, qu'il épousa en 1609 (Munich, no 255).

La fameuse *Descente de croix* est le chef-d'œuvre du maître dans la peinture religieuse. Ce tableau lui fut commandé par la confrérie des Archers, le 7 septembre 1611, et se trouva placé dès 1614. La composition, dont nous plaçons ci-contre une gravure, est d'une habileté magistrale : la vie circule dans ces figures pleines de noblesse et un sentiment inusité anime toutes les physionomies, surtout celle de la Vierge, qui est empreinte d'une expression vraie et profonde. Les volets, représentant la *Visitation* et la *Présentation au Temple*, se distinguent par d'égales qualités. Le coloris plus sobre de ces trois tableaux est aussi plus chaud, plus transparent et plus harmonieux que de coutume : l'exécution est large et magistrale, quoique d'un fini extrême.

Dans la colossale *Élévation de la croix*, de la même cathédrale, se déploie toute la grandeur titanesque de Rubens comme peintre de scènes violentes et dramatiques. Ce tableau produit un effet écrasant. Pour le reste il ne ressemble en rien à la *Descente de croix*. De ce dernier tableau (V. la gravure) et surtout de la *Visitation*, se rapproche le *Retour de la fuite en Egypte*, placé aujourd'hui dans la plus belle collection particulière connue des œuvres du grand maître, celle du duc de Marlborough, à Blenheim. Cette page appartient à la catégorie des œuvres religieuses les plus sublimes [1].

D'autre part, nous trouvons un des principaux tableaux légendaires de Rubens au musée d'Anvers, n° 273. C'est la *Communion de saint François*, exécutée en 1619. Quoique l'on remarque dans la composition l'influence d'Annibal Carrache et dans l'effet vraiment émouvant une réminiscence de Michel-Ange Caravage, déjà signalée en termes généraux par Sandrart, Rubens s'appuie ici essentiellement sur ses propres forces. Les têtes ont un caractère plus individuel et une expression plus profonde que celles de Carrache ; le clair-obscur est d'un ton plus riche et plus transparent que celui de Caravage. Voici quelques autres tableaux distingués de cette époque de sa maturité : la *Bataille des Amazones*, au musée de Munich, exécutée pour un connaisseur accompli, Van der Geest. Quoique cette idée hardie de placer le combat sur un pont soit empruntée à la *Bataille de Cadore* (aujourd'hui détruite) du Titien, comme le prouve une esquisse de la galerie des Offices, la gravure ci-jointe prouvera avec quelle distinction et quelle poésie Rubens a conçu les principales circonstances du sujet, se prévalant de tout ce qu'il y a de

(1) Voy. *Trésors d'art en Angleterre*, t. II, p. 39.

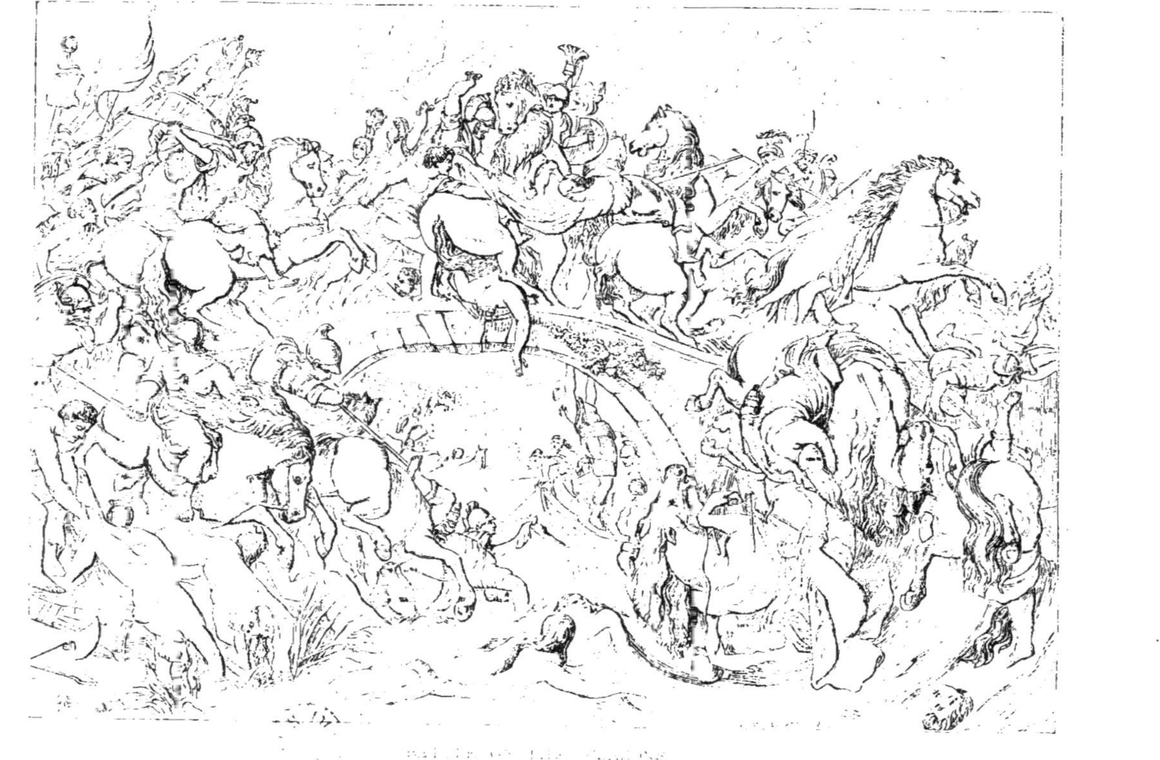

LE COMBAT DES AMAZONES, par Rubens, galerie de Munich.

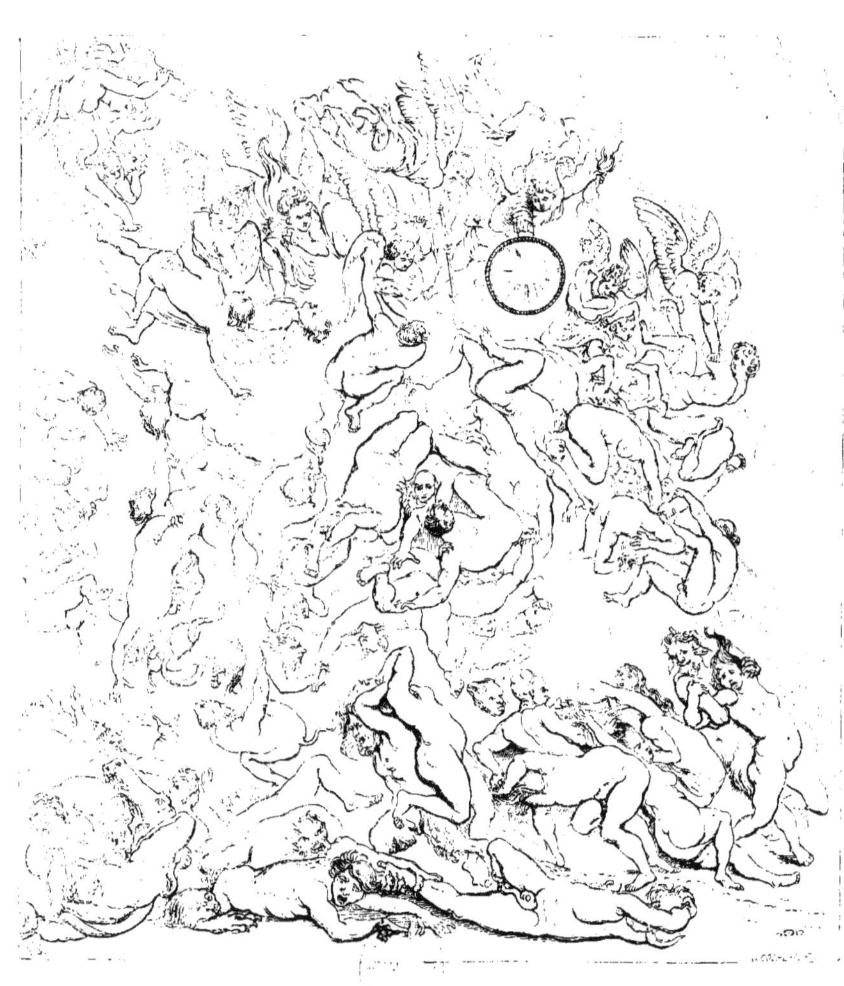

LA CHUTE DES REPROUVÉS,

par Rubens, galerie de Munich.

plus pittoresque et de plus terrible dans un combat entre hommes et femmes, et le représentant avec une fougue poétique dont il est seul capable. Le coloris de cette page, conçue avec un rare génie, est puissant quoique sobre ([1]). Tout à côté de ce tableau, pour ce qui concerne le feu de l'imagination et les autres qualités, nous placerons le petit *Jugement dernier* ([2]) du même musée (cabinets, n° 297), dont nous reproduisons la partie inférieure. Citons encore sur la même ligne la *Conversion de saint Paul* ([3]) et l'esquisse de *saint François de Paule* qui est représenté suspendu en l'air, tandis que des pestiférés l'invoquent (galerie de Munich, cabinets, n°s 317 et 318). Un chef-d'œuvre de cette époque enfin est le célèbre *Christ en croix* du musée d'Anvers, n° 265. La façon énergique dont le centurion perce le flanc du Sauveur, laisse éclater le sentiment dramatique du maître. Les têtes sont nobles; la physionomie de la Vierge et celle de la Madeleine, l'une des plus belles qu'il ait tracées, offrent une expression profonde. Le coloris, quoique sobre, a beaucoup de chaleur et de transparence; le paysage du fond est excellent et toute l'œuvre, en un mot, est d'une exécution aussi solide qu'ingénieuse ([4]). Je mentionnerai

([1]) Voyez ma *Vie de Rubens*, p. 241 et suiv.

([2]) *Ibid.*, p. 235 et suiv.

([3]) La composition diffère de celle du tableau que possède M. Miles, à Leigh-Court. Voyez à propos de ce tableau qui a été gravé par Bolswert, *Trésors d'art en Angleterre*, t. II, p. 355.

([4]) Une excellente esquisse de ce tableau, exécutée en gri-

encore *Loth et ses filles quittant Sodome*, daté de 1625, et placé au Louvre, n° 425. Quoique la conception rappelle le *genre*, les formes ont une élégance et les têtes une délicatesse qui font de ce tableau l'un des plus attrayants du maître. L'*Expulsion d'Agar*, galerie de l'Ermitage, appartient à la même époque et au même style : c'est un prodige de clair-obscur, à la fois plein de profondeur et d'éclat [1].

A mesure que le temps marche nous voyons un changement graduel se produire dans le talent de Rubens et se traduire dans ses œuvres. Ses compositions revêtent un style pompeux et surchargé, qui nous rappelle un peu l'architecture habituelle des églises des Jésuites. Les têtes prennent un caractère plus décidément réaliste, le sentiment devient plus froid et plus terrestre, les formes présentent une ampleur qui touche parfois à l'exagération : le coloris est plus rouge dans les chairs et il devient en général plus brillant, mais c'est aux dépens de la vérité : la touche si légère et si merveilleusement spirituelle, prend elle-même un air négligé. Un des premiers exemples de ce changement se voit dans l'*Adoration des Rois*, datée de 1624, au musée d'Anvers, n° 266. La conception de l'ensemble trahit l'influence de Paul Véronèse. La Vierge est presque vulgaire, l'enfant très-commun, la couleur d'une force et d'une chaleur étonnantes et l'exécution

saille, avec d'heureuses modifications, se trouve dans la magnifique galerie Suermont, à Aix-la-Chapelle.

(1) La copie de ce tableau qui figure à la galerie Grosvenor, à Londres, n'est qu'une esquisse.

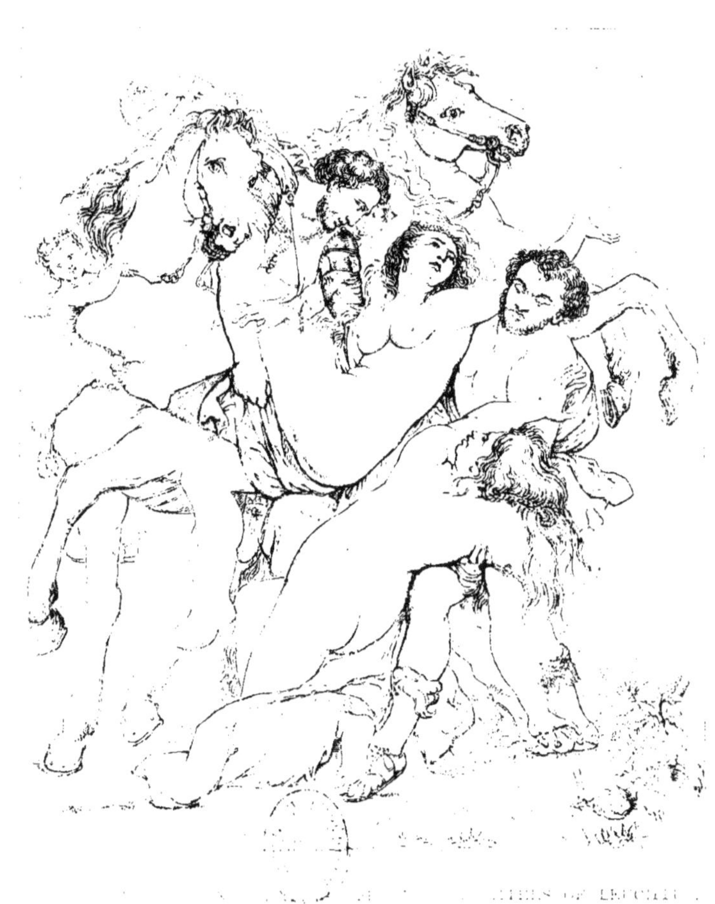

CASTOR ET POLLUX ENLEVANT LES FILLES DE LEUCIPPE,

par Rubens, galerie de Munich.

d'une largeur extrême. En revanche, les tableaux les plus attrayants de cette époque sont la *Sainte Thérèse délivrant du purgatoire Bernardin de Mendoza* (musée d'Anvers, nº 267). Les têtes, quoique d'un caractère peu religieux, ont du charme, et la touche légère et facile se déploie dans tout son merveilleux éclat. La preuve que, même à cette époque avancée de sa carrière, Rubens était encore capable d'exécuter une œuvre avec le plus grand soin, se trouve à Cologne dans le *Crucifiement de saint Pierre*, daté de 1638. Malgré l'horreur du sujet, l'artiste se révèle ici dans toute la puissance de son talent.

Après avoir montré le développement du génie de Rubens, je vais citer un certain nombre d'ouvrages, non pas dans l'ordre, assez difficile à établir, où ils ont été exécutés, mais en vue d'établir la féconde variété du maître. Une des plus belles compositions qu'il ait empruntées au Nouveau Testament est la *Résurrection de Lazare* (Berlin, nº 783). Les têtes ont beaucoup de noblesse et plus de sentiment que de coutume. Son côté dramatique et fantastique se voit surtout dans le *Combat de l'archange Michel et du Dragon à sept têtes prêt à dévorer la Vierge*, exécuté primitivement pour la cathédrale de Fresing et placé aujourd'hui au musée de Munich, nº 281; et dans *saint Ignace de Loyola et saint Xavier chassant les démons*, qui sont en partie peints par ses élèves. Ces tableaux figurent au musée impérial de Vienne. Parmi ses nombreux sujets mythologiques, qui malgré leur forme toute flamande, présentent néanmoins un grand attrait, nous citerons *Castor et Pollux enlevant les filles de Leucippe*, musée de Munich, n° 291 (v. gravure); l'*Enlèvement de Proserpine*, à Blenheim [1] et la délivrance d'*Andromède*, au musée de l'Ermitage (Saint-Pétersbourg). Tous deux révèlent le génie dramatique de Rubens. La *Bacchanale* de Blenheim [2], le *Silène ivre avec des Satyres et des Bacchantes*, du musée de Munich, n° 264, et le même sujet traité avec bien plus de fougue encore, à l'Ermitage, retracent avec une surprenante énergie l'ivresse sensuelle et le délire bachique. D'un autre côté le *Jugement de Pâris* (*National gallery*) [3], et la *Fête de Vénus à Cythère* (musée impérial de Vienne), sont de ravissantes idylles, où l'on retrouve au même degré et avec le même charme d'impression, une invention riche et poétique et une couleur dorée d'un très-heureux effet. *Mars désarmé par Vénus* rentre dans la même catégorie.

Dans aucun genre, en revanche, Rubens ne se montre sous un aspect aussi peu avantageux que dans ses nombreuses allégories historiques. Il faut en rechercher la cause dans l'érudition artificielle et pédantesque qu'elles tendent à mettre en relief, et dans la fâcheuse habitude de mêler des personnages vêtus à la mode du temps avec les divinités généralement nues de l'ancien Olympe. Ces remarques s'appliquent surtout à ses vingt et un grands

(1) *Trésors d'art en Angleterre*, vol. II, p. 37. Malheureusement cette magnifique toile a péri dans l'incendie qui dévora une partie du château de Blenheim en 1861.

(2) *Ibid.*, p. 50.

(3) *Ibid.*, vol. I, p. 156.

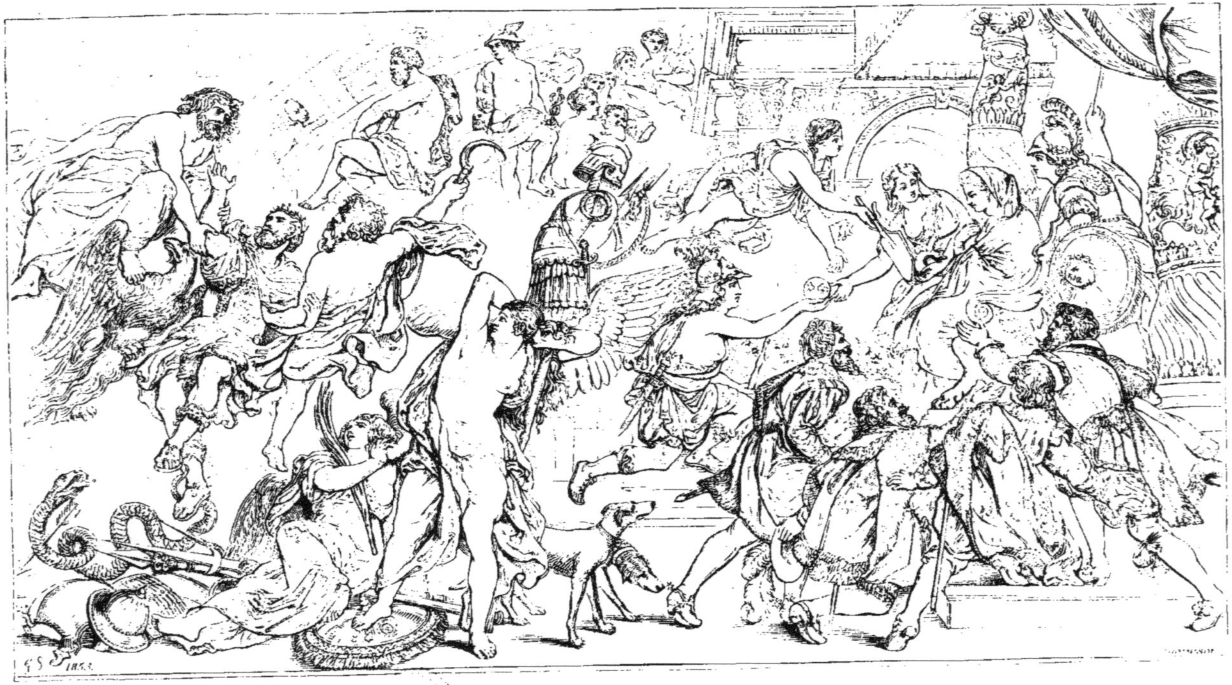

L'APOTHÉOSE DE HENRI IV, par Rubens, musée du Louvre.

tableaux de la *Vie de Marie de Médicis* au Louvre, dont la plus grande partie furent en outre exécutés par ses élèves, qui depuis 1621 concoururent largement à ses œuvres les plus importantes. Les parties dans lesquelles nous reconnaissons sa main sont dignes toutefois de ses plus belles pages ; elles datent, du reste, de sa meilleure époque (1621-1625). On retrouve surtout Rubens dans *Henri IV recevant le portrait de Marie de Médicis*, n° 437 ; la *Cérémonie nuptiale*, n° 440 ; l'*Apothéose de Henri IV et Marie de Médicis nommée régente* (v. gravure) ; *son Couronnement*, n° 443 ; *son Gouvernement*, n° 445 ; *le Bonheur de son règne*, n° 448 ; *sa Fuite*, n° 450 ; *sa Rencontre avec son fils*, n° 453, et enfin le *Triomphe de la Vérité*, n° 454 (1). Les esquisses de cette collection, au musée de Munich, sont tracées de main de maître. Rubens prit moins de part encore à l'exécution du plafond de Whitehall représentant l'*Apothéose de Jacques Ier* (2) et aux peintures colossales du couvent de Loeches, près de Madrid, représentant le *Triomphe de la Religion* : ces dernières sont aujourd'hui placées en partie au Louvre (3) (nos 426-432) et dans la collection de lord Wesminster, à Grosvenor-House : la touche du maître y est tout à fait invisible (4).

Rubens apparaît avec beaucoup plus d'avantage dans ses tableaux d'histoire, surtout quand il retrace les grandes scènes de l'histoire romaine si bien appropriées

(1) Voyez *Kunstwerke und Künstler in Paris*, p. 558.
(2) *Trésors d'art en Angleterre*, etc., vol. II, p. 413 et suiv.
(3) *Ibid.*, vol. III, p. 227 et suiv.
(4) *Ibid.*, vol. II, p. 413 et suiv.

à sa nature énergique. Ses chefs-d'œuvre dans ce genre sont les six tableaux représentant les *Exploits du consul Décius Mus* dans la galerie Lichtenstein, à Vienne; le plus saisissant est le *Grand prêtre vouant à la mort le consul voilé*.

Dans les enfants nus, Rubens atteint de même un succès égal à la préférence marquée avec lesquels il les traite. Il rend avec une incomparable vérité l'expression naïve, les mouvements gracieux, les chairs potelées et vermeilles de ces petits êtres. Nous en trouvons un admirable exemple dans les *Sept enfants portant une guirlande de fruits* (musée de Munich, n° 262), les *Quatre enfants* du musée de Berlin, n° 779, et les petits *Moissonneurs* de la galerie de lord Radnor, au château de Longford [1].

Rubens cultive avec un plein succès les formes les plus variées du *genre*. Un *Tournoi dans le voisinage d'un vieux château*, au Louvre, n° 463, respire la poésie du moyen âge. La composition connue sous le nom de *Jardin d'Amour*, et représentant plusieurs couples en costume élégant de l'époque, qui se livrent aux plaisirs de la musique et de la danse en plein air (musée de Madrid et une répétition au musée de Dresde, n° 803), a servi de modèle à Terburg et à Metzu pour leurs tableaux dits de *Conversation*: de même aussi la *Foire* (Louvre, n° 462), où s'agite avec une incroyable vigueur de formes et de coloris une race de paysans herculéens, livrés à toute la fureur des passions animales, a inspiré aux Brouwer,

(1) *Trésors de l'art en Angleterre*, t. IV, p. 355.

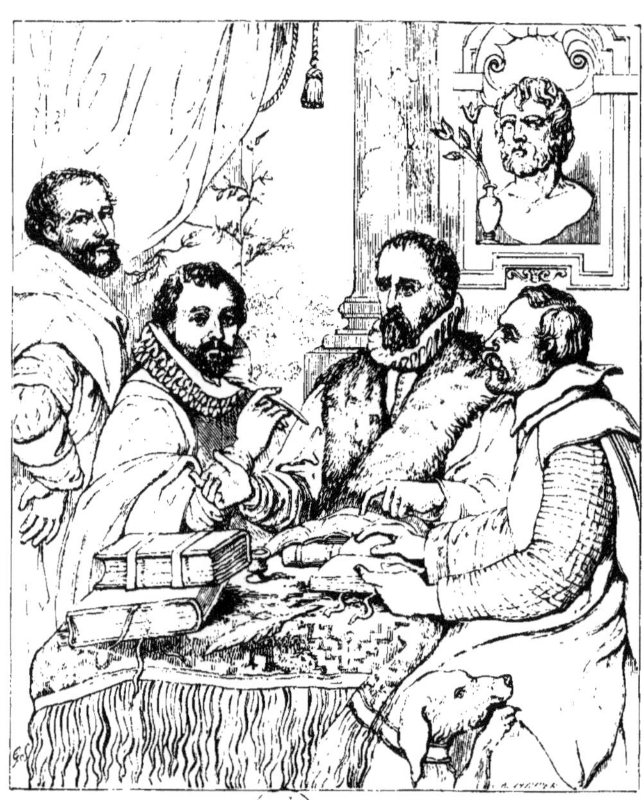

PORTRAITS OF RUBENS, HIS BROTHER, HUGO GROTIUS, AND JUSTUS LIPSIUS

From the Picture by Rubens in the Pitti Palace at Florence

PORTRAITS DE RUBENS, DE SON FRÈRE, DE HUGUES GROTIUS

ET DE JUSTE LIPSE,

peint par Rubens, palais Pitti, à Florence.

aux Teniers et aux Ostade le thème de ce genre de scènes, qu'ils n'ont fait que varier selon la diversité de leur esprit et de leur humeur.

L'organisation intellectuelle de Rubens devait faire de lui un peintre de portraits hors ligne. Il a exécuté un nombre extraordinaire d'ouvrages de ce genre. Je citerai les plus admirables : le tableau appelé à tort les *Quatre Philosophes*, au palais Pitti, et représentant Juste Lipse, Hugo Grotius, Rubens et son frère Philippe (v. gravure), est un chef-d'œuvre de couleur et de lumière ; moins brillant de ton, mais empreint du sentiment le plus délicat, est le portrait du baron Henri de Vicq, envoyé des Pays-Bas espagnols à la cour de France, aujourd'hui placé au Louvre, nº 458, jadis dans la galerie du roi de Hollande. Il appartient à la première époque du maître. Nous remarquons une grande affinité entre ce portrait et celui du célèbre lord Arundel, au château de Warwick ; une personnalité élevée est rendue ici avec une étonnante vigueur de forme et de couleur. Nous traiterons encore de chef-d'œuvre le portrait de deux fils de Rubens (galerie du prince de Lichtenstein, à Vienne, v. gravure), œuvre sans rivale par le mérite de l'arrangement, l'expression vivante et la solidité de la facture. La galerie de Dresde en possède une reproduction originale.

Parmi les portraits de femme nous citerons en première ligne celui de sa seconde femme, Hélène Fourment, marchant en plein air, suivie d'un page (galerie de Blenheim). C'est un des plus beaux exemples que Rubens nous ait légués comme conception et comme exécution. Ce tableau toutefois le cède encore à un autre de la même galerie, qui représente la même dame avec Rubens et un enfant assis dans un petit chariot ([1]). Le sentiment du bonheur domestique s'y confond avec une exécution magistrale. En revanche le fameux *Chapeau de paille* (galerie de sir Robert Peel) révèle le triomphe de la difficulté vaincue ; la tête, entièrement couverte par l'ombre du chapeau, n'en est pas moins peinte dans le ton le plus transparent et le plus lumineux, où ressortent les moindres détails. Il a résolu presque aussi heureusement le même problème dans le portrait d'Hélène Fourment, qui figure à l'Ermitage et qui surpasse même le *Chapeau de paille* par l'élégance de l'ensemble ([2]).

Mais ce génie presque universel brille surtout dans la peinture d'animaux. Il rendit avec un égal éclat des chevaux, des chiens, des cerfs, des sangliers, et surtout les bêtes fauves, lions, tigres, panthères, loups et renards. Ordinairement il les représentait en lutte avec les hommes ; rarement au repos, comme dans le *Daniel dans la fosse aux lions*, de Hamilton Palace. Sur ce tableau le prophète lui-même, figure tout à fait secondaire et banale, n'est qu'un prétexte à une étude de lions ([3]). Nous savons positivement ([4]) que Rubens exécuta ce tableau

([1]) *Trésors d'art en Angleterre*, t. II, p. 47.

([2]) *Trésors*, etc., vol. I, p. 278. C'est le portrait d'une demoiselle Lundens, cousine de Rubens. Il y en a une esquisse à Anvers.

([3]) *Ibid.*, vol. III, p. 297.

([4]) CARPENTER, *Pictorial notices*, p. 140.

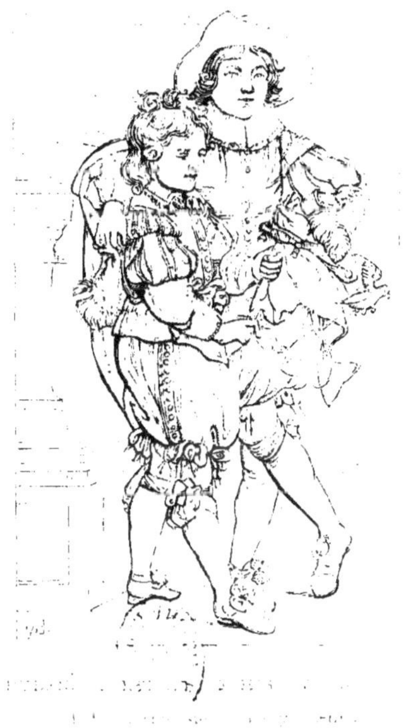

LES FILS DE RUBENS,

peints par Rubens, galerie Lichtenstein, à Vienne.

lui-même. La touche en est hardie mais le coloris peu brillant. Sous ces rapports, une *Lionne jouant avec deux lionceaux*, de la galerie de l'Ermitage, à Saint-Pétersbourg, se rapproche extrêmement du précédent. Cette lionne est une des études les plus spirituelles et les plus accomplies qu'on puisse voir. Avec ce talent de peindre les animaux, il devait se montrer habile à représenter des chasses, des combats à outrance entre l'homme et les bêtes. Dans ce genre nous avons un magnifique exemple, la *Chasse aux loups*, peinte en 1612 pour le général espagnol Legranes (collection de lord Ashburton). La première femme du peintre, Catherine Brant, et le peintre lui-même y sont représentés à cheval. Viennent ensuite les chasses aux lions des musées de Munich et de Dresde [1], et la *Chasse aux cerfs* du musée de Berlin (n° 774). La *Chasse au sanglier de Calydon* (musée impérial de Vienne), quoique mêlée d'incidents mythologiques, se range parmi les plus admirables tableaux de ce genre. Enfin, de tous les animaux peints par Rubens, la *Tigresse montrant les dents à un crocodile*, dans le tableau des *Quatre parties du monde* (musée de Vienne), est le chef-d'œuvre du maître par l'énergie, la vérité et la puissance d'effet et de couleur.

Il nous reste à mentionner la supériorité avec laquelle Rubens, comme le Titien, peignait les paysages du fond de ses tableaux. Il exécuta plus de paysages que le maître vénitien, et plus souvent aussi que celui-ci des paysages de convention. On peut les partager en deux classes.

(1) Voy. ma *Vie de Rubens*, p. 254.

Tantôt on le voit peupler ses paysages historiques de figures empruntées à la mythologie. Il a soin de choisir alors des scènes dont les éléments soient violemment pathétiques; on y retrouve une poésie élevée dans la conception et une surprenante puissance d'effet. Je citerai particulièrement ici : le *Déluge de Phrygie, engloutissant les méchants*, tandis que Jupiter et Mercure, Philémon et Baucis contemplent ce spectacle (musée de Vienne). Ici, à une hardiesse étonnante de composition se joint un éclat lumineux digne de Rembrandt, et une puissance de facture qui frise la bravade [1]. Le *Naufrage d'Énée*, dans la collection de H. R. Hope, esq. à Londres [2], et *Ulysse et Nausicaa* au palais Pitti [3], sont encore deux exemples de cette manière. Parfois il prend plaisir à nous montrer la fraîcheur et les effets de lumière dans les plaines fertiles du Brabant. Ces paysages respirent à un degré bien rare le sentiment sérieux et vrai du bonheur champêtre. Ce sont de véritables idylles, des pastorales en peinture. Les plus remarquables sont la *Prairie de Laeken*, au palais de Buckingham [4]; un grand paysage intitulé le *Chemin du marché* [5], à Windsor; un autre pareil, avec la maison de campagne de Rubens, à la National Gallery [6] et le célèbre paysage à l'*Arc-en-ciel*, dans la collection du mar-

(1) *Vie de Rubens*, p. 257.
(2) *Trésors*, etc., vol. II, p. 137.
(3) Ma *Vie de Rubens*, p. 258.
(4) *Trésors*, etc., vol. II, p. 174.
(5) *Ibid.*
(6) *Ibid.*, vol. I, p. 219.

quis de Hertfort ([1]). La galerie de l'Ermitage, à Saint-Pétersbourg, possède un autre tableau représentant aussi un arc-en-ciel, avec un berger jouant du chalumeau et deux couples d'amants, au premier plan ; quoique un peu plus petit que le précédent, il ne le lui cède pas par la vérité de l'effet de soir, et il l'emporte même sur lui par l'égalité de l'exécution. Dans la même collection figure un autre paysage encore de Rubens : c'est un site montagneux : un chariot attelé de deux chevaux est près de verser. Le maître y déploie magistralement son habileté à rendre la lumière du crépuscule, entre le moment où le soleil s'est couché et celui où la lune se lève ([2]).

([1]) *Trésors de l'art*, etc., vol. III, p. 434.

([2]) M. Fierlants a publié d'excellentes photographies des principaux tableaux de Rubens qui se trouvent au musée d'Anvers, dans la galerie Suermondt, à Aix-la-Chapelle, et dans quelques collections privées. Ce sont : le *Christ entre les deux larrons*; l'*Éducation de la Vierge*; la *Vierge au perroquet*; l'*Ensevelissement du Christ*; le *Christ à la paille*, avec les volets; la *Trinité*; le *Christ en croix*; l'*Incrédulité de saint Thomas*, avec les volets, *Portraits du bourgmestre Rockox et de sa femme*; la *Famille de Rubens* (à l'église Saint-Jacques) : le *Seigneur de Cordes et sa femme* (Bruxelles) ; un *Portrait d'homme* (galerie Suermondt) ; *Vénus*, esquisse (*ibid*) ; *Portrait d'homme* et *Portrait de femme* (collection Huybrechts, à Anvers). — Bruxelles, C. Muquardt (voir le catalogue à la fin du volume).

CHAPITRE II.

LES CONTEMPORAINS ET LES ÉLÈVES DE RUBENS.

Avant de nous occuper des élèves de Rubens, il nous faut considérer les peintres ses contemporains, qui, plus ou moins influencés par son exemple, s'affranchirent comme lui des traditions étroites et mesquines de l'art primitif, en conservant néanmoins à l'égard de Rubens une position indépendante.

Martin Pepyn, né à Anvers en 1575, mourut en 1646 ou 1647. On ne sait qui fut son professeur, mais il fut admis, comme fils de maître, dans la gilde des peintres, en 1600. Les rares tableaux que nous possédons de lui prouvent toutefois qu'il subit sous divers rapports l'influence de Frans Floris. Les tableaux que j'ai vus de lui au musée d'Anvers révèlent, au point de vue de la composition et de la forme, une forte influence de Blocklandt : ce sont : n° 261, les *Hébreux traversant la mer Rouge*, signé de son monogramme et daté de 1626 ; n° 262, les volets d'un retable représentant la *Prédication de saint Luc* : n°s 263 et 264, des grisailles sur les faces extérieures de ce dernier volet et d'un autre dont les faces intérieures sont d'Otto Venius. Le coloris est puissant mais criard, surtout dans les chairs, qui sont tour à tour d'un rouge très-brun ou d'une teinte verdâtre. Le paysage est couleur vert de gris; les contours sont durs et l'exécution très-léchée. Quelques têtes cependant, d'un caractère élevé et d'une expression vraie, indiquent l'effet de la nouvelle manière introduite par Rubens. Ces caractères se montrent d'une façon beaucoup plus prononcée dans un excellent *Portrait de femme* de la galerie d'Arenberg, à Bruxelles, nº 90 : toutefois les demi-teintes des chairs, un peu trop verdâtres, rappellent encore l'ancienne école.

Abraham Jansens, né à Anvers en 1567, mort en 1631 ou 1632 [1], fut l'élève de Jean Snellinck et visita l'Italie. Nous savons par de récentes découvertes, que la prétendue haine de Jansens pour Rubens, racontée par Houbraken, et la misère où il finit par tomber, sont des fables sans fondement. Il vécut et mourut au contraire entouré d'estime. Sous quelques rapports ses facultés se rapprochent de celles de Rubens, à qui des juges inexpérimentés ont attribué quelques-uns de ses tableaux. Cette ressemblance consiste dans la hardiesse des mouvements, la rondeur des nus et le coloris vigoureux des chairs. En même temps il diffère essentiellement du grand maître. S'il le surpasse quelquefois par un dessin plus correct, en revanche sa couleur est beaucoup moins transparente, plus épaisse dans les tons locaux et dans les ombres : ses contours sont plus durs, l'ensemble confus, les draperies

[1] *Catalogue du musée d'Anvers*, p. 183.

roides et d'un ton métallique dans les clairs; sa touche est beaucoup moins libre que celle de Rubens, et ses têtes, très-communes, sont d'un sentiment froid et dépourvues d'expression. Un des mérites de Jansens consiste dans sa manière de traiter les effets de lumière et d'autres effets artificiels. Parmi ses sujets bibliques nous nous contenterons de citer la *Vierge, Jésus et le petit saint Jean*, l'*Adoration des bergers*, nos 256 et 258 du musée d'Anvers; parmi les sujets mythologiques, le *Dieu de l'Escaut* (même musée, no 257), *Vénus et Adonis* (musée de Vienne); enfin parmi ses allégories, la *Nuit et le Jour* dans la même galerie.

Nicolas de Liemakere, surnommé Roose, né à Gand, en 1575, y mourut en 1646. Il fut l'élève d'Otto Venius, peintre habile et compositeur de talent. Ses têtes sont cependant insignifiantes et d'une expression trop prosaïque dans ses tableaux religieux; le ton des chairs est d'un rouge froid et brunâtre, avec des ombres tirant sur le vert : l'effet est généralement lourd. Un de ses principaux tableaux, la *Vierge dans sa gloire adorée par les saints*, orne une chapelle de la cathédrale de Gand.

Gérard Zegers, appelé par erreur Seghers [1], naquit à Anvers en 1591 et mourut en 1651. Il étudia successivement sous Abraham Jansens et Henri Van Balen, compléta ses études en Italie, spécialement à Rome, et de là se rendit à Madrid, où il exécuta divers tableaux pour le roi Philippe III.

(1) *Catalogue du musée d'Anvers*, p. 243.

Zegers est un peintre d'un mérite éminent. Sans échapper complétement à la puissante influence de Rubens, il sut néanmoins, par sa tendance à l'idéal, se faire une position à part. Ses compositions sont bien équilibrées, ses têtes d'une forme élevée quoique rarement expressives, ses figures élégantes, ses attitudes gracieuses; sa palette, sans avoir l'éclat de celle de Rubens, ne laisse pas d'être transparente et chaude, souvent nourrie et toujours harmonieuse : sa touche est ample et large. Son principal tableau, le *Mariage de la Vierge*, qui orna primitivement le maître-autel de l'église des Carmes déchaussés à Anvers, se trouve aujourd'hui au musée de cette ville, n° 323. C'est une œuvre bien composée, d'un effet imposant, et trahissant dans quelques têtes, surtout celle de la Vierge, l'influence de Rubens. Parmi les autres œuvres de la même galerie on distingue *Saint Louis de Gonzague*, n° 322, et l'*Extase de sainte Thérèse*, n° 324. La *Vierge au Rosaire*, n° 327, et la *Vierge à l'Enfant*, avec saint Jean offrant un oiseau à Jésus (galerie de Vienne), révèlent une tendance idéale. Le coloris de ces tableaux et celui d'une autre *Vierge tenant l'Enfant endormi* montre l'influence du Titien. En revanche, deux tableaux beaucoup plus faibles (musée d'Anvers, n°s 325 et 326), le *Christ sortant des limbes* et *Sainte Claire adorant l'Enfant Jésus*, trahissent par leurs formes anguleuses et la crudité du coloris l'exemple beaucoup moins heureux de F. Baroccio. Je ne suis en mesure de citer aucun spécimen des tableaux de genre, joueurs, musiciens, etc., qu'il peignit quelquefois.

Théodore Rombouts, né à Anvers en 1597, y mourut en 1637. On dit qu'il fut l'élève d'Abraham Jansens. En 1617 il se rendit à Rome et à Florence, où il peignit avec succès plusieurs tableaux historiques. Comme on ne connaît de son inimitié pour Rubens d'autre récit que celui de Houbraken, il est permis de le révoquer en doute. On trouve chez lui un sentiment distingué de la composition et de la beauté, quoique ses têtes dépassent rarement les limites d'un réalisme ennobli. On en peut dire autant de ses figures, d'ailleurs parfaitement dessinées. A côté d'un grand soin de détails, nous trouvons des chairs brunâtres et lourdes, comme celles du Guerchin, avec lequel, surtout pour la disposition des couleurs, il a quelque affinité. Ses œuvres sont rares. Son chef-d'œuvre justement estimé, la *Descente de Croix*, figure dans une chapelle de la cathédrale de Gand. Son *Saint Augustin recevant le Christ déguisé en pèlerin*, de 1636 (musée d'Anvers, nº 337), est également une œuvre de grand mérite. Je n'ai jamais vu ses tableaux de genre, tavernes, colporteurs, etc.

Gaspard de Crayer, né à Anvers en 1582, fut le plus éminent de tous les peintres contemporains de Rubens dans les Pays-Bas. Il apprit son art à Bruxelles, chez Raphaël Van Coxcyen, fils de Michel Van Coxcyen, déjà cité. Les archiducs Albert et Isabelle le tenaient en haute estime, et leur successeur, le cardinal infant Ferdinand, le nomma peintre de la cour. Il fut l'ami de Rubens et de Van Dyck; le premier fit de lui un portrait qui fut gravé par Paul Pontius et par d'autres; le second lui légua par testament un tableau de *Saint Benoît* [1]. Dans ses dernières années, Gaspard de Crayer émigra de Bruxelles à Gand, où il travailla sans relâche jusqu'à l'âge de 87 ans; il mourut dans cette ville en 1669. Quoique élève de Raphaël Van Coxcyen, il adopta le style et la manière de Rubens, dont le puissant génie devait l'attirer, car le sens artistique de ces deux maîtres avait plus d'un point de contact.

La nature, il est vrai, avait départi à son imagination une sphère beaucoup plus étroite. Préoccupé avant tout des sujets bibliques, il aborda cependant avec succès l'histoire et l'allégorie. Mais il n'avait pas cette audace et ce feu qui permettaient à Rubens d'aborder les sujets les plus pathétiques et les plus mouvementés, ni l'éclatant coloris de ce maître, ni sa puissance d'effets. Il peut se comparer à lui dans les compositions tranquilles; il possède même une douceur de sentiment qui fait défaut à Rubens, et par moment il rencontre des formes idéales que Rubens n'a pas atteintes. Son coloris est sobre et vrai, parfois très-semblable à celui de Van Dyck. Par la touche et l'ampleur de l'exécution on le trouve à peine inférieur à son illustre modèle.

Avec de telles qualités, il fut accablé de commandes dans son propre pays, tandis que ses magnifiques retables des cathédrales d'Aix en Provence et d'Amberg dans le Palatinat supérieur, prouvent que sa réputation

[1] *Catalogue du musée d'Anvers*, p. 225. Le même ouvrage le fait naître seulement en 1585, mais voyez Burger, *Musées de la Hollande*, t. II, p. 339 et suiv.

dépassa de beaucoup les frontières de son pays. A mon sens il est loin d'occuper dans l'opinion la place à laquelle il a droit ; c'est peut-être à cause de l'infériorité des œuvres de sa vieillesse, où rien ne rappelle son premier talent : le sentiment est faible, les types sont uniformes, les figures monotones, la palette a considérablement pâli et la touche a perdu son allure magistrale. Mais ce qui prouve que, sauf une certaine faiblesse de tons, il fut capable jusqu'à la fin de retrouver son style primitif, c'est son dernier tableau, le *Martyre de saint Blaise*, au musée de Gand, nº 60, signé de son nom et daté de 1668. Ici, comme Rubens, il parvient à rendre l'horrible avec une effrayante vérité. Voici la liste de ses meilleurs tableaux, placés dans des endroits accessibles au lecteur.

La *Vierge et l'Enfant adorés par des saints*, au Louvre, nº 101, ouvrage de tout point remarquable ; la *Pêche miraculeuse*, l'*Assomption de sainte Catherine*, le *chevalier Donglobert et sa femme adorant le Christ mort*, au musée de Bruxelles (nºs 55, 56 et 60), le *jugement de Salomon*, un chef-d'œuvre, et *sainte Rosalie couronnée par le Christ enfant*, au musée de Gand, nºs 8 et 18. L'habileté de Crayer à exécuter rapidement le décor se montre dans les panneaux dont il orna un arc de triomphe, pour l'entrée du cardinal infant à Gand. Ces peintures se trouvent encore au musée de cette ville. Au musée de Munich, nº 314, nous trouvons la *Vierge et l'Enfant adorés par des saints*, avec les portraits du peintre et de sa famille, daté de 1646. C'est une œuvre capitale, traitée dans le style de Rubens, qui montre l'art du peintre à maîtriser de grands sujets et le bonheur avec lequel il réussit à individualiser même les détails. Les têtes des saintes femmes toutefois, malgré leur charme, ont ici un caractère monotone. Le groupe des portraits brille par une vivacité étonnante. Dans *Sainte Thérèse recevant un collier d'or de la Vierge*, la tête de la madone est d'une extrême beauté. Dans la *Salutation angélique*, les draperies elles-mêmes ont un caractère tout à fait idéal. Ces deux tableaux, ainsi qu'une *Vierge à l'Enfant adorée par des saints*, se trouvent au musée de Vienne. Ce dernier est peut-être son plus bel ouvrage. Je n'en connais pas du moins dans lequel la douceur de sentiment qui lui est particulière soit mieux exprimée.

Juste Sustermans, né à Anvers en 1597, mourut à Florence en 1681. Il étudia sous Guillaume de Vos, artiste peu connu, et se rendit jeune encore en Italie, où ses tableaux reçurent à la cour de Côme II de Toscane un tel accueil qu'il s'établit dans le pays. Il y conserva sa popularité sous les grands ducs Ferdinand II et Côme III et resta à Florence entouré de considération jusqu'à sa mort. Il fut en même temps l'ami de Rubens et de Van Dyck. Réaliste prononcé, habile dessinateur, coloriste puissant et clair, il maniait la brosse avec beaucoup de franchise. Dans ses tableaux historiques on reconnaît l'influence des Carrache et de Michel-Ange de Caravage. Au premier il emprunte le style de la composition, les draperies et les formes élevées, à l'autre la vérité et la puissance des effets. Le musée de Berlin possède, nos 449 et 457, deux tableaux bien réussis de cette catégorie : la *Mort de Socrate* et le *Christ au tombeau;* mais il brilla surtout dans le portrait. Ici la vérité et la beauté de la couleur le montrent digne fils de l'école flamande. Ses portraits sont conçus avec un goût délicat et le coloris en est transparent et chaud. Plus tard, ses chairs devinrent lourdes et ses ombres foncées. Son plus important ouvrage dans ce genre est *Ferdinand II recevant le serment de fidélité*. Ce tableau, qui se trouve à Florence, renferme un grand nombre de portraits. On a de lui, au palais Pitti, de bons portraits : *Vittoria della Rovere*, femme du grand duc Ferdinand II, représentée en vestale; un *Chanoine*, très-remarquable au point de vue de la composition et de la couleur; *Chrétien* V de Danemark, en prince royal. En revanche, les portraits de la famille grand-ducale, réunis dans une *Sainte famille*, sont loin d'offrir le moindre attrait. Au musée de Vienne nous trouvons l'admirable portrait de l'archiduchesse Claudie, fille de Ferdinand de Toscane.

FRANS SNYDERS, né à Anvers en 1579, y mourut en 1657; il fut successivement l'élève de Breughel d'Enfer et de Henri Van Balen. Mais sa façon de traiter les animaux, sa puissance d'exécution, son coloris brillant, sa touche magistrale, procèdent directement de Rubens, dont il fut moins l'élève que le collaborateur. Ceci résulte des figures d'hommes peintes par Rubens dans les tableaux de Snyders, et des animaux introduits par ce dernier dans les chasses de Rubens. Il orna aussi de fleurs, de fruits et de légumes d'autres œuvres du maître, et les peignit de manière à ne pas nuire à l'unité de l'ensemble.

Après Rubens il est le plus grand peintre d'animaux de son époque. Comme lui, il possède la faculté de représenter ses modèles aux moments les plus agités de la chasse et du combat. Il apprit l'arrangement pittoresque de ses animaux pendant son séjour en Italie et surtout à Rome. Même dans ses natures mortes, l'habileté de la composition et l'harmonie de la forme et de la couleur sont à la hauteur de l'exécution des objets isolés. Intimement lié avec les deux meilleurs élèves de Rubens, Van Dyck et Jordaens, il prêta à ce dernier le même concours qu'à Rubens lui-même. Les princes et les grands se disputaient ses œuvres. Il travailla surtout pour Philippe IV d'Espagne et pour l'archiduc Léopold-Guillaume. De ses nombreux tableaux, je ne citerai que quelques-uns répartis dans des galeries connues : au Louvre, une *Chasse au cerf*, n° 491, et une *Chasse au sanglier*, n° 492. A Dresde, une *Cuisine* avec le cuisinier et la cuisinière peints par Rubens, n° 849. A Munich, deux *Lionnes poursuivant une gazelle*, n° 297 ; composition admirable et d'une étonnante énergie. A Vienne, un *Sanglier attaqué par une meute de neuf chiens*. A Berlin, un *Combat terrible d'ours et de chiens*, n° 974. Un nombre infini d'excellents tableaux de Snyders existe dans les collections d'Angleterre. J'en ai décrit beaucoup dans mes *Trésors de l'art*, mais c'est encore la galerie de l'Ermitage qui est la plus riche en natures mortes, et des meilleures, dues au pinceau de ce fécond artiste.

JEAN WILDENS et LUCAS VAN UDEN occupent à l'égard de Rubens, au point de vue du paysage, la même position que Snyders occupait à l'égard du même maître, comme peintre d'animaux.

JEAN WILDENS, né à Anvers en 1584, y mourut en 1653. Élève de Pierre Verhulst, dans l'atelier duquel il se distingua de bonne heure, il fut admis en 1604 dans la gilde des peintres anversois. Capable de rendre les sites les plus divers, il peignit pour Rubens, dont il était l'ami intime, des fonds appropriés au caractère de ses tableaux. Il travaillait vite et largement. Ses propres tableaux sont rares, à cause du grand nombre de paysages dont il garnit ceux de Rubens, de Snyders, de Diepenbeeck et de Langjan. Dans les musées, je n'ai trouvé de lui que trois ouvrages : un *Hiver avec une chasse au lièvre* à l'avant-plan (galerie de Dresde, n° 853), tableau d'un ton un peu brun et d'une facture magistrale. Une *Chasse au cerf* et une *Chasse au héron*, dans un site sauvage (Hospice Landau, à Nurenberg, n°s 68 et 95). Ce sont deux toiles fort importantes pour assigner au peintre la place qu'il doit occuper dans l'histoire de l'art ; l'esprit de la composition, le faire large et magistral révèlent dans ses œuvres l'influence de Rubens, mais on y pressent aussi le maître de Jacques van Artois. Le marquis de Bute, en Angleterre, possède de lui un paysage plus vaste, mais rappelant par la composition et le faire, la manière de Jean Breughel et de Roelands Savery.

LUCAS VAN UDEN, né à Anvers en 1595, y vivait encore en 1662 [1]. Élève de son père, qui portait le même pré-

[1] *Catalogue du musée d'Anvers*, p. 258.

nom, il fut admis dans la gilde des peintres en 1626 ou 1627; il peignit plusieurs fonds de paysage dans les tableaux de Rubens, mais exécuta en outre un bon nombre d'ouvrages séparés, dont les figures sont parfois de Teniers.

Ses tableaux représentent en général des vues lointaines, des plaines entrecoupées de montagnes, de collines, d'arbres et de cours d'eau. Parfois il peint des torrents et des paysages plus encaissés, mais toujours on trouve dans ses œuvres un sentiment pur et profond de la nature, un dessin correct, une distribution savante de la lumière, des détails parfaitement accentués, un coloris transparent et vigoureux, quoique parfois trop vert et un soin minutieux. Il comprend à merveille la façon de traiter les grandes surfaces et le détail des petits tableaux. Nulle part on ne voit ce maître sous un aspect plus favorable qu'au musée de Dresde, qui possède sept de ses ouvrages. J'en citerai trois : n° 920, un *Grand paysage avec une plaine arrosée d'eau*. Une noce se dirige vers une maison placée sur un monticule. Dans ce magnifique tableau, l'artiste atteint les effets des œuvres analogues de Rubens. — N° 923, un *Paysage avec cours d'eau et une petite cascade*. Grand charme et effet brillant. — N° 925, un *Paysage avec des collines élevées, deux chutes d'eau, et du bétail paissant* sur les premiers plans. La mise en scène est ravissante. Le musée de Munich possède (cabinets, n° 381) un paysage signé de ce peintre, sur lequel des arbres se reflètent dans l'eau. On y trouve une grande puissance d'effet et l'influence évidente de

Rubens. Mais cette influence se révèle surtout dans un grand paysage avec lointain, dont Teniers a fait les figures. C'est une œuvre digne de Rembrandt par la chaleur du coloris (collection de lord Bute) [1].

Ce maître grava en outre 62 estampes [2], dont 58 composées par lui, dans le même style, mais encore plus variées que ses tableaux. Le procédé est vigoureux, sans exclure la douceur. Néanmoins, comme le fait remarquer Bartsch, ces estampes sont d'un mérite très-inégal. Dans quelques-unes d'entre elles (nos 36-41) on reconnaît des tentatives de jeunesse. D'autres, les nos 3, 5, 9, 10, 11, 13, 21, 26, 32, 56 et 57 et celle qui ne figure qu'au musée britannique, méritent une place au premier rang.

Il faut nous occuper maintenant des véritables élèves de Rubens. Le plus illustre d'entre eux, ANTOINE VAN DYCK, naquit à Anvers le 22 mars 1599 et mourut en Angleterre le 9 décembre 1641. A l'âge de dix ans il reçut les leçons de Van Balen, dont il quitta l'atelier pour celui de Rubens. Ses remarquables facultés s'y développèrent avec une telle rapidité que dès le 11 février 1618, à peine âgé de dix-neuf ans, il fut admis dans la gilde des peintres anversois [3]. En 1620 Rubens le prit pour aide [4] et en 1621 sa réputation avait pris une telle

(1) *Trésors*, etc., vol. III, p. 480.

(2) Bartsch en mentionne 59, vol. V, p. 13, etc., Weigel en ajoute deux autres, p. 232. Le musée britannique possède une de ces deux planches.

(3) *Catalogue du musée d'Anvers*, p. 271.

(4) *Ibid.*

extension que Jacques Ier d'Angleterre l'appela à son service [1]. En 1623 il partit pour l'Italie et copia d'abord à Venise plusieurs ouvrages du Titien. Il passa ensuite quelque temps à Rome et fit un long séjour à Gênes. Partout des tableaux de sa main ont marqué son passage. Le plus grand nombre se trouve à Gênes. Vers la fin de 1626 il revint, paraît-il, à Anvers, et là produisit pendant une période de six ans ses plus belles pages historiques et une série de portraits splendides. Au printemps de 1632, sans doute par l'intermédiaire du comte d'Arundel [2], il entra au service de Charles Ier, qui lui donna une pension de 200 l. st. [3] en qualité de premier peintre de la cour, le fit chevalier, lui rendit en un mot tous les hommages dus au génie. La noblesse suivit bientôt l'exemple du roi en adoptant Van Dyck pour portraitiste. Aussi le maître dut-il borner hors de là son activité à quelques tableaux de chevalet, qui sont encore des portraits sous forme de nymphes, de déesses, etc... Les toiles qu'il exécuta pendant son voyage dans les Pays-Bas en 1634 ne sont guère non plus que des portraits. Van Dyck éprouvait cependant le désir de déployer son génie dans quelque grande composition historique, et il tâcha d'obtenir la décoration des murs de la salle du banquet de Whitehall, dont Rubens avait dessiné les plafonds. N'ayant pas réussi dans cette tentative, il retourna en Belgique en 1640, em-

(1) Voy. l'excellent livre de Carpenter, *Pictorial notices*, etc. Londres, 1848, p. 8-10.

(2) *Ibid.*, p. 22, etc.

(3) Le 17 octobre 1633. Voy. Carpenter, *Appendice*, n° 3.

menant avec lui sa femme, dame écossaise de la noble famille des Ruthven. Il apprend à Anvers que Louis XIII se proposait d'orner de peintures le grand salon du Louvre: aussitôt il court à Paris, mais il trouve le Poussin, qui venait d'arriver de Rome, déjà chargé de ce travail. Il retourna fort découragé en Angleterre, où les malheurs du roi et de la famille royale achevèrent de l'abattre; il tomba malade et mourut le 9 décembre 1641, à peine âgé de 42 ans [1].

Pour l'imagination, la nature avait départi à Van Dyck une sphère bien moins vaste qu'elle n'avait fait à son illustre maître. Il n'avait rien de cette fougueuse audace qui portait Rubens à se mesurer avec les sujets les plus terribles, avec les mouvements les plus impétueux, mais il le dépasse par la profondeur de l'expression et par une teinte de mélancolie qui tempère agréablement la noblesse de ses types. Il l'emporte encore par la délicatesse du sentiment et par la correction du dessin et s'il le cède à Rubens dans le coloris, au point de vue de la vigueur et de l'éclat, il rachète largement cette infériorité par une vérité bien plus grande. Quant à la touche et à la *maestria* du faire, les deux artistes s'élèvent à une égale hauteur. C'est à ces qualités originales qu'il faut attribuer le succès avec lequel Van Dyck traite des sujets tels que le *Crucifiement*, la *Descente de croix*, et la douleur qui entoure le cadavre du Christ. La *Mort de saint Sébastien* et le *Repentir de la Madeleine*, sujets appartenant au même ordre

[1] CARPENTER, pp. 39-44.

d'idées, exercèrent aussi fréquemment son pinceau et il les retraça souvent avec bonheur : il ne réussit pas moins bien l'*Adoration des pasteurs* et la *Sainte famille*. Rarement il emprunte des inspirations à la mythologie, et, quand il le fait, ses sujets favoris sont des scènes tirées de l'histoire de Cupidon ou de celle de Bacchus, qu'il traite avec un suprême bonheur. Comme peintre d'histoire, son talent se révèle avec une supériorité d'autant plus remarquable que la plupart de ses tableaux historiques, en nombre assez considérable et tous excellents, furent exécutés avant que le peintre eût atteint sa 32e année ; car, ainsi qu'on l'a vu plus haut, les événements qui marquèrent les neuf dernières années de sa carrière, ne lui permirent plus de cultiver ce genre de peinture.

Les qualités de Van Dyck étaient celles d'un éminent portraitiste, et parmi les maîtres de l'art, il partage dans ce genre la première place avec le Titien et Velasquez. Ses portraits se distinguent par une conception également vraie et noble, par un dessin d'une suprême finesse, un coloris excellent, une touche facile et spirituelle. Nul mieux que lui ne réussit à exprimer par l'attitude et par le regard la distinction et l'aisance des grands, les appas de la beauté ou la charmante ingénuité de l'enfance.

Cependant on constate dans ses tableaux une très-grande diversité qui correspond aux diverses périodes de sa carrière.

Les tableaux exécutés avant son départ pour l'Italie, bien qu'ils révèlent déjà un talent magistral, décèlent encore une certaine dépendance de Rubens. Dans ses pages d'histoire de ce temps on voit des formes très-vigoureusement accusées, et parfois un peu massives, des têtes grossières, des chairs d'un ton jaunâtre et chaud comme chez Rubens. La *Guérison du paralytique,* au château de Windsor, et le *Christ raillé par les soldats,* au musée de Berlin, n° 770, constituent des exemples de cette première manière. Dans quelques portraits, auxquels on peut assigner sûrement la même époque, bien qu'ils ne soient pas datés, on retrouve le même ton jaunâtre et transparent des chairs, joint à une expression simple et animée. Tels le portrait du cardinal Bentivoglio au palais Pitti, peint pendant la première année de son séjour à Rome, et le portrait faussement appelé *Wallenstein,* daté de 1624, dans la galerie du prince de Lichtenstein à Vienne. L'étude des grands maîtres italiens lui inspira par degrés un sentiment plus délicat de la forme, et nous reconnaissons bientôt dans son coloris plus profond et surtout dans les tons bruns des chairs, l'influence de Giorgione et du Titien; ainsi l'*Extase de saint François*, à Vienne, et un *Portrait d'homme tenant la main gauche sur la poignée de son épée,* au Louvre, n° 153.

Les tableaux que Van Dyck peignit à Gênes ont un caractère tout particulier. Les têtes ont à la fois plus de simplicité et plus de noblesse; les tons des chairs, qui tendent au rouge, deviennent solides et moins transparents que dans les autres tableaux de ce maître. Le noir et l'écarlate foncé dominent dans les draperies, l'ensemble offre un aspect solennel. Nous constatons ces caractères dans les portraits des familles Brignole et Durasso, dans leur palais à Gènes (¹). De ces portraits gènois qui se trouvent en Angleterre, je ne mentionnerai que les *Trois enfants* de la collection du comte de Grey à Londres.

Les pages historiques exécutées par Van Dyck, après son retour à Anvers en 1626, renferment au plus haut degré les qualités que je viens d'indiquer, mais elles pèchent par le ton brun opaque des ombres, provenant de la couche d'ocre foncé qui couvre le fond et dont la teinte brune a percé en plus d'un endroit. Van Dyck avait adopté malheureusement cette coutume alors en vogue en Italie. Le plus important ouvrage de ce temps par le mérite et la dimension est le *Christ en croix* de la cathédrale de Malines (²), peint en 1627. La composition est grandiose, équilibrée avec un grand style ; le moment de l'action principale est dramatisé d'une manière puissante et pathétique, la mort du Sauveur émouvante, la douleur de la Vierge admirablement rendue, ainsi que la passion de la Madeleine. Nous en dirons autant de la foi du centurion à cheval. Le dessin est superbe et d'une saisissante harmonie. Il est fâcheux que le fond rouge ait percé à quelques endroits.

Les tableaux suivants appartiennent à la même époque et à la même manière. La petite *Pietà* du musée de Munich (nº 213) un vrai joyau ; le *Christ en croix* de la

(¹) La description la plus complète des tableaux de Van Dyck se trouve dans le 3ᵉ vol. du *Catalogue raisonné de* Smith.

(²) Primitivement à l'église des Franciscains à Malines.

galerie de Vienne, le *Christ au tombeau* du musée d'Anvers, nº 346, qui trahit l'étude des plus sombres tableaux de Véronèse; la grande *Pietà*, même musée, nº 345 : dans cette toile les formes sont conçues avec une grandeur particulière, les têtes sont très-nobles et la touche est d'une largeur magistrale. Le *Crucifiement* daté de 1629, même musée, nº 343. La *Pietà* du musée de Berlin, nº 778, dans laquelle la tête de saint Jean et le paysage révèlent l'influence du Titien ; *Samson trahi par Dalila*, dans la galerie de Vienne, que je considère au point de vue dramatique, comme son meilleur tableau; car, tout en adoptant la composition du tableau de Rubens, qui se trouve à Munich, il a traité le sujet d'une façon tout à fait originale. Une expression frappante anime les têtes; la couleur, douce et tendre dans la figure de Dalila, est d'une vigoureuse puissance dans les personnages mâles : l'ensemble produit un effet extraordinaire. La *Vierge et l'Enfant Jésus offrant un rosaire à sainte Rosalie* avec saint Pierre et saint Paul sur les côtés, au musée de Vienne. Ce tableau, peint en 1629 pour quelque confrérie anversoise, se range parmi les chefs-d'œuvre du maître par la composition, le sentiment et l'éclat tout vénitien de la couleur.

Dans la même manière est traité la *Vierge, l'Enfant et le petit saint Jean*, du musée de Munich, nº 178, dont on peut rapprocher sans désavantage la *Sainte famille* au milieu d'un paysage animé par des danses d'anges, de la galerie de l'Ermitage. — Comme transition de cette catégorie de tableaux à ses portraits du même style, je

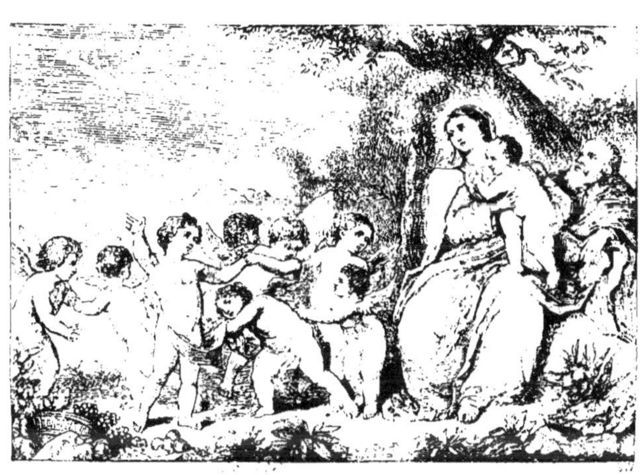

SAINTE FAMILLE AUX ANGES,

par Van Dyck, musée de Saint-Pétersbourg.

me bornerai à citer une *Vierge à l'Enfant adorée par les donateurs*, mari et femme, au Louvre, nº 137, l'un de ses meilleurs ouvrages. Parmi les portraits proprement dits, je citerai les plus remarquables : celui du duc Wolfgang de Neubourg, avec un grand chien, daté de 1629, au musée de Munich, nº 345; un *Général recouvert de son armure, tenant le bâton de commandement*, au musée de Vienne. *Isabelle, gouvernante des Pays-Bas* (¹), même musée; M. Le Roy et sa femme (1630 et 1631) dans la collection du marquis de Hertford, et enfin le portrait de François de Moncada, marquis d'Aytona, généralissime des forces espagnoles dans les Pays-Bas, exécuté probablement en 1631 et placé au Louvre, nº 146. Assis sur un fier destrier gris, revêtu de son armure brillante, le bâton dans la main droite, le général regarde devant lui avec une expression de tranquille fierté. Composition, dessin, lumière, profondeur et transparence d'un coloris chaud, touche spirituelle et hardie, tout contribue à faire de ce portrait équestre le plus beau qu'ait peint Van Dyck et je n'hésite pas à le déclarer l'un des plus beaux qui existent. Le portrait en buste du même personnage, au musée de Vienne, n'est pas moins excellent que le précédent par la composition et par le faire qui est d'une merveilleuse habileté. Une petite série de portraits de la même époque indique la puissante influence de Rubens sur l'artiste, même après son retour d'Italie; mais son

(¹) C'est à mon avis le meilleur portrait de cette princesse que Van Dyck ait exécuté.

talent plus mûr sut combiner alors le coloris lumineux du maître avec la vérité et la grâce des formes ; ces peintures se distinguent en outre par un empâtement plus solide, par un modelé plus libre et plus spirituel, largement brossé. Les plus beaux de ces portraits et de tous ceux qu'il peignit sont celui de M. Van der Geest, grand amateur d'art, désigné à la *National Gallery,* sous le nom erroné de Gevartius ; celui de Frans Snyders, le peintre, dans la collection de lord Carlisle à Castle-Howard ; celui du même Snyders avec sa femme et son enfant et celui de Van der Wouwer, chef des finances en Belgique. Ce deux portraits figurent à l'Ermitage ; le dernier, par la vérité et la vie qu'il respire, par la transparence de la couleur et la finesse de l'exécution, est une des plus belles œuvres de Van Dyck.

Les portraits qui datent de la première année de son séjour en Angleterre en 1632, sont heureusement imbus du résultat de ses études d'Italie, et de la première impression des œuvres de Rubens. En voici quelques spécimens remarquables : *Venetia,* femme de sir Kenelm Digby, au château de Windsor ; *Charles Ier en chasse*, au Louvre, nº 142. Le roi est debout, le marquis d'Hamilton, son grand écuyer, tient le cheval. Parmi tous les portraits en pied de ce roi exécutés par Van Dyck, celui-ci est à mon avis le plus beau. La composition rappelle Velasquez, et il n'est pas impossible que la vue d'un tableau de ce maître ait exercé quelque influence sur l'imagination de Van Dyck. Elle est en outre pleine de finesse et de naturel, d'une exécution châtiée ; les chairs

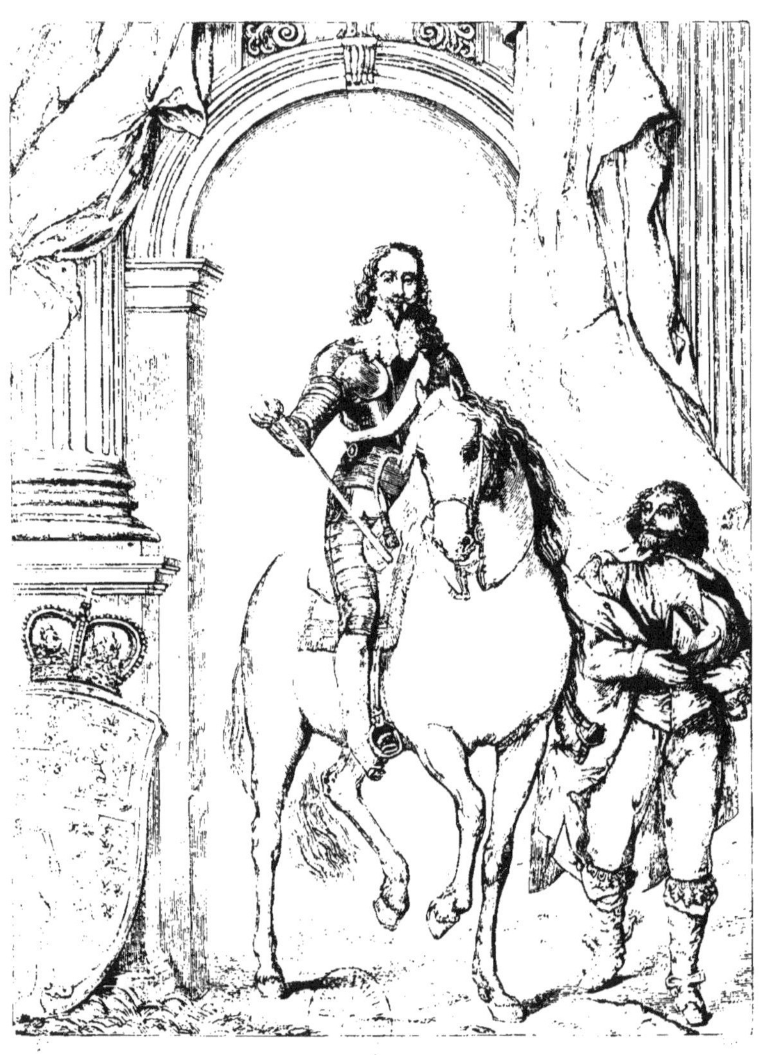

KING CHARLES I.

(By Van Dyck. From the original Picture at Windsor.)

CHARLES Ier, ROI D'ANGLETERRE,

par Van Dyck, galerie de Windsor.

ont un léger reflet doré et l'ensemble est peint dans une gamme extrêmement chaude et harmonieuse [1].

Un autre portrait de Charles Ier, mi-corps, l'un des plus beaux du maître, se trouve au musée de Vienne. Une élégance exquise et un sens profondément aristocratique s'allient ici avec un rare bonheur aux qualités ordinaires de l'artiste qui lui assignent un rang si élevé dans ce genre de peinture. Un grand nombre de ses plus beaux portraits appartiennent à l'année 1634. Le magnifique tableau de famille représentant le duc Jean de Nassau, la duchesse et leurs enfants, à Pansanger, la plus grandiose de toutes ses œuvres du même genre, porte cette date [2].

Cette page, ainsi que le portrait d'une dame d'Anvers, Marie-Louise de Tassis (galerie Lichtenstein à Vienne), auront été exécutés pendant un voyage qu'il fit sur le continent à la même époque. Le dernier est d'une douceur qui le place au-dessus de tous les portraits de femmes de Van Dyck. A cette même année 1634 se rapportent encore le magnifique portrait du château de Windsor, *Charles Ier à cheval, avec son grand écuyer, le sire de Saint-Antoine* (v. gravure), et le superbe portrait équestre du prince Thomas de Carignan, au musée de Turin. Un excellent portrait du même personnage, en armure et vu jusqu'aux genoux, figurant au musée de Berlin, n° 782, porte également la date de 1634. L'année suivante ne

(1) *Kunstwerke und Künstler in Paris*, p. 569, etc.

(2) *Trésors de l'art*, etc., vol. III, p. 26, etc.

vit diminuer en rien le succès que le maître devait à ses riches qualités de coloris et d'exécution : c'est ce que prouvent les portraits de George et François Villers, fils du duc de Buckingham, au château de Windsor (1635). Bien que dans ses dernières années Van Dyck adopte par degrés un ton plus froid et plus argenté, en même temps que sa manière se ressent d'un peu de négligence, il revient cependant quelquefois à sa première palette et à son fini d'exécution : ainsi les *Enfants de Charles Ier*, le prince Charles, la princesse Marie et le duc d'York (galerie de Dresde), et les portraits des poëtes Killigrew et Thomas Carew, au château de Windsor (1638) n'indiquent aucun changement notable. Un grand nombre de portraits, dont quelques-uns de premier ordre, peints par Van Dyck en Angleterre, figurent dans les collections privées et dans les galeries de la reine. Je dois me borner à citer les galeries les plus importantes où je les ai vus à peu près tous, et dont la plupart ont déjà été plus ou moins longuement décrits dans mes *Trésors de l'art ;* les voici indiquées selon le degré d'importance des œuvres qu'elles renferment. Collections du colonel Egremont Windham, des ducs de Marlborough et Bedford, du comte Clarendon, du duc de Devonshire, des comtes Pembroke, Fitzwilliam, Warwick, du duc de Buccleugh, du comte de Grey, du comte Spencer, de lord Douglas (château de Bothwell), du duc de Hamilton, de lord Ashburton, de lord Brownlow, de lord Methuen, du duc de Grafton, du comte de Denbigh, du vicomte de Galway, du duc de Richmond, des comtes d'Ellesmere, Radnor, Hardwicke, Darnley,

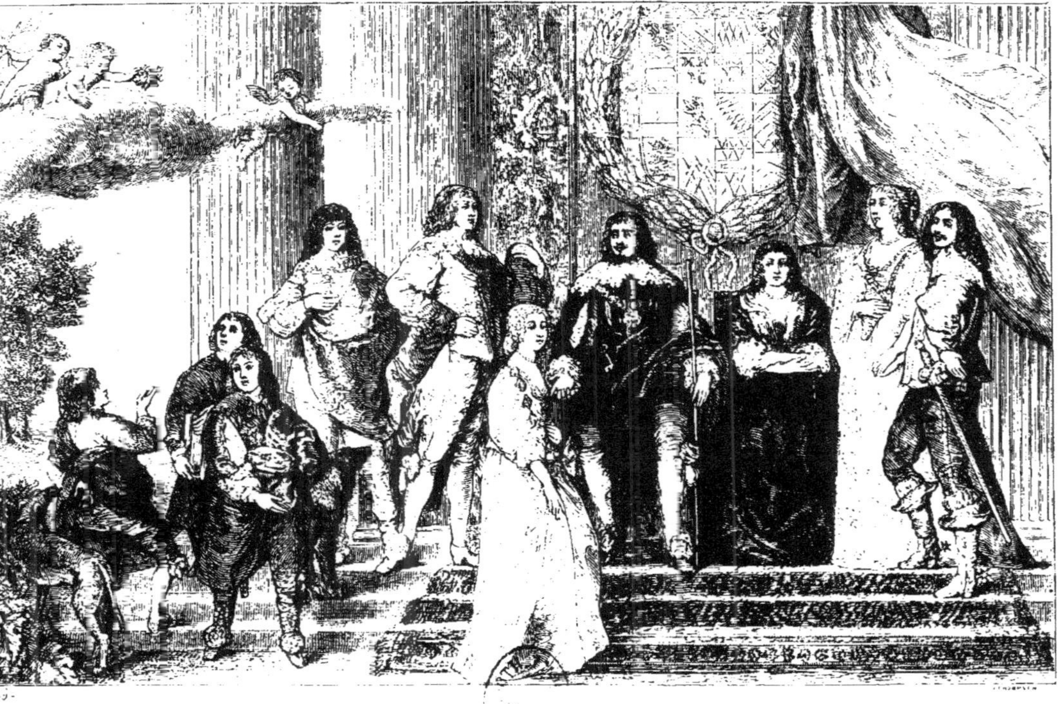

LA FAMILLE PEMBROKE, par Van Dyck, Wilton House.

de lord Verulam, de feu Smith Barry (Marbury-Hall).

Van Dyck grava à l'eau-forte un certain nombre de planches, presque toutes des portraits, remarquables, comme le dit M. Carpenter [1] « par les mêmes qualités que ses tableaux, savoir, la délicatesse et la précision du dessin, la finesse du caractère, la grâce et la vérité des motifs. » Ces eaux-fortes se distinguent facilement d'un grand nombre de planches de même dimension, exécutées aux frais de Van Dyck par les meilleurs graveurs des Pays-Bas, tels que Vorstermann, d'après de petits tableaux du maître, en camaïeu, et publiées avec ses propres eaux-fortes. Les petits tableaux dont il s'agit sont en partie la propriété du duc de Buccleugh ou du musée de Munich.

Parmi les élèves et les imitateurs de Van Dyck, pas un seul ne peut lui être comparé. Plusieurs ont copié ses œuvres, et principalement ses portraits de personnages de distinction, fort prisés par le public, avec assez de succès pour que la plupart de ces copies passent aujourd'hui pour des œuvres du maître lui-même : cette circonstance explique comment il se fait qu'on lui attribue un si grand nombre de portraits. Je citerai parmi ces plagiaires : JEAN VAN REYN, né à Dunkerque en 1610, mort dans la même ville en 1678. Il accompagna Van Dyck à Londres et y resta jusqu'à la mort de celui-ci;

(1) P. 83. Cet écrivain a donné le premier la description exacte et critique de ces gravures. La traduction française de ses *Mémoires sur Ant. Van Dyck* par M. L. Hymans, a été publiée à Anvers en 1845.

ADRIEN HANNEMANN, né à La Haye en 1611, mort en Hollande ; il vint en Angleterre au commencement du règne de Charles Ier et s'appropria avec beaucoup d'habileté la manière de Van Dyck, ainsi que le prouve son portrait du roi, à la galerie de Vienne. DAVID BECK, né à Arnheim en 1621, mort à La Haye en 1656 ; il travailla pour Van Dyck jusqu'à la mort de ce peintre, prenant une part active à ses travaux, et exécutant sous sa direction des tableaux qui passent aujourd'hui pour l'œuvre de son maître. WEESOP, autre Hollandais qui vint en Angleterre peu de temps avant la mort de Van Dyck, et y resta jusqu'en 1649, réussit à imiter son style et copia très-exactement plusieurs de ses tableaux.

Mais le rôle le plus important dans cette phalange appartient à PIERRE VAN DER FAES, connu en Angleterre sous le nom de sir PETER LELY, né à Soest (Westphalie) en 1618, mort à Londres en 1680. Il avait été l'élève de Pierre de Grebber de Haarlem, mais en 1641, après la mort de Van Dyck, pendant son séjour en Angleterre, il étudia si bien la manière de ce grand homme que dans ses premiers tableaux il réussit presque à l'égaler. On en voit la preuve dans le *Portrait de Charles Ier avec son fils le duc d'York*, qui se trouve à Sion-House (1643) ; ce portrait ressemble tellement à ceux de Van Dyck par la conception et la facture, que je l'avais pris pour une copie du maître flamand. Mais Lely se révèle sous sa forme propre dans les portraits de la cour de Charles II dont il fut le peintre officiel. Ici, quoiqu'il exécuta encore parfois de beaux tableaux, tels que le *Prince Rupert* au château de Windsor, *Lord et lady Cornbury*, dans la galerie du duc de Portland, et cinq portraits de dames nobles (à lord Stamford et à lord Warrington), il dégénère peu à peu comme peintre. Sa conception a quelque chose d'artificiel, ses portraits de femme portent l'empreinte de la vanité et de la dépravation du temps, sa couleur est lourde et froide, le procédé superficiel. Dans le nombre étonnant de ses tableaux que l'on trouve en Angleterre, je ne citerai que celui bien connu sous le nom des *Beautés* (de Hampton-Court), qui représente une série de dames de la cour de Charles II.

Tandis que tous les peintres dont je viens de parler exercèrent plus ou moins leur art en Angleterre, quelques-uns restèrent en Belgique et y perpétuèrent le style de Van Dyck.

Thomas Willeborts, vulgairement appelé Boschaerts, né à Berg-op-Zoom en 1613, mort à Anvers en 1656, fut d'abord l'élève de Gérard Segers, puis imita Van Dyck avec succès; mais ses compositions boîteuses, ses têtes sans animation, sa couleur froide et lourde, le placent à un rang beaucoup moins élevé. Son *Mariage de sainte Catherine*, au musée de Berlin (n° 1002), est cependant un bon tableau.

Théodore Boeyerman, né à Anvers en 1620, mort en 1677 ou 1678 dans la même ville, fut un artiste d'un mérite réel, par la composition de ses tableaux historiques et la vérité de ses portraits. Toujours brillant et harmonieux de tons, il approche de Van Dyck par la transparence, dans son tableau du musée d'Anvers, n° 403, appelé l'*Ambassadeur*. Sa *Piscine de Bethsaïde*, au même musée, n° 404, montre son habileté comme compositeur.

Pierre Thys, communément appelé, mais à tort, Tyssens, né à Anvers en 1616, y mourut avant le mois de juin 1683 (¹). Il se forma comme portraitiste d'après Van Dyck. On en voit la preuve dans son portrait chaudement coloré d'*Henri van Halmale*, au musée d'Anvers, n° 394, et dans son *Adoration de l'Hostie*, dans la sacristie de l'église de Saint-Jacques, à Anvers. Ses tableaux historiques révèlent, outre l'influence de Van Dyck, celle de Gaspard de Crayer. Exemple : *la Vierge apparaissant à saint Guillaume d'Aquitaine*, au musée d'Anvers, n° 398, et *saint François recevant du Christ et de la Vierge l'indulgence de la Portiuncule*, n° 397, ouvrage plus faible. Plusieurs de ses tableaux ont un aspect dur et souillé par suite de l'intrusion du fond rouge dans les chairs.

Je ferai remarquer enfin que divers peintres anglais s'attachèrent, avec succès, à l'école de Van Dyck. Comme ils appartiennent à l'histoire de la peinture britannique, je me contenterai de citer leurs noms : William Dobson, Henry Stone, vulgairement appelé Old Stone, James Gandy qui fleurit en Irlande, et l'écossais George Jamesone.

La seconde place parmi les élèves de Rubens revient incontestablement à Jacques Jordaens, né à Anvers en 1598, mort en 1678. Comme Rubens, il étudia d'abord

(¹) *Catalogue du musée d'Anvers*, pag. 340, etc.

dans l'atelier d'Adam Van Noort, où il acquit cette couleur puissante, lumineuse et dorée, et ce clair-obscur magistral qui distinguent si éminemment ses tableaux. Dès 1615, il fut admis dans la gilde des peintres en qualité d'aquarelliste, et l'année suivante il épousa la fille d'Adam Van Noort. Ce mariage précoce, et son intimité avec Rubens, dont il était le collaborateur et l'ami, l'empêchèrent de visiter l'Italie, comme l'avaient fait tant d'artistes belges ; mais à Anvers même son talent acquit un grand éclat et il y exécuta un nombre considérable de tableaux ; quoique ceux-ci trahissent l'influence de Rubens, il s'y révèle néanmoins avec une nature dont le caractère essentiellement réaliste descend parfois jusqu'à la rudesse et la vulgarité. Dans sa sphère, beaucoup plus étroite que celle de Rubens, le comique et l'*humour* occupent une large place. Au point de vue de la beauté et de la distinction des formes, il reste beaucoup en-deçà de son illustre modèle. D'autre part, au point de vue de la vigueur, de la transparence du coloris, de l'entente de l'ensemble, il se place au niveau de Rubens, qu'il surpasse quelquefois par l'éclat doré de la couleur et la profondeur du clair-obscur. Il manie la brosse avec une égale habileté, quoiqu'il soit inférieur à Rubens par l'égalité des empâtements.—On remarque dans un grand nombre de ses tableaux des effets vitreux, un défaut de consistance et un ton monotone et mielleux, qui doivent être attribués à l'excès des glacis appliqués sur un fond de couleur trop peu solide. Par l'exécution et par le choix des sujets, ses œuvres diffèrent considérablement entre elles. Il est rare que ses tableaux bibliques nous satisfassent. Le meilleur est une *Adoration des pasteurs*, au musée d'Anvers, nº 335; la tête de la vierge respire une noblesse inaccoutumée. Citons encore les *Quatre évangélistes*, du Louvre, nº 252, types d'un grand caractère. Il n'est pas plus heureux dans ses tableaux mythologiques. Le meilleur que je connaisse est *Mercure chez Philémon et Baucis*, au musée de Vienne. Cependant on voit par ses peintures du salon de la *Maison du Bois*, près de la Haye, dans lequel il célèbre les exploits de Frédéric-Henri d'Orange, qu'il avait le sentiment de l'histoire et de l'allégorie. Sur le panneau central on voit le prince sur un char de triomphe traîné par quatre chevaux, d'un effet imposant et d'une exécution toute magistrale. De ses nombreux tableaux populaires connus sous le nom du *Roi de la Fève*, je préfère celui du musée de Vienne. C'est un chef-d'œuvre de puissance et de clarté, peint avec le plus grand soin, et pétillant d'une verve féconde en trivialité et en grosse gaîté. Il a illustré au moins autant de fois le proverbe : *Comme chante la poule, les poussins piaulent*. Le musée de Berlin en possède un très-beau spécimen, nº 879. Comme portraitiste, Jordaens se révèle dans le portrait de l'amiral Ruyter (au Louvre, nº 257), page brillante de vie et d'éclat, et dans celui d'*Une jeune fille avec un perroquet*, collection de lord Darnley, à Cobhamhall.

Parmi les autres élèves de Rubens, les suivants occupent une place moins importante, mais respectable néanmoins dans l'histoire de l'art.

Théodore van Tulden, né à Bois-le-Duc, 1607 (?), mort en cette ville en 1676 (?), s'établit d'abord à Anvers, fit un assez court séjour à Paris antérieurement à 1635, puis retourna ensuite dans sa ville natale. D'un talent varié, compositeur plein de goût, il traita les sujets bibliques aussi bien que l'allégorie et l'histoire, dans le style décoratif, ainsi que le prouve le concours qu'il apporta à Rubens pour l'exécution des arcs de triomphe érigés à Anvers, à l'occasion de l'entrée du cardinal infant. Il réussit également les scènes de la vie commune, les foires et même les portraits. Dans ses premiers ouvrages, il se rapproche de Rubens par l'ampleur des formes en même temps que par son coloris vigoureux et transparent. Dans ce genre nous avons de lui la *Forge de Vulcain,* œuvre d'une grande énergie, peinte en 1648, dans la même salle de la *Maison du Bois* où travailla Jordaens. Vers le milieu de sa carrière, sa forme devient plus raffinée et sa couleur un peu plus froide, quoique toujours très-transparente. Exemple, le *Christ apparaissant à la Vierge après la résurrection,* au Louvre, n° 530, et deux tableaux allégoriques de 1654 et 1655, au musée de Vienne. Dans les ouvrages de sa dernière époque, l'influence de l'école française se révèle par la délicatesse des formes et la grâce, parfois un peu maniérée il est vrai, des attitudes. En même temps sa couleur devient encore plus froide et moins transparente. On en trouve un exemple dans le *Triomphe de Galatée,* au musée de Berlin, n° 955. Van Tulden se montre avec tous ses avantages dans les deux esquisses de l'arc de triomphe cité plus haut (musée d'Anvers, nos 367 et 368). Nous avons encore de ce maître un grand nombre d'estampes gravées avec beaucoup d'habileté. Nous citerons comme ses chefs-d'œuvre dans ce genre, les planches de la *Bataille des Amazones*, de Rubens, les *Arcs de Triomphe*, la *Vie de saint Jean de Matha*, d'après ses propres tableaux de Paris, et des scènes de l'*Odyssée*, d'après les peintures aujourd'hui détruites de Niccolo dell' Abbate, au palais de Fontainebleau.

Abraham van Diepenbeek, né à Bois-le-Duc en 1607, mourut en 1675. Il adopta de Rubens le caractère réaliste et le coloris, mais il n'a pas au même degré le sentiment de la ligne ; les tons de ses chairs sont plus rouges dans les clairs et plus gris dans les ombres et les pénombres. Il fit un long séjour en Italie, et visita, dit-on, l'Angleterre. De ses nombreux tableaux, je ne puis citer en fait de sujets d'église, que son *Extase de saint Bonaventure*, au musée d'Anvers, n° 370 ; en fait d'allégories, que la *Vanité des choses mondaines*, au musée de Vienne, et en fait d'histoire que sa *Clélie fuyant devant Porsenna* (musée de Berlin, n° 118), avec des figures de grandeur naturelle. Van Diepenbeck fut un habile peintre de vitraux, quoiqu'il ne connût pas à fond les procédés de cette branche de l'art [1]. Les dessins qu'il exécuta pour des graveurs sur cuivre prouvent qu'il ne manquait pas d'imagination. Je n'indiquerai ici que le *Temple des Muses*, gravé par Corneille Bloemaert. Mariette cite de lui une eau-forte, un *Villageois conduisant un âne*.

[1] *Catalogue du musée d'Anvers*, p. 309.

Erasme Quellyn, né à Anvers en 1607, mort en 1678. Ami intime du célèbre docteur Gaspard Gevartius, il exécuta avec l'aide de ses conseils les peintures décoratives en l'honneur de la paix, conclue en 1660 entre l'Espagne et l'Angleterre. Elles représentaient l'entrée à Anvers de François de Moura, marquis de Castel-Rodrigo, gouverneur des Pays-Bas espagnols en 1665 [1]. Il ne visita point l'Italie. Néanmoins, on trouve dans ses ouvrages un effort pour atteindre à l'élégance des formes et des physionomies plus marqué que dans ceux de Rubens. Ses têtes se distinguent par un certain sentimentalisme; son coloris est très-puissant, le clair-obscur en général bien traité, mais les tons manquent de la transparence habituelle à cette école. Au contraire, on constate dans les chairs un ton brunâtre et lourd qui dégénère parfois en dureté. Ses compositions sont d'un mérite inégal. Ainsi le *saint Roch guéri de la peste*, à l'église Saint-Jacques, à Anvers, est aussi bien réussi que l'*Ange gardien*, à l'église Saint-André de la même ville, l'est peu. Nous citerons parmi ses meilleures œuvres deux *miracles de saint Hugues, évêque de Lincoln*, au musée d'Anvers, nos 362 et 363.

Jean van den Hoecke, né à Anvers en 1598, y mourut en 1651. Il visita l'Italie; après son retour, il exécuta plusieurs ouvrages pour la cour de Vienne et s'établit finalement dans sa ville natale, en qualité de peintre de la cour de l'archiduc Léopold-Guillaume, gouverneur des

[1] *Catalogue du musée d'Anvers*, p. 299.

Pays-Bas espagnols [1]. Moins connu que les maîtres qui précèdent, il n'en fut pas moins dans l'histoire et le portrait l'un des élèves les plus distingués de Rubens. Il se rapproche beaucoup du maître par l'animation des têtes, la clarté et la puissance du coloris; on en voit la preuve dans son tableau de *Saint François adorant l'Enfant Jésus que lui présente la Vierge*, au musée d'Anvers, n° 342. Comme spécimen de la combinaison de l'allégorie et du portrait, je citerai le *Portrait équestre de l'archiduc Léopold-Guillaume, avec la Renommée et un génie*, où la partie allégorique est cependant plus faible que le portrait, et un autre *Portrait du même prince adorant la Vierge*. Tous deux sont au musée de Vienne.

Corneille Schut, né à Anvers en 1597, mort en 1655, fut un peintre très-énergique de sujets religieux et de ces décorations allégoriques si populaires à cette époque. Nous en avons la preuve dans les quatre peintures qu'il exécuta pour les arcs de triomphe du cardinal infant à Gand. Il peignit fréquemment des figures dans le centre des guirlandes de fleurs du célèbre père Seghers ou plutôt Zegers; quoique l'influence de Rubens se retrouve souvent dans ses tableaux, ses compositions ne sont pas toujours heureuses au point de vue des lignes, tandis que les têtes indiquent une aspiration parfois impuissante vers l'idéal. Le sentiment lui fait défaut : il est froid dans les clairs, noir dans les ombres et dur dans les contours. Nous citerons comme exemple de sa manière l'*Institu-*

[1] *Catalogue du musée d'Anvers*, p. 268.

tion de la fête de la Portiuncule, n° 339 ; la *Décollation de saint Georges,* n° 340, au musée d'Anvers ; la *Vierge et l'Enfant,* dans un tableau du père Seghers ; et *Héro pleurant la mort de Léandre,* au musée de Vienne. Schut est connu en outre comme le graveur d'un ouvrage sur l'entrée du cardinal infant, pour lequel il fournit 41 dessins.

Les élèves de Rubens dont les noms suivent occupent une position inférieure, mais ils ne laissent pas de mériter une mention.

Déodat van der Mont, appelé Delmont, né en 1581, mort en 1644. Cet artiste, le premier élève de Rubens, dont il reçut des leçons pendant son séjour en Italie, de 1600 à 1608, a laissé peu de tableaux. Je n'en connais qu'un seul, une *Transfiguration,* au musée d'Anvers, n° 300. Il s'y révèle avec des qualités peu éminentes.

Frans Wouters, né en 1614, mort en 1659, suivit les tendances réalistes du maître, mais sa couleur, quoique chaude et claire, le rapproche davantage de Van Dyck. Il peignit de préférence des paysages boisés, avec des figures mythologiques, telles que *Diane et les Nymphes, Pan et Syrinx, Vénus et Adonis,* et dans le style de Rubens : ces tableaux de *Saint Joachim* et *Saint Joseph,* au musée de Vienne, prouvent qu'il traita aussi des sujets sacrés.

Juste van Egmond, né en 1602, mort en 1674, fut le collaborateur actif de Rubens, et prit une part toute spéciale à l'exécution des tableaux allégoriques de la vie de Marie de Médicis. Deux portraits de Philippe IV, au musée de Vienne, prouvent qu'il fut au moins un excellent portraitiste. Ces deux portraits, dont l'un représente le roi dans sa jeunesse et l'autre à un âge plus avancé, ont de la vivacité, un coloris transparent, très-chaud surtout dans le dernier, mais l'exécution est un peu trop léchée.

GÉRARD VAN HERP, né à Anvers en 1604, élève de Rubens, se consacra surtout au genre, dans lequel il se montra dessinateur habile et artiste versé dans tous les procédés techniques de l'école. Ses tableaux sont de dimension moyenne; ils représentent généralement des intérieurs avec des campagnards, parfois des sujets bibliques, sur la même échelle. Un tableau de lui figure au musée de Berlin, n° 927, le *Paysan et le Satyre,* pour lequel il mit à profit une composition de Jordaens. La galerie d'Arenberg, à Bruxelles, possède également, n° 83, une *Famille de paysans.* Son coloris est loin d'égaler en profondeur et en puissance celui du maître.

PIERRE VAN MOL, né en 1599, mourut à Paris en 1650. Il fut sous tous les rapports l'imitateur de Rubens, quoique plus lourd et moins harmonieux dans la couleur, plus dur dans les contours, et d'un sentiment moins délicat. On a de lui l'*Adoration des rois,* au musée d'Anvers, n° 350, et une *Descente de croix,* au Louvre, n° 338.

JEAN THOMAS, né à Ypres en 1610, mort en 1670, fit un voyage en Italie, puis s'établit à Vienne, où il devint peintre de la cour de l'empereur Léopold. L'école à laquelle il appartient se trahit dans une riche composition du musée de Vienne, représentant le *Triomphe de Bacchus,* et datée de 1656; la recherche de l'élégance des formes témoigne de l'influence de l'art italien. Son coloris chaud manque de transparence. Nous trouvons une grande habileté de composition dans quelques eaux-fortes signées de son nom.

VICTOR WOLFVOET, d'Anvers, fut élève de Rubens. Cependant on ne connaît de lui qu'un tableau authentique : c'est une *Visitation* d'un bon coloris, placée à l'église Saint-Jacques, à Anvers [1].

NICOLAS VAN DER HORST, né à Anvers en 1598, mourut en 1646 à Bruxelles, où il s'était établi à son retour d'Italie. Il paraît n'avoir jamais atteint à une haute perfection. Je n'ai vu aucun de ses tableaux. J'en dirai autant de WILLEM PANNELS, renommé pour ses eaux-fortes, et de PIERRE SOUTMAN, né en 1591, mort en 1653, le graveur bien connu des œuvres de Rubens, en même temps peintre de portraits. Je citerai encore parmi les élèves de Rubens un étranger, SAMUEL HOFFMANN, né à Zurich en 1592, mort à Francfort en 1648. Il fut à la fois peintre d'histoire et portraitiste. Je ne connais de lui qu'un portrait de femme à l'institut Städel, à Francfort, n° 283, qui lui assigne dans l'art un rang très-inférieur. La conception en est médiocre, la couleur terne, et l'on trouve dans les clairs un ton métallique désagréable.

La décadence de la peinture historique, qui se révèle immédiatement après Rubens, éclate d'une façon plus regrettable encore dans la seconde moitié du XVIIe siècle.

Le maître le plus remarquable de cette période, JEAN-

[1] Voy. BURGER, *Musées de la Hollande*, t. 2, p. 37 et s.

ÉRASME QUELLYN, fils du peintre de ce nom, déjà cité (1634-1715), visita l'Italie, et recueillit de l'étude de Paul Véronèse l'art de traiter de grandes compositions à personnages épars. Mais ses têtes ont peu d'attrait; son coloris, quoique vigoureux, trahit par sa froideur, son ton lourd et brunâtre, l'oubli de cette transparence et de cette chaleur qui avaient été les qualités les plus glorieuses de cette école. Les deux principaux tableaux de Quellyn sont le *Couronnement de Charles V, comme Empereur, par le pape Clément VII* (musée de Vienne), dans lequel se reconnaît l'influence de l'école vénitienne, puis la vaste page de la *Piscine de Bethsaïde,* au musée d'Anvers, n° 419, bien inférieure au précédent.

A Bruges, l'école de Rubens fut représentée assez tard et non sans éclat par JACQUES VAN OOST l'aîné (1600-1674). Son séjour en Italie se révèle par l'influence d'Annibal Carrache, mais, par sa conception réaliste et par sa couleur chaude et transparente, qui rappellent tour à tour de Crayer et Van Dyck, il reste essentiellement fidèle aux traditions indigènes. Parmi les divers tableaux qu'on a de lui dans les églises de Bruges, les plus remarquables sont la *Présentation de la Vierge* (1648), sur un autel de Saint-Jacques, et les figures de demi-grandeur naturelle de *Saint Pierre et de saint Paul*, dans une chapelle de l'église Saint-Sauveur. Il a peint aussi d'excellents portraits.

A la même époque Bruxelles produisit un peintre bien plus célèbre, PHILIPPE DE CHAMPAIGNE (1602-1674). Quoiqu'il se soit rendu à Paris à dix-neuf ans, qu'il s'y soit fortement pénétré du sentiment de l'école française, et qu'il ne soit retourné à Bruxelles qu'une seule fois et pour très-peu de temps en 1627, il serait injuste de le retrancher de la liste des peintres des Pays-Bas. Son principal maître, Jean Fouquier, le paysagiste, était Flamand, et ses meilleurs portraits, par leur sens exquis de la nature, leur coloris tour à tour vigoureux et chaud, tendre et argentin, participent largement du caractère de l'école nationale. Dans sa jeunesse il peignit aussi des paysages poétiquement conçus et peuplés de figures remarquables. De ce nombre sont deux tableaux représentant des scènes de la *Vie de sainte Marie l'Égyptienne,* au Louvre, n°s 84 et 85. Le coloris, éclatant d'ailleurs, a noirci dans quelques parties. Mais le tableau dans lequel se marient avec le plus de bonheur sa piété et son sentiment délicat de la nature, est le portrait de sa fille malade (1622), religieuse à l'abbaye de Port-Royal, avec la mère Catherine-Agnès Arnauld, priant pour sa guérison. Ce tableau, placé au Louvre, n° 83, est d'une vérité frappante et d'une admirable expression dans les têtes, d'une extrême délicatesse de tons, et d'une exécution extrêmement soignée. Les meilleurs portraits de Philippe de Champaigne sont au Louvre : *Robert Arnauld d'Andilly* (¹) (1650), l'hôte bien connu de Port-Royal (n° 88) ; à l'expression élevée de la physionomie se joint ici la magnificence du ton doré et traité en pleine lumière. La main surtout est

(¹) Lord Spencer possède dans sa galerie d'Althorp un exemplaire également beau de ce portrait.

d'une rare beauté. Le portrait du maître, peint en 1688, nº 89 : sa figure pensive et gracieuse est admirablement rendue, l'exécution large et magistrale, le ton chaud, mais un peu moins transparent que dans l'œuvre précédente.

D'autres tableaux de Champaigne, tels que les *Légendes de saint Gervais et de saint Protais*, nºˢ 80 et 81, et la *Cène*, nº 77, trahissent la tendance théâtrale de l'école française, et la dégénérescence de la couleur en véritable clinquant.

A Liége aussi, la principale ville de la Belgique wallonne, nous voyons surgir deux maîtres respectables, qui tous deux, comme avant eux Lambert Lombard, réagissent contre la tendance réaliste et sacrifient à un sentiment plus idéal. L'un d'eux, GÉRARD DOUFFET, parfois nommé DUFFEIT, naquit en 1594 et mourut en 1660. Il fréquenta pendant deux ans l'atelier de Rubens, mais pendant son séjour en Italie il se consacra si bien à l'étude des maîtres italiens qu'on ne retrouve plus chez lui l'influence de Rubens que dans les carnations vigoureuses, le dessin et la conception de ses portraits, dont deux figurent au musée de Munich (nºˢ 183 et 226). Dans ses tableaux historiques, il fait preuve d'un rare talent d'arrangement, d'une correction parfaite, d'une grande finesse dans la conception des têtes, et d'une remarquable vérité d'expression. Ses figures toutefois rappellent trop l'académie ; ses draperies sont médiocres, son coloris faux, cru et parfois crayeux. L'un de ses principaux ouvrages est la *Visite du pape Nicolas V au tombeau de saint François*, aujourd'hui à Schleisheim. La même galerie possède une *Invention de la vraie croix par l'impératrice Hélène*, qui est une œuvre beaucoup plus faible que la précédente.

Le second de ces maîtres fut **Bertholet Flemael**, né à Liége en 1614 et mort en 1675. Élève du précédent, il visita l'Italie et exécuta des peintures célèbres dans les églises des Carmélites et des Augustins à Paris. Revenu à Liége, il travailla pour plusieurs églises de cette ville. Ses tableaux historiques dénotent l'influence de l'école française et spécialement celle de Nicolas Poussin. Flemael ne manque pas de talent comme compositeur, mais ses figures sont trop académiques ; il est froid d'expression et faible comme coloriste. On a de lui au musée de Dresde (n° 955) un *Pélopidas marchant contre les Lacédémoniens*. Ses portraits eurent du renom, mais je n'en connais aucun.

Gérard de Lairesse, né en 1640, mort en 1711, acquit une renommé beaucoup plus grande que les deux maîtres précédents. Il fut l'élève de son père, Régnier de Lairesse, mais se forma principalement d'après Bertholet Flemael et Poussin : ce dernier surtout exerça sur lui une influence décisive. Quoiqu'il ait émigré de bonne heure en Hollande et qu'il y soit mort, il ne se laissa pas entraîner, par les tendances réalistes dominantes dans ce pays, à abandonner son style idéal. Sous ce rapport il appartient plutôt à l'école liégeoise. Doué d'une instruction élevée, il préféra les sujets mythologiques, historiques et allégoriques, qu'il traita avec une science très exacte des costumes et de l'architecture. Il réussit moins dans les sujets bibliques. Ses têtes, qui se ressentent d'une imitation trop servile des profils antiques, sont monotones et manquent d'expression ; en visant à la grâce, il donne parfois de l'affectation à ses figures, souvent trop courtes ; mais ses draperies annoncent un sentiment délicat et l'ensemble de ses tableaux brille par l'entente de la perspective aérienne. Son coloris est souvent froid et devient lourd quand il vise à l'éclat ; son exécution est large et magistrale et très-travaillée.

La plupart de ses tableaux comprennent de petites figures. Il a lui-même expliqué son style dans divers ouvrages qui, pendant longtemps, ont servi de manuels dans les académies [1]. Le Louvre renferme quelques-uns de ses tableaux qui révèlent ses diverses tendances. On le voit surtout à son avantage dans une *Ronde de Bacchantes et d'enfants*, n° 265. Les figures sont animées d'un sentiment joyeux, bien éclairées, et d'un fini délicat. Un autre tableau (n° 266), le *Choix d'Hercule*, montre par la vivacité des têtes et le coloris à la fois clair et chaud, l'influence passagère de l'école hollandaise. La *Cène*, n° 263, d'autre part, est d'un sentiment glacial et d'un coloris opaque. Nous trouvons surtout son ton argentin dans l'*Élévation d'Alexandre Sévère, encore enfant, à la dignité impériale*, n° 480, et dans *Thétis plongeant son fils dans les eaux du Styx*, n° 481, tous deux au musée de Berlin. Mais son meilleur tableau à mon sens, dans le

[1] Le principal est *t'Groot Schilderboek*, Amsterdam, 1712, deux parties.

même ordre, est la *Mort de Germanicus*, n° 603, au musée de Cassel. Un portrait d'*homme vu jusqu'aux genoux*, au même musée, n° 604, prouve qu'il réussissait parfois dans le portrait. C'est une page d'un sentiment élevé et d'un coloris brillant.

Il exécuta aussi un grand nombre d'eaux-fortes, dont une partie ornent ses ouvrages.

Parmi les maîtres de cette époque qui, en Belgique, traitèrent le genre, considéré dans sa plus haute perfection, les plus célèbres sont les suivants.

David Teniers le père, né à Anvers en 1582, mort en 1649. Il forma son style pendant un long séjour à Rome et principalement sous la direction d'Adam Elsheimer [1]. Il emprunte de préférence ses sujets à la vie de campagne, mais il n'en traite pas moins des scènes de la Bible et de la mythologie. Le paysage occupe une large place dans ses œuvres. Teniers le père est le lien qui rattache les peintres de genre de son temps à ceux de la période précédente. Ses premiers ouvrages ont une crudité de couleur, une lourdeur de tons, une rudesse de contour, qui rappellent l'école des Franck. Le musée de Vienne possède six pages de cette catégorie. Dans ses œuvres postérieures, il se rapproche, par son faire dégagé et par l'aspect général de ses tableaux, de la manière de son fils; on en peut juger par une *Foire de vil-*

(1) Je ne puis admettre qu'il fut l'élève de Rubens, n'ayant jamais rencontré dans un seul de ses tableaux la trace de cette école.

lage et un *Paysage avec des bergers*, au musée de Dresde, n°s 859 et 860. Les premières et les plus faibles des productions du fils sont parfois attribuées au père.

DAVID TENIERS le jeune, né en 1610, mort en 1694, occupe la première place parmi les peintres de genre de la Belgique. Il apprit de son père les principes de son art, et subit en même temps l'influence de Rubens, dont il fut l'élève. Dès 1632-1633, il fut admis en qualité de fils d'un peintre, dans la gilde anversoise [1]. En 1637, il épousa une fille de Jean Breughel. Rubens fut un des témoins de son mariage. En 1656, il épousa en secondes noces Isabelle de Fren, fille du secrétaire au Conseil de Brabant. Par son talent et ses qualités personnelles, il atteignit dans la société la position la plus élevée qu'ait jamais occupée un peintre de genre. L'archiduc Léopold-Guillaume, gouverneur des Pays-Bas espagnols, le nomma peintre de la cour et chambellan (*aiuda de camera*), avec la charge de conservateur du musée; et son successeur, don Juan d'Autriche, fils naturel de Philippe IV, confirma l'artiste dans ses fonctions. En même temps son mérite lui valut une réputation européenne; de grands potentats, Philippe IV, Christine de Suède, l'électeur Palatin, l'accablèrent de commandes, qui lui valurent une fortune considérable et l'aidèrent à entretenir une charmante résidence à Percq, entre Malines

[1] J'ai suivi sous tous les rapports l'excellente notice sur Teniers, qui se trouve dans le catalogue du musée d'Anvers, p. 319, etc.

et Vilvorde. Travailleur infatigable jusqu'à la fin, il mourut en 1694, à l'âge avancé de 84 ans.

Teniers fut à la fois un des premiers et des plus distingués de ces peintres qui appliquèrent aux sujets de la vie ordinaire toutes les ressources dont disposaient alors les artistes des Pays-Bas : harmonie de l'ensemble, faire large et facile, sûreté d'exécution ; quand il voulut s'élever dans des régions plus hautes, il s'y servit des mêmes éléments ; car, tout en préférant les scènes de la vie de campagne, sous leurs aspects les plus divers, depuis le paysan fumant sa pipe, jusqu'aux multitudes joyeuses des fêtes villageoises, Teniers subit l'influence de son oncle Breughel d'Enfer, et celle de son beau-père, Breughel de Velours, et la révéla dans des scènes fantastiques de sorcières et d'enchanteurs, et surtout dans la *Tentation de saint Antoine*, avec un esprit charmant. La manie de la recherche de la pierre philosophale qui régnait à cette époque, lui fournit l'occasion de représenter des alchimistes avec un talent sans rival. Le corps de garde avec ses armures, ses tambours et ses drapeaux, fut un autre de ses sujets favoris ; il peignit en outre des paysages et des troupeaux, avec un sentiment exquis de la nature. Son talent ne s'adaptait guère aux sujets religieux, qui, traités dans le même style que ses sujets campagnards, manquent de toute élévation de sentiment. Aussi ses tableaux offrent peu d'attrait à l'esprit, si ce n'est parfois au point de vue comique. Sa facilité prodigieuse lui permettait d'imiter les maîtres les plus différents, ainsi que nous le voyons dans ses *Pastiches*, et sa position de conservateur de la galerie de l'archiduc, lui fournissait pour cet objet une latitude extrême. Son admiration pour les maîtres de l'école vénitienne, le Giorgione, le Titien, Bassano, le Tintoret, éclata dans son admirable manière de les imiter. Il alla jusqu'à représenter la galerie archiducale avec les tableaux qui en garnissaient les murailles, comme on en peut juger par une excellente toile du musée de Vienne, où le peintre s'est représenté lui-même, s'entretenant avec l'archiduc au milieu de cinquante tableaux de l'école italienne. Enfin, il lui arriva souvent de peindre des figures et des animaux pour des paysagistes, notamment Lucas van Uden. Les qualités les plus attrayantes des œuvres de Teniers sont l'arrangement pittoresque, l'ordonnance de l'ensemble, l'harmonie exquise du coloris dans les détails, la touche légère et étincelante dans laquelle les coups distincts de la brosse restent entiers. Jamais sous ce rapport aucun peintre de genre ne l'a égalé. Il est vrai que tout le charme de son esprit ne peut suppléer une certaine froideur de sentiment qui éclate dans la monotonie et l'uniformité de ses personnages, principalement dans les tableaux où ceux-ci sont nombreux. Parfois aussi il apporte dans ses arrangements une intention trop préconçue et il s'ensuit que son triomphe est d'autant plus grand qu'il représente moins de figures.

On reconnaît distinctement dans ses ouvrages les périodes diverses de sa longue carrière. Dans les premiers règne un ton brun quelque peu lourd ; les figures ont de 12 à 18 pouces de hauteur, le procédé est large

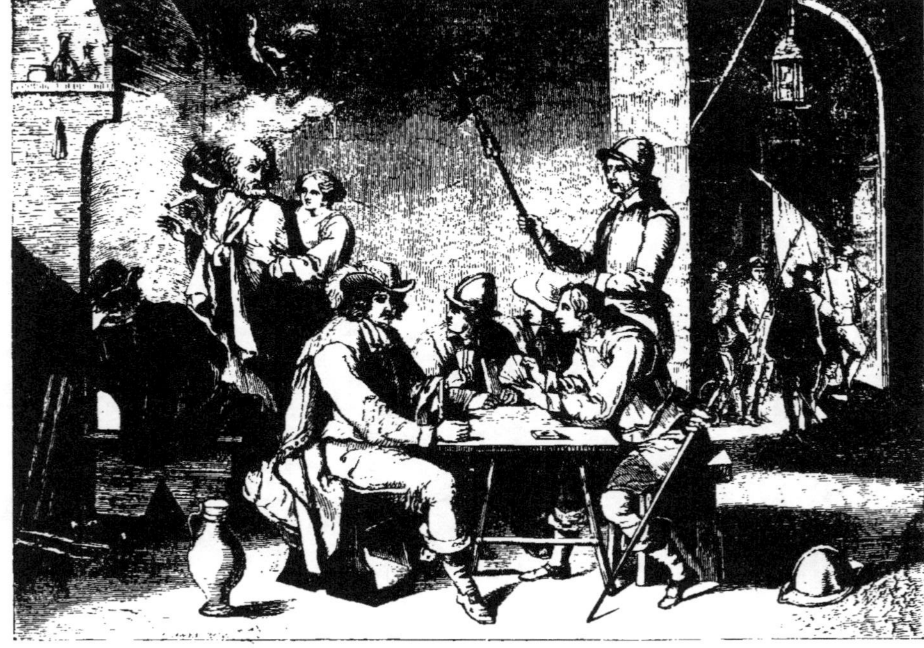

PETER DENYING CHRIST

Painted by David Teniers in 1646. Now in the Louvre

SAINT PIERRE RENIANT LE CHRIST,

par D. Teniers, musée du Louvre.

et sent un peu le décor. Ici se révèle l'influence de Brauwer, quoique l'on se soit trompé en le représentant comme son élève. Vers 1640, sa couleur devient plus claire ; cette tendance se poursuit jusqu'en 1644 ; à cette époque il atteint un ton lumineux et doré, qui depuis ce moment se change en un ton plus froid et argentin. L'exécution alors devient plus précise et plus soignée. Les tableaux de cette catégorie jusqu'en 1660, quoique par moment nous voyions un retour à la couleur dorée, sont les plus recherchés de ses ouvrages : ce sont en effet les plus beaux et ceux qui présentent le plus d'originalité. Il reprend ensuite un ton doré très-prononcé et parfois d'une grande puissance. A la fin de sa carrière, il devient lourd et brunâtre, et l'on reconnaît alors dans ses toiles une main tremblante et incertaine.

Le chiffre énorme de ses œuvres, résultat d'une incroyable facilité jointe à une longue pratique, me met dans l'impossibilité d'en citer un grand nombre. Je constaterai dès l'abord que de toutes les galeries publiques, celles de Saint-Pétersbourg, Paris, Vienne et Munich sont les plus riches en excellents spécimens du génie de ce maître ([1]). On en peut dire autant des collections particulières de la Grande-Bretagne. Parmi les tableaux du Louvre, voici les plus remarquables : un *Corps de garde*, n° 511, avec *Saint Pierre reniant son maître*, dans le fond, daté de

([1]) D'après sir Ford (*Handbook*, p. 760-768), le musée de Madrid contient de nombreux et magnifiques ouvrages de Teniers.

1646 : le ton argentin, la pâte, la délicatesse de la touche, font de cette œuvre une des plus belles du maître ; nous en donnons ci-contre la gravure ; le *Fils prodigue se livrant aux plaisirs de la débauche et de la table,* daté de 1644, n° 512 : sous le rapport de la composition, de la finesse et de l'harmonie des tons dorés, ceci est une page de premier ordre ; une *Fête de Village,* datée de 1652, n° 515, avec le portrait de Teniers et de sa fille : c'est une composition magistrale, peinte dans un ton doré très-riche ; les *Sept œuvres de miséricorde,* n° 513. L'auteur a placé ses personnages dans un milieu villageois, et des quatre tableaux représentant le même sujet, celui-ci est un des meilleurs, au point de vue de la couleur dorée et de la finesse de l'exécution ; un *Paysage avec des pêcheurs relevant leurs filets,* n° 516. Excellent spécimen de la manière plus large et plus ample du maître. L'effet de pluie et de soleil est parfait ; *Deux Faucons chassant un héron*, n° 520. Ici Teniers apparaît comme un peintre d'animaux plein d'exactitude.

A Munich, j'ai remarqué les pages suivantes : *Dix buveurs* (n° 193, cabinets), exécution magistrale, ton argentin ; un *Dîner de singes*, n° 194, et un *Concert de singes et de chats*, n° 195 : délicatesse de tons extraordinaire ; esprit charmant. *Paysans dansant et jouant aux cartes dans une auberge hollandaise*, n° 248 ; une *Noce villageoise en plein air*, de 1651, n° 249, appartient à la même époque ; il se distingue par les mêmes tons, la même habileté de composition et, malgré les proportions plus grandes, par la même délicatesse. Les *Fumeurs jouant aux cartes autour*

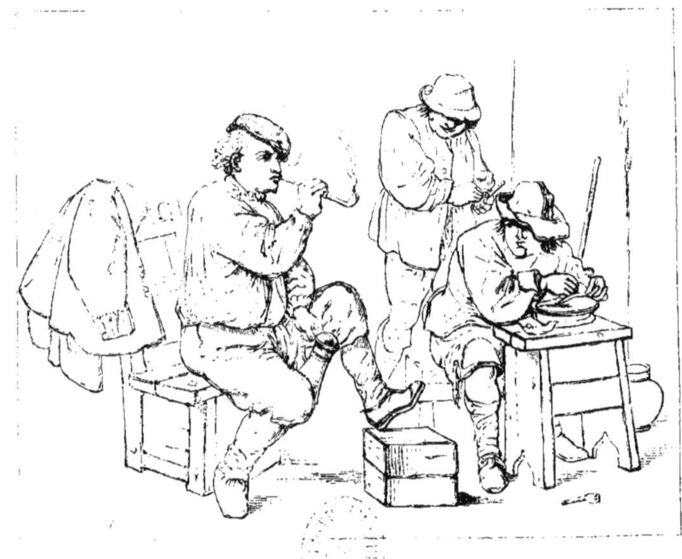

SCÈNE DE CABARET,

par Teniers, galerie de Munich.

d'une table ronde, n° 252, signé, sont d'une composition plus riche et d'un ton plus chaud encore. Le nettoyage a malheureusement endommagé ce merveilleux tableau. Nous donnons ci-contre la gravure d'un tableau moins important, les *Trois fumeurs*, n° 333; nous mettons sur le même rang un tableau du musée de Madrid représentant un *Paysan subissant une opération à la tête* : ce n'est pas une œuvre d'un bien grand mérite, mais elle se distingue par un réalisme énergique.

Au musée de Vienne, nous plaçons en première ligne une *Noce de village*, datée de 1668 et signée, le plus beau de tous les tableaux à grandes figures de Teniers. Les personnages de l'avant-plan, placés en pleine lumière, ont des tons clairs et dorés. Le fond se distingue par une gamme sobre et harmonieuse; une *Kermesse, à laquelle assistent Teniers et sa famille*, signé : le meilleur tableau de ce genre que je connaisse du maître. Le *Tir à l'oiseau*, tenu à Bruxelles en 1652, et à l'occasion duquel la gilde des archers offrit une arbalète à l'archiduc Léopold. Parmi les nombreux portraits de cette page figurent ceux de Teniers et de sa famille, signé et daté de 1652. C'est le chef-d'œuvre de toutes ses grandes toiles (celle-ci a 4 pieds 3 pouces de haut sur 7 pieds 9 pouces de large). La délicatesse de la composition, le nombre des figures, la distribution des lumières et des ombres, l'animation des portraits et le soin de l'exécution provoquent l'admiration la plus vive; un *Effet de neige* : la vérité extraordinaire de cette scène et la clarté du ciel d'hiver montrent l'habileté du maître dans ce genre. Parmi les tableaux bibliques, le plus remarquablement exécuté est le *Sacrifice d'Isaac*. Il est signé et porte la date de 1653. La *Tentation de saint Antoine*, signée et datée de 1647 (musée de Berlin, n° 859), peut être placée également au rang des meilleures représentations de ce sujet tant de fois traité par l'artiste. Les différentes manières et les diverses époques de Teniers ne sont cependant représentées nulle part d'une manière aussi éclatante et aussi complète que dans les tableaux de l'Ermitage, à Saint-Pétersbourg, où j'en ai vu plus de trente de ce maître. Le plus important est une toile datée de 1643 et signée, représentant la *Fête des archers et des arbalétriers d'Anvers :* elle se trouvait autrefois à Cassel. Après le *Tir à l'oiseau de Bruxelles*, dont j'ai parlé plus haut (musée de Vienne), c'est parmi les grands tableaux de Teniers le plus considérable : il a 4 pieds 3 1/2 pouces de hauteur, sur 5 pieds 11 pouces de largeur. Il le cède toutefois à ce dernier en ce qui concerne l'art de la disposition et la beauté de l'ensemble : en effet, les confréries défilant sur le marché d'Anvers avec leurs présidents qui se saluent réciproquement, ne forment qu'une longue ligne. En revanche les portraits, parmi lesquels figurent ceux du peintre et de sa famille ainsi que ceux de quelques artistes distingués de son temps, replacent ce tableau au-dessus de celui de Vienne, par la chaleur et la vérité de leur coloris. Aucune galerie au monde ne possède à beaucoup près autant de *Kermesses* et de *Fêtes villageoises* que celle de l'Ermitage, aucune surtout n'en étale d'un mérite artistique aussi éminent que le sont ces œuvres. L'amateur y retrouve plusieurs compositions qui ne sont connues que par les gravures de Le Bas : je citerai en outre un *Corps de garde* daté de 1643, le plus grand et le plus beau de tous ceux de l'artiste ; quelques tableaux avec un petit nombre de personnages méritent d'occuper le premier rang dans l'œuvre de Teniers : entre autres un *Paysage avec des pêcheurs* et un *Port de mer*, peints tous deux dans un ton argenté charmant et révélant tous deux aussi le talent élevé du maître dans cette branche de l'art.

En fait de tableaux de Teniers, aucun musée d'Angleterre ne peut rivaliser, en nombre et en qualité, avec la collection de la reine, au palais de Buckingham. Après celle-ci se rangent les galeries de sir Robert Peel, de lord Ellesmere, de lord Ashburton, de Thomas Baring, esq^{re}, et de lord Overstone. Je m'abstiendrai ici d'énumérer les œuvres, la plupart de ces galeries étant d'un accès difficile. J'ai d'ailleurs décrit les principales dans mes *Trésors de l'art* [1].

Teniers est l'auteur d'un grand nombre d'eaux-fortes, conçues dans le même style que ses tableaux, mais de mérite très-différent. L'une de ses planches, représentant un *Homme de profil, avec un sablier*, est heureusement imitée de Rembrandt. Il y a de l'esprit et du sens dans une autre représentant *Cinq paysans attablés*. En revanche, beaucoup de petites gravures de ce maître trahissent une grande négligence.

[1] Vol. I, p. 404 ; vol. II, pp. 11, 41, 106, 131, 132, 139, 143 et 184.

Le charme des œuvres de Teniers et l'accueil qu'elles recevaient du public entraînèrent ses élèves et d'autres maîtres à imiter autant que possible sa manière. Souvent ils ne craignirent pas de mettre son nom au bas de leurs œuvres, et il est arrivé plus d'une fois que, lors même qu'ils les avaient signées, les marchands de tableaux substituassent le nom de Teniers au leur. C'est ce qui explique à la fois et la pénurie de tableaux authentiques de ces imitateurs et la difficulté de se rendre compte de leur style individuel. Tous cependant se distinguent du maître par un coloris moins transparent et par une touche moins franche et moins spirituelle, quelles que soient d'ailleurs les différences qui les distinguent les uns des autres. Comme imitateurs sérieux de Teniers, je citerai les suivants qui furent ses élèves : ABRAHAM TENIERS, son frère, 1619-1691, MICHEL ABSHOFEN, DE HONDT et ARNOLD VAN MAAS.

FRANS DUCHATEL, né à Bruxelles en 1625, quoique élève de Teniers et lui ressemblant à tel point dans quelques-uns de ses ouvrages qu'on peut le confondre avec son maître, possède cependant une certaine indépendance de style. Pendant son séjour en France, il subit l'influence de Van der Meulen, ainsi que le prouve son grand et principal tableau du musée de Gand, *Charles II d'Espagne recevant l'hommage des états de Gand dans la personne du gouverneur, marquis de Castel-Rodrigo*, œuvre remarquable par l'effet de l'ensemble et les nombreux et excellents portraits qu'elle renferme. Cette page signée porte la date de 1668. Le musée d'Anvers a du même artiste le *Panorama de Valenciennes,* n° 380, probablement peint en 1656, et tellement semblable à la manière de Teniers qu'on le lui attribue dans le catalogue. Je me rallie à Smith en l'assignant complétement à Duchatel (¹).

Matthys van Helmont, né à Bruxelles en 1653, mort à Anvers en 1719, fut également élève de Teniers. Une *Kermesse* de cet artiste, avec de nombreuses figures de diverses grandeurs, se trouve dans la galerie d'Arenberg, n° 86. Elle renferme des groupes animés, bien peints, mais de contours un peu durs et d'une couleur trop chatoyante.

Voici deux artistes sur lesquels Teniers exerça une puissante influence, mais qui néanmoins occupent une place indépendante.

David Ryckaert, né à Anvers en 1615, élève de son père, qui portait le même prénom. Ses têtes et ses groupes ont une grande animation, son coloris est d'un ton clair et doré. Il peint surtout des intérieurs avec paysans. Deux tableaux de ce genre, dont l'un endommagé, figurent au musée de Dresde, n°s 961 et 962. Ce maître a peint aussi des *kermesses* de village; le musée de Vienne en possède une d'une grande richesse et d'un travail très-soigné. Les tons des chairs toutefois n'ont pas la chaleur de ceux de Teniers, à qui il est inférieur par la délicatesse et l'entente de l'ensemble. Toutefois, dans un tableau de la même galerie, représentant une *Sorcière et des nains*, il approche du maître par l'effet et le procédé.

(¹) Smith. Catalogue raisonné. vol. III, p. 447.

EGIDE VAN TILBORGH, né à Bruxelles en 1625, traita des sujets de la vie de campagne, spécialement des *kermesses*, avec une grande habileté d'arrangement et de l'originalité, un coloris transparent et une exécution excellente. Ses tableaux pèchent sous le rapport de l'ensemble. On voit au musée de Dresde un de ses chefs-d'œuvre remarquable par la dimension, la richesse, la clarté du coloris et une harmonie peu commune, nº 972. La galerie de l'Ermitage possède aussi quelques toiles de ce maître.

JOOST VAN CRAESBEKE, né à Bruxelles en 1608. On ne connaît pas exactement la date de sa mort, mais elle doit être postérieure à l'année 1641 que l'on indique d'ordinaire. Il fut admis dans la gilde de Saint-Luc, à Anvers [1], en 1633-34. Quoique traitant des sujets du même genre que Teniers, cet artiste suivit le style d'Adrien Brauwer dont il fut l'élève. Sa mort prématurée, son entrée tardive dans la carrière des arts, pour laquelle il quitta la profession de boulanger, sont cause du petit nombre de ses œuvres et du peu d'étendue de sa réputation qui n'est pas proportionnée au mérite de ses œuvres. Ses tableaux sont pleins de vie, ses têtes variées et vraies; ses ensembles excellents, son coloris chaud et clair, sans avoir le charme de celui de son maître, l'exécution très-vive et d'une pâte excellente, quoique inférieure en délicatesse à celle de Brauwer. La galerie de l'Ermitage est la seule des grandes

[1] Voyez les détails sur ce maître dans W. BURGER, *Galerie d'Arenberg*, 1859, p. 98.

galeries de l'Europe où j'ai vu une de ses toiles : c'est un *Intérieur* où l'on voit un homme occupé à se chausser pendant que sa femme arrange un lit. L'heureuse combinaison de la palette, l'opposition d'un vif rayon de soleil et d'un clair-obscur plein de profondeur, la touche ferme et spirituelle, prêtent à ce tableau un effet ravissant. Je citerai enfin la belle page de cet artiste que possède la galerie d'Arenberg, nº 81, représentant son *Atelier*. Il est assis devant le chevalet, peignant un groupe de trois hommes et deux femmes assis à une table : signé J. V. C. B. et peint sur panneau. C'est incontestablement une de ses meilleures œuvres que l'on connaisse. Composition facile, têtes animées, ensemble harmonieux et frais, lumière abondante, délicatesse de procédé, pâte solide et travaillée avec soin. La rareté des œuvres de ce peintre et l'amabilité du possesseur, m'engagent à citer l'excellent tableau représentant *Une femme et deux enfants faisant des crêpes*, à M. Henderson de Londres [1].

Jean Pierre Bredael, né à Anvers en 1630, vivait encore en 1689. Il peignit des paysages avec figures dans le genre de Jean Breughel, en y introduisant en outre des formes empruntées à l'architecture italienne. Le tout est bien composé et exécuté, mais sombre et lourd. Je ne connais pas de tableau de ce maître qui figure dans une galerie publique [2].

[1] *Cabinets et galeries*, p. 208.

[2] Les quatre tableaux qu'on lui attribue au musée de Vienne ne sont pas de lui.

PIERRE BOUT, né en 1660? ou 1679? à Bruxelles, et ANTOINE FRANÇOIS BOUDEWYNS, son contemporain, exécutèrent ensemble un grand nombre de petits paysages avec figures, qui tiennent, ainsi que les Jean Breughel, le milieu entre le paysage et le genre. Le paysage exécuté par Boudewyns est emprunté le plus souvent à l'Italie, d'une grande variété et d'une exécution soignée. Les figures et les animaux peints par Bout sont traités avec un sentiment vrai du pittoresque, bien dessinés et brossés avec art, quoiqu'un peu maigres. Malgré leur caractère un peu mesquin, ces tableaux ne laissent pas de produire une impression fort agréable. On en voit deux bons spécimens au musée de Vienne. Parmi les six du musée de Dresde, (nos 1001 à 1005 et no 1007), quelques-uns appartiennent à la meilleure manière de ces peintres.

PIERRE VAN BLOEMEN, appelé STANDAART, né à Anvers en 1649 (?), mort en 1719, passa quelques années à Rome, et donna à ses paysages un caractère italien. Il peint généralement des hommes et des animaux, surtout des soldats et des chevaux. Compositeur habile, dessinateur consommé, il possède en outre une touche très-ferme. Bon nombre de ses tableaux ont de la puissance et une clarté suffisante, mais en général ils sont froids, lourds et d'un coloris sombre. L'artiste affectionne le ton rouge-brique, surtout dans ses chairs, et par moment sa peinture frise le décor. Des six tableaux de lui qui figurent au musée de Dresde, la *Famille errante*, no 993, est le plus remarquable. Immédiatement après, nous citerons des *Pêcheurs avec un vieux cheval gris* (no 994), et des

Voyageurs faisant halte devant une taverne (n° 995). Un *Camp*, n° 996, nous donne d'autre part une idée de sa manière sombre. Une *Halte de cavaliers devant une cantine* (musée de Berlin, n° 1003), mérite au contraire de figurer parmi ses meilleures œuvres.

Deux peintres d'histoire de peu de mérite mais qui traitèrent parfois le genre, révèlent dans leurs ouvrages l'influence de leur séjour en Italie.

Jean van Miel [1], né près d'Anvers en 1599, mort en 1664, peignit des scènes de la vie du peuple en Italie, des villageois, des musiciens, des mendiants, etc., en donnant la première place au paysage. Il peignit aussi des sites champêtres et des marines. Idées ingénieuses, dessin correct, exécution soignée, parfois un coloris chaud, telles sont les qualités qui le distinguent. Ses tableaux sont peu communs; on en voit de bons spécimens au Louvre, à Dresde, à Berlin, à Vienne, à Florence, à Madrid et surtout à Saint-Pétersbourg. J'ai décrit plusieurs de ceux qui figurent dans des galeries privées de l'Angleterre dans mes *Trésors de l'art*.

Antoine Goubau, né à Anvers en 1616, mort dans cette ville en 1698 [2], imita pour le goût et le style le peintre hollandais Jean Asselyn. Je ne connais de lui que son tableau du musée d'Anvers, n° 392, représentant des artistes étudiant des ruines et des sculptures près de

[1] Voyez la notice de M. Édouard Fétis, dans les *Bulletins de l'Académie royale de Belgique*, 1857, p. 137, etc.

[2] *Catalogue du musée d'Anvers*, p. 338.

Rome. Cette œuvre annonce un peintre distingué par la touche, la composition et la science du clair-obscur.

La Belgique à cette époque possédait aussi quelques excellents peintres de portrait.

Pierre Meert, né à Bruxelles en 1618, mort dans cette ville en 1669, a fait des portraits bien conçus, quoique d'un caractère prosaïque, d'un coloris chaud et clair, d'une touche large et d'une belle pâte. Le musée de sa ville natale renferme un tableau représentant *des membres du magistrat de Bruxelles*. Les *Portraits d'un capitaine de marine et de sa femme* figurent au musée de Berlin, n° 844.

Walerant Vaillant, né en 1623 à Lille (alors en Flandre), et mort à Amsterdam en 1677, devint un peintre de portrait distingué sous la direction d'Erasme Quellyn, à Anvers. En 1658 il peignit le portrait de l'empereur Léopold, à l'occasion de son couronnement à Francfort, et recueillit à ce sujet une vive admiration et d'importantes commandes. Le même succès le suivit à la cour de Louis XIV où il peignit la reine, la reine mère, le duc d'Orléans et plusieurs autres personnages. Il s'établit ensuite à Amsterdam qu'il habita jusqu'à sa mort. Je ne connais de portraits de lui dans aucune galerie publique: mais on trouve un des principaux tableaux de ce maître au palais de Berlin. Il représente le grand électeur de Brandebourg et sa première femme en pied et de grandeur naturelle. Au point de vue de la conception, du dessin et de la puissance du coloris, de l'entente de l'ensemble et de l'excellence du procédé, cette œuvre est à la hauteur des meilleurs portraitistes de l'époque. La maison des Orphelins français, à Amsterdam, contient deux excellents portraits d'administrateurs de cet établissement, qui prouvent que les grands portraitistes hollandais, entre autres van der Helst, exercèrent sur lui, surtout au point de vue de la clarté et de la vérité de la couleur, une bienfaisante influence. L'un de ces tableaux, le plus ancien, qui représente quatre directrices assises avec aisance autour d'une table, se distingue par la vivacité de la conception, la puissance et la clarté du coloris. L'autre, signé et daté de 1671, représente trois directrices à qui une femme présente une petite fille. L'arrangement de cette œuvre est très-habile ; la délicatesse et la vérité des physionomies, la finesse du ton, la beauté des mains, la placent très-près des derniers travaux de van der Helst. Vaillant a tracé des portraits fort bien réussis au crayon noir. On en possède un portefeuille au cabinet des estampes à Dresde et un autre à Berlin. Ceux de Dresde représentent des personnages présents au couronnement de l'empereur Léopold. Il fut enfin l'un des premiers qui appliquèrent avec succès le nouveau procédé de gravure, à la manière noire, découvert par le prince palatin Rupert. Il exécuta ainsi un grand nombre de planches d'après des maîtres de l'école italienne et de la néerlandaise. Son activité d'ailleurs ne se borna pas aux portraits : elle embrasse en outre l'histoire, le genre et le paysage.

Il instruisit dans la pratique de son art ses quatre jeunes frères, dont Jacques, né en 1628, et communément appelé Lewerik (*l'Alouette*), surnom qu'il reçut à Rome, et Bernard, né en 1627, furent les plus remarquables. Le premier peignit avec succès l'histoire et le portrait à la cour de l'électeur de Berlin, mais il est plus affecté dans la conception, plus faible comme dessinateur et plus lourd et plus gris comme coloriste que son frère aîné. On a des ouvrages de lui dans les résidences royales de Berlin et de Potsdam, ce qui prouve qu'il fut l'un des meilleurs portraitistes de son temps. Ses plus beaux portraits sont ceux du grand électeur à cheval, avec l'électrice dans un char de triomphe, à Potsdam. Au palais de Berlin on a de lui les portraits en buste du même grand électeur et de sa seconde femme. L'autre frère, qui s'établit à Rotterdam, apprit de Walerant Vaillant l'art de tracer les portraits au crayon noir.

Gonzalès Cocques, né à Anvers en 1618, de parents espagnols à en juger par son nom. Il étudia sous David Ryckaert, mais aussitôt émancipé, se consacra exclusivement à la peinture des portraits sur une petite échelle. L'animation, le goût et l'élégance qui distinguent les œuvres de Van Dyck servirent évidemment de but à l'ambition de cet artiste, et dans ses meilleures pages, représentant des familles, avec les figures en pied, il atteint les qualités de son modèle. En même temps son dessin est correct, le ton fauve des carnations plein d'harmonie et de chaleur, sa touche large et vive, malgré l'exiguïté des proportions. Comme Van Dyck, il introduit souvent dans ses tableaux des lévriers et d'autres chiens. Il pose généralement ses modèles en plein air. Quand il choisit pour fond le paysage, il a pour collaborateur van Artois; quand il place ses personnages sur la terrasse de quelque château monumental, il a recours à Ghering pour l'architecture. Les fruits et les fleurs de ses tableaux sont dus à la main de Pierre Gysels; pour les quelques tableaux dont une chambre forme le fond, il s'est fait aider par Steinwyck le jeune. En général, ses nombreux portraits d'individus isolés sont d'un mérite inférieur. Comme il atteignit l'âge avancé de 66 ans, le petit nombre de ses tableaux semble prouver qu'il peignit moins par intérêt que par plaisir. Le meilleur ouvrage que je connaisse de lui sur le continent, et c'est assurément l'une de ses meilleures œuvres, se trouve dans la galerie du prince Esterhazy, à Vienne, où il est attribué à tort à Van Dyck. Il représente une société composée de quatre hommes et quatre femmes se préparant à exécuter un concert sur une terrasse; sous tous les rapports, disposition, ensemble, transparence et chaleur du coloris, habileté du faire, l'artiste se révèle ici dans tout l'épanouissement de son talent. Immédiatement après cette toile, il faut citer celle qui figure au musée de Dresde, n° 964 : le catalogue, je ne sais d'après quelles données, en fait la représentation de la famille du peintre. Mais ses tableaux les plus importants se trouvent en Angleterre. Parmi ses plus beaux ouvrages je citerai en première ligne la *Famille Verhelst sur une terrasse*, que j'ai décrit dans mes *Trésors de l'art* (palais de Buckingham); vient ensuite la *Leçon de musique*, de la collection du marquis d'Hertford, qui nous le révèle comme peintre de genre. Nous trouvons un autre tableau de même nature, *Un père assis au piano et entouré de sa famille*, d'une rare transparence de couleur, dans la collection de M. Henri Labouchère, et *Une famille dans un jardin hollandais*, appartenant à M. Walther de Bearwood.

Je terminerai la liste des peintres de portraits par Philippe Fruitiers, né à Anvers en 1625. Car bien qu'il ait peint à peu près exclusivement des aquarelles, il déploya dans ce genre un talent d'arrangement, de dessin et même une vigueur de coloris qui excitèrent l'admiration de Rubens, dont il fit le portrait avec toute sa famille. Je ne puis citer aucune œuvre bien authentique de ce maître. Il grava pourtant une série d'eaux-fortes, presque toutes des portraits, parmi lesquels celui de la reine Edwige-Eléonore de Suède se distingue par l'esprit et la puissance de l'effet.

Quelques autres maîtres continuèrent avec succès la façon magistrale de Snyders dans la peinture d'animaux. Le premier fut Paul Devos, né à Alost en 1600. Peintre fort recherché, il peignit surtout pour de grands personnages, entre autres l'empereur, le roi d'Espagne et le duc d'Aerschot, son principal protecteur. Doué d'une grande aptitude pour rendre les sujets animés, il réussit surtout dans les combats de chiens, d'ours et de sangliers. Il peignit aussi des chasses. Par la transparence de la couleur et la puissance de la touche, il se rapproche beaucoup de Snyders, auquel il reste inférieur par le goût et le dessin. Ses animaux, surtout ses chevaux et ses lions, ont parfois des formes épaisses et peu conformes à la nature. Il réussit surtout les chiens, après ceux-ci les cerfs et les daims. Dans ses paysages, d'une grande vérité, il montre de l'analogie avec Lucas van Uden. Je n'ai point vu de ses œuvres dans d'autres galeries publiques que celles de Schleisheim et de Madrid. Dans la première j'ai remarqué un tableau très-vrai représentant *Deux chiens se disputant un morceau de viande; Un chevreuil poursuivi par des chiens*, composition médiocre, mérite des éloges à d'autres points de vue. Mais un *Paradis* du même artiste soulève les critiques que j'ai indiquées.

Pierre Boel, né à Anvers en 1625. Il passe pour un élève de Snyders, mais à coup sûr ce fut en Italie qu'il compléta son éducation, sous la direction de son oncle, Corneille de Wael, à Gênes. Légitimement populaire, il égala Snyders par la beauté de la composition, et ne lui fut inférieur ni par le dessin ni par la vérité; parfois même il rivalise avec lui par la clarté de la couleur et l'habileté de la touche. D'après Strut, il mourut dès 1680. De ses tableaux très-rares, le meilleur que je connaisse, *Deux chiens de chasse gardant du gibier*, est au musée de Munich, nº 327. Il occupe aussi un rang distingué comme graveur d'eaux-fortes, et sa *Chasse au sanglier*, ainsi que six planches représentant des *oiseaux*, figurent parmi les plus beaux spécimens de ce genre (¹).

Jean Fyt, né à Anvers en 1609, mourut en 1661. Il apprit son art de Jean van der Berch et entra dans la gilde des peintres en 1629, à l'âge de 19 ans. Plus tard

(¹) Bartsch, le *Peintre-graveur*, vol. IV, p. 197, etc.

il fit aussi un voyage en Italie. Le plus grand peintre d'animaux de l'école flamande, après Snyders, tout à fait indépendant de lui par le style, il travailla parfois avec Jordaens et Willeborts; ceux-ci peignaient les figures des tableaux dont il faisait les animaux, les fruits et les fleurs. Dans ses chasses, il approche de Snyders par la composition, et l'égale par le feu et l'animation. Dessinateur souvent moins correct, il l'emporte sur lui dans les effets de lumière et de soleil, d'une gamme tour à tour chaude et froide. Il a peint les lévriers avec un succès qu'aucun autre maître n'a atteint. Le pelage de ses quadrupèdes et le plumage de ses oiseaux sont rendus avec une exquise vérité et une perfection de détails que Snyders n'a point égalée. En revanche, il réussit moins ses fonds que l'on trouve parfois lourds et sombres. Mais sa touche moelleuse est aussi puissante qu'originale. On trouve de belles pages de ce maître dans les musées de Vienne et de Munich. Je citerai, pour la vigueur et l'harmonie, un grand tableau du musée de Vienne représentant du *Gibier mort, des fruits, des vases et un paon vivant*. En ce qui concerne les chiens, le chef-d'œuvre du maître est le tableau représentant *Diane et ses nymphes se reposant des fatigues de la chasse*. Les figures de femmes, assez médiocres, sont peintes par Willeborts. Dans un tableau analogue du musée de Berlin, n° 967, on trouve un excellent spécimen de sa manière de peindre les lévriers et du soin qu'il apportait dans l'exécution de ses œuvres de petite dimension. A Munich nous trouvons un grand tableau, n° 341, représentant du *Gibier mort, des fruits et un singe*, tableau de premier ordre par la clarté de l'ensemble et la vérité des détails. La puissance du maître dans les combats d'animaux éclate dans sa grande *Chasse aux ours,* de Munich, n° 186. Sa *Chasse au Sanglier,* n° 339, ne pèche que par une gamme un peu sombre. Son tableau le plus important que je connaisse en Angleterre est la *Chasse au sanglier*, du château de Ravensworth. Jean Fyt a gravé seize eaux-fortes, divisées en deux séries. Celle qui représente des chiens est l'un des plus remarquables ouvrages de ce genre exécutés par un *peintre-graveur* (¹).

David de Coninck, né en 1636, mort en 1687, élève de Jean Fyt, se rapproche de son maître par l'animation, le coloris et la touche. Ses tableaux sont rares. Le musée d'Amsterdam en possède deux d'un grand mérite : une *Chasse au cerf*, n° 53, et une *Chasse à l'ours*, n° 54.

Adrien van Utrecht, né à Anvers en 1599, mort en 1651, traita principalement de grands sujets de cuisine avec gibier mort. Il a peint aussi des animaux vivants, tels que chiens et singes, et en outre des légumes, des fruits et des fleurs. Il joignait à une grande habileté d'arrangement une force et une vigueur de coloris qui parfois rappellent Rembrandt, une extrême vérité de détails et un procédé magistral et moelleux. Une de ses œuvres capitales est dans la collection Van der Hoop à Amsterdam, une autre représentant des *Fruits, des légumes et des instruments de musique,* au musée de Dresde, n° 952. La galerie de Brunswick et celle de Cassel en possèdent aussi quelques-unes.

(¹) Bartsch, vol. IV, p. 205, etc.

JACOB VAN ES ou VAN ESSEN, né à Anvers en 1606 (¹), quoique restreint dans une sphère plus étroite, se range parmi les peintres d'animaux de cette époque. Il peint surtout des poissons, des homards, d'autres animaux aquatiques, avec une vérité extrême et une merveilleuse précision. Sa touche est large et magistrale. Je citerai comme preuve de son talent deux grandes toiles, des *Marchés aux poissons*, au musée de Vienne. Les figures, admirablement peintes par Jordaens, ont le tort d'écraser, par leur splendide couleur, le ton froid de la gent aquatile. Le musée d'Anvers possède, nº 361, un bon tableau de genre, *Fruits, gibier et vases.*

ALEXANDRE ADRIAENSSEN, qui florissait vers 1650, fut un peintre de la famille de van Es, et peignit également les poissons avec beaucoup de vérité, quoique dans une gamme plus sombre. On trouve un remarquable tableau de ce genre au musée de Berlin, nº 952. Il excellait à peindre des natures mortes, vases de métal, cruches, oiseaux, gibier : on en voit un exemple dans deux autres toiles peintes d'un pinceau magistral, au musée de Berlin, nºˢ 922 et 940.

Les peintres dont les noms suivent servent de transition au paysage.

PIERRE SNAYERS, né à Anvers en 1593, passe pour avoir été l'élève de Henri van Balen. Il peignit surtout des scènes de la vie militaire, des batailles, des escarmouches, des camps, avec une vive animation, et, chose plus

(¹) *Catalogue du musée d'Anvers*, p. 295.

rare, une extrême lucidité. Le paysage, dans ces toiles, occupe souvent une place importante ; parfois il peint uniquement des sites distingués par la fraîcheur et la vérité du coloris, et qui rappellent Rubens. Son titre de peintre de la cour de l'archiduc Albert à Bruxelles est la meilleure preuve de son talent. Il travailla aussi pour la cour d'Espagne. Il vivait encore en 1662. Aucun musée ne permet mieux que celui de Vienne d'apprécier les qualités multiples de ce maître. Dans une *Rencontre entre des cavaliers et des fantassins*, on trouve l'art de grouper de nombreux personnages avec une entente très-remarquable de la perspective aérienne. Une *Halte de cavaliers au bord de l'eau* se distingue par un ton chaud et clair et une exécution large et animée. Le modèle de Van der Meulen se découvre dans un *Paysage montagneux, avec des voyageurs se reposant auprès de leurs équipages*. La poésie de la conception et l'éclat de la lumière révèlent l'influence de Rubens. Parmi les tableaux de ce maître au musée de Dresde, il en est un d'un caractère éminemment dramatique, des *Voyageurs assassinés et pillés par des brigands, que des soldats arrêtent à leur tour*, n° 913.

Corneille de Wael, né à Anvers en 1594, élève de son père Jean de Wael, traita les mêmes sujets que Pierre Snayers avec assez de succès pour être pris au service du duc d'Aerschot. Il fut plus tard l'objet d'une grande faveur à Gênes, où il mourut. Je ne connais de lui, dans les galeries publiques, qu'un seul tableau : le *Passage de la mer Rouge et la mort de Pharaon*, à Vienne, qui révèle un artiste d'un talent incontestable.

Antoine-François van der Meulen, né à Bruxelles en 1634, mort à Paris en 1690, fut élève de Pierre Snayers, moins ingénieux, moins habile que son maître à représenter l'action, il s'en rapproche cependant, et fut employé par Louis XIV qui l'emmena dans ses campagnes, probablement dès 1665 (¹), afin d'en reproduire le plus exactement possible les épisodes. Ses tableaux ont le caractère du paysage, et représentent en général le roi arrivant devant quelque forteresse des Pays-Bas, y donnant l'assaut ou y faisant son entrée. Ils se distinguent par une rare vérité, un coloris clair et vermeil, une grande habileté technique. Dans beaucoup d'entre eux on reconnaît des portraits animés du roi et d'autres personnages de distinction. Il peignit aussi des vues de villes et de petits tableaux avec des cavaliers. Le paysage est parfois trop uniformément vert, et ses chevaux, quoique d'une vérité incontestable, sont d'un caractère trop monotone. Doué d'une surprenante facilité, il a laissé de nombreux tableaux. Les principaux sont au Louvre. Nous citerons l'*Entrée de Louis XIV à Arras*, nº 304, son *Entrée à Dinant*, nº 310, une *Vue de la forteresse de Luxembourg*, nº 312, une *Vue de Fontainebleau*, nº 314. Après Paris, Munich montre ses plus belles pages : le *Siége d'Audenarde*, nº 418, le *Siége de Tournai*, nº 402, valent ses meilleurs tableaux du Louvre. L'Angleterre possède aussi quelques spécimens, dont les plus remarquables sont les cinq toiles du palais de Buckingham.

(¹) Burger, *Musées de la Hollande*, t. II, p. 346.

Robert van Hoecke, né à Anvers en 1609, appartient à cette catégorie de peintres. Élève de son père, Carl van Hoecke, artiste peu connu, il subit l'influence manifeste de Teniers, et, dans beaucoup de ses tableaux, exécutés en général sur une petite échelle et représentant des camps et des scènes militaires, parfois des paysages, il fait preuve d'une plus grande finesse de ton et de touche que Van der Meulen, qui lui est postérieur. Je ne connais point de musée qui possède de ses œuvres, hors celui de Berlin, qui en compte une, nº 934 *a*, et celui de Vienne qui en renferme huit. Dans ce nombre, une *Vue de pays plat, avec une forteresse dans le lointain, deux camps, de nombreuses figures et des troupes en marche au premier plan*, se distingue par le dessin, la perspective aérienne et l'esprit de la touche. Il a gravé plusieurs eaux-fortes, d'une pointe habile, délicate, mais parfois négligente. Vingt de ces planches représentent des sujets pareils à ceux de ses tableaux. Sur une seule on voit la *Nativité*, d'après un tableau de Jean van Hoecke [1].

Je vais passer maintenant au paysage, qui compta en Belgique, au XVIIe siècle, plusieurs peintres d'un grand mérite. Quoique ceux-ci, sous le rapport technique, se ressentent plus ou moins de l'influence de Rubens, ils en diffèrent totalement au point de vue de la conception. Quelques-uns d'entre eux traitent spécialement, et avec un très-vif sentiment poétique, des sites montagneux, richement boisés, avec des bancs de sable à l'avant-plan,

[1] Bartsch, vol. IV, p. 147, etc.

D'autres se rapprochent de la manière plus idéale de Nicolas et de Gaspard Poussin. Le plus ancien peintre du premier groupe est LODEWYCK [1] DE VADDER, né après 1650 [2]. Il imita de Rubens la clarté et la puissance du coloris, la distribution de la lumière et le procédé large et moelleux. De toutes les collections publiques, je ne connais que les musées de Bruxelles et de Munich qui possèdent des spécimens de ses paysages. Le tableau de Bruxelles, nº 81, représente *Une pièce d'eau entourée d'arbres;* celui de Munich (cabinets, nº 388), *Trois cavaliers galopant vers un village situé sur une colline :* au milieu un troupeau de moutons, au loin un vaste horizon. Bartsch [3] décrit de lui onze eaux-fortes, animées d'un sentiment vrai de la nature, mais d'une touche assez rude et dépourvues de goût.

JACQUES VAN ARTOIS, né à Bruxelles en 1613, mort en 1665, fut probablement l'élève de Lodewyck de Vadder, et dut évidemment se former d'après ce maître. Ses compositions, souvent très-vastes, sont empreintes d'un caractère grandiose. Comme en outre elles portent aux premiers plans des sujets de l'Écriture, elles ont trouvé place dans quelques églises de Belgique. Les larges proportions de ces toiles, en laissant une grande aisance

(1) Le nom français de Louis lui fut donné par Descamps, de son autorité privée.

(2) C'est là une donnée tout arbitraire que Descamps a produite sans aucune preuve et que tous les écrivains spéciaux ont depuis aveuglément adoptée.

(3) Vol. V, p. 59.

au pinceau du maître, lui ont cependant donné un style qui tient du décor. Par la clarté du coloris il reste beaucoup en deçà de Lodewyck de Vadder, et ses tons ont parfois quelque chose de lourd et de sombre. Il a peint aussi exceptionnellement des paysages d'un caractère fort réaliste. Ses figures sont dues, en général, au pinceau de Gaspard de Crayer, de Gérard Zegers, de Teniers, son ami intime, et de van Herp. Il peignit avec trop de facilité pour ne pas laisser après lui une foule de tableaux dont le mérite est fort inégal. Le musée de Bruxelles en possède quatre, parmi lesquels un *Paysage boisé,* n° 2, effet de soir, avec un cortége de villageois peint par van Herp, se distingue par la transparence du fond. Les tons lourds du premier plan nuisent à l'effet de l'ensemble. Le n° 4, *Paysage avec saint Hubert qui adore le cerf portant le crucifix* (le saint peint par G. de Crayer et l'animal par Pierre Snayers), est plein de charme. Le n° 1, un *Hiver,* respire une grande vérité. La galerie de Vienne possède de ce maître deux grands tableaux, avec des scènes légendaires peintes par Gérard Zegers. On y trouve ce caractère poétique que nous avons signalé dans ses grands ouvrages, avec une exécution plus soignée que dans la plupart de ceux-ci et propre à donner une idée des tableaux qu'il peignait pour les églises. Le musée de Dresde possède, de son côté, n° 956, un spécimen de ses petites compositions, un charmant paysage dans lequel l'habileté de la composition se joint à l'éclat de la lumière et au soin de l'exécution. En Angleterre, dans les galeries particulières, on trouve de bons tableaux de van

Artois, dont quelques-uns ont été décrits dans mes *Trésors de l'art.*

Corneille Huysmans, né à Anvers en 1648, mourut à Malines en 1727. Élève de van Artois, il lui resta fidèle par la conception, mais ses tableaux, exécutés d'habitude sur une plus petite échelle, d'un caractère plus idéal et d'une chaleur de coloris qui égale parfois celle de Rembrandt, ont plus de fini que ceux de son maître, malgré la manière large et facile dont ils sont traités. Il était également habile à dessiner les figures et quelquefois il en peignit dans les paysages d'autres artistes. Le musée de Bruxelles renferme un de ses plus grands paysages, n° 111. Le Louvre en a quatre dont un, le n° 229, avec des figures de scieurs de bois, se distingue par la lumière et l'habileté de la composition. Le pendant, n° 230, est également bien composé. Au point de vue de l'éclat, on peut citer un paysage du musée de Dresde, n° 999, un autre à Munich, renfermant *Trois vaches* (cabinets, n° 520), d'une transparence et d'un fini remarquable pour une œuvre de cet artiste. En Angleterre je signalerai de lui un paysage d'une couleur vigoureuse qui se trouve à l'Institut royal d'Edimbourg et quelques tableaux épars dans des galeries particulières.

Dans le second groupe de paysagistes, celui qui se rattache au Poussin, je citerai les suivants :

Abraham Genoels, né à Anvers en 1640, mort en 1723 (1), apprit la peinture de Jacques Backereel, mais

(1) V. le catalogue du musée d'Anvers et une notice de M. E. Fétis, dans les *Bulletins de l'Académie de Belgique*, 1857, p. 5, etc.

partit dès 1659 pour la France, où il déploya dans le paysage assez de talent pour être employé par Lebrun à peindre les fonds des *Batailles d'Alexandre le Grand*. En 1672, il entra dans la gilde des peintres d'Anvers, et ayant passé à Rome la période de 1674 à 1682, il retourna à Anvers qu'il ne quitta plus depuis. Ses compositions ont un caractère élevé, son dessin est correct, son coloris clair, sa touche spirituelle. Les figures principales de ses paysages sont peintes avec beaucoup d'art, dans le goût antique de Lairesse. Dans les musées publics, je ne connais de lui qu'un *Paysage* (Anvers, n° 429) *avec les Muses recevant sur une hauteur la visite de Minerve*, imitation heureuse de Nicolas Poussin. La galerie de Brunswick possède également une toile du même maître. La rareté de ses tableaux est sans doute la cause de la réputation que lui ont faite les eaux-fortes très-hardies et très-larges qu'il exécuta avant et après son séjour à Rome. Bartsch en a décrit soixante-treize [1]. Le catalogue de Weigel en contient trente et un de plus, qui portent le total de ses planches connues à cent quatre.

Jean-François Millet, communément appelé Francisque, naquit à Anvers en 1642, d'un père français et d'une mère flamande, et mourut à Paris en 1680. Il eut pour maître Laurent Franck, mais se forma d'après les deux Poussin, et s'établit à Paris. Il n'atteignit pas la pureté de dessin de ses deux maîtres, mais ses compositions sont d'un goût élevé, et son coloris, quoiqu'un peu monotone,

[1] *Peintre graveur*, vol. IV, p. 315.

est plus chaud et plus transparent que celui de ses modèles. Parfois cependant sa brosse trop facile le fait tomber dans le décor. Ses figures très-agréables sont en harmonie parfaite avec le paysage dans lequel elles occupent souvent une place importante. Le musée de Munich a, je crois, ses plus beaux tableaux : un *Paysage* de grande dimension, n° 212, avec des monuments antiques et un berger conduisant son troupeau, le tout conçu dans l'esprit de Gaspard Poussin ; un autre paysage, n° 346, *Vue du bord de la mer avec des falaises escarpées montant jusqu'à la nue*, page pleine de poésie, mais dont les premiers plans sont traités avec trop de largeur. Un petit tableau, *Une Vendange*, n° 361, cabinets, d'une gamme plus sombre, mais très-poétique, avec un ciel chaud et brillant qui lui donne beaucoup d'attrait. Bartsch lui attribue avec beaucoup de probabilité une eau-forte (¹), à laquelle Dumenil et Weigel en ajoutent quelques autres : outre la beauté de l'invention, elles sont gravées d'un burin spirituel, vigoureux même dans celle citée par Bartsch.

PIERRE RYSBRACK, né à Anvers en 1655, mort probablement à Bruxelles en 1729, fut l'élève de François Millet, chez qui il fit un long séjour à Paris pour venir s'établir ensuite à Anvers. Ses tableaux ont un caractère grandiose et mélancolique. Il entend à merveille les arbres, les fonds boisés et la forme des nuages ; son coloris est puissant mais il tourne au sombre. Ses figures, empruntées à la Bible ou à la mythologie, bien composées en

(¹) *Le Peintre-graveur*, t. V, p. 326.

général, jouent parfois un rôle important dans ses toiles ; d'autres fois elles manquent de soin et troublent l'harmonie de l'œuvre par le ton monotone et rouge des carnations. La plupart ont un caractère bucolique. On trouve peu de tableaux de ce maître dans les musées. Le plus important que je connaisse est au musée de Berlin, n° 429 ; c'est un grand *Paysage avec des arbres élevés et une colline boisée, d'où jaillit un ruisseau ;* sur l'avant-plan le *Baptême du Christ*. On voit au musée d'Anvers, n° 444, un paysage montagneux de très-grande dimension. Le musée de Dresde en possède un autre moins important, n° 630 : c'est un très-bon *Paysage*, classé parmi les maîtres inconnus. On a de cet artiste six eaux-fortes [1], d'une composition très-remarquable : mais le feuillage des arbres est lourd et le maniement du burin pénible.

Jean-François van Bloemen, surnommé Orizonte, né à Anvers en 1658, mourut à Rome en 1748 (?). Frère de Pierre van Bloemen, il se rendit probablement de bonne heure à Rome, et y subit en même temps que l'influence de la nature italienne celle des tableaux de Gaspard Poussin. S'il est inférieur à ce maître par la grandeur de la conception et le sentiment de la ligne, il le surpasse par le sentiment plus exquis des distances qui lui a fait donner le surnom d'*Orizonte*. En revanche, il est souvent lourd et sombre dans ses premiers plans, parfois insipide et froid de couleur, et d'une exécution moins ani-

(1) Bartsch, vol. V, p. 493.

mée que Poussin. Le Louvre a six tableaux de lui (nos 33 à 38), dont les deux derniers et les plus beaux ont été longtemps attribués à Gaspard Poussin, jusqu'à ce que j'y reconnusse la main d'Orizonte (1). Le musée de Vienne possède de ce maître un paysage remarquable par la vigueur, l'éclat et la clarté, et deux autres d'une gamme plus froide.

La peinture de fleurs, enfin, fut cultivée avec beaucoup de succès en Belgique à cette époque. Son principal représentant, DANIEL SEGERS ou, plus exactement, ZEGERS, appelé ordinairement aussi le père ZEGERS (2), naquit en 1590, étudia sous Jean Breughel, entra dans l'ordre des jésuites à l'âge de 24 ans et mourut au couvent d'Anvers en 1661. Rarement il peignit exclusivement des fleurs; il s'attacha aux peintres d'histoire dont il encadra de fleurs les sujets sacrés, le plus ordinairement la Vierge et l'enfant Jésus. Dans ce genre, il fut le collaborateur de Rubens, mais le plus souvent celui de Corneille Schut, de van Diepenbeek et d'Erasme Quellyn. Dans ses compositions, peintes tantôt avec un fini minutieux, tantôt avec une certaine ampleur qui rappelle le décor, la perfection du dessin, la vérité de la forme et de la couleur, se combinent avec un arrangement exquis. Il a peint les roses rouges avec des couleurs qui sont restées intactes, tandis que les roses de presque tous les autres peintres de fleurs

(1) *Künstler und Künstwerke in Paris*, p. 534. Cette correction a été adoptée par M. Villot dans le nouveau catalogue du Louvre de 1853.

(2) *Catalogue du musée d'Anvers*, p. 238.

ont tourné au violet ou se sont complétement fanées. Ses tableaux jouissaient d'une telle faveur qu'il pouvait à peine satisfaire à ses nombreuses commandes ; des princes, tels que Frédéric d'Orange et le grand électeur Frédéric-Guillaume de Brandebourg, s'estimaient heureux d'obtenir des œuvres de sa main.

On en trouve dans la plupart des collections publiques et privées de l'Europe. Le musée d'Anvers possède un spécimen de premier ordre, n° 316, encadrant malheureusement un assez médiocre portrait d'Ignace de Loyola par Corneille Schut. On trouve un autre exemple de sa manière admirable de rendre les détails, dans une grisaille d'Erasme Quellyn, du musée de Berlin, n° 976, représentant deux enfants. Dresde possède six de ses tableaux dont quelques-uns sont d'un grand mérite.

Ce grand artiste eut divers imitateurs. JEAN-PHILIPPE VAN THIELEN, né à Malines en 1618, mort en 1667, profita de ses leçons et, quoique plus faible dessinateur et coloriste, peignit dans son genre. Deux de ses ouvrages sont au musée d'Anvers, n°s 401 et 402.

NICOLAS VAN WERENDAEL, qui fleurit à Anvers de 1660 à 1670, se rapproche de Zegers par le fini des détails et la correction du dessin, mais il reste bien au-dessous de lui par la vigueur et la clarté du coloris. On a de lui un excellent tableau daté de 1670, avec une *Vierge et l'Enfant*, en grisaille, au centre, au musée de Berlin, n° 977^A^ [1].

[1] Les tableaux de *van Dyck* ont été reproduits par de belles photographies dues aux appareils de M. Fierlants :

Le *Christ déposé de la croix*, le *Christ en croix* et le *Portrait du prélat César Alex. Scaglia*, au musée d'Anvers. Le *Portrait du sculpteur F. Duquesnoy* (palais du roi, à Bruxelles). La *Femme au gant* (galerie de M. le vicomte B. Dubus, à Bruxelles). *Déposition de la croix* (galerie Suermondt). *Portrait d'Adrien van Staelbent* (ibid.). Bruxelles, C. Muquardt. (Voir le catalogue à la fin du volume.)

CHAPITRE III.

L'ÉCOLE HOLLANDAISE.

INFLUENCE DES NATURALISTES ITALIENS ET DU STYLE DE RUBENS.

Si l'on considère la tendance primitivement réaliste de l'école hollandaise, on constate sans surprise que le style de Michel-Ange de Caravage, imitateur sans goût et sans discernement, mais toujours vrai et puissant de la nature, ait exercé une grande influence sur plus d'un peintre hollandais à Rome. Parmi ces artistes figure au premier rang GÉRARD HONTHORST [1], né à Utrecht en 1592, mort en 1662, lequel, bien qu'élève d'Abraham Bloemart, imita avec un succès complet le style de Caravage. Ses tableaux reçurent un grand accueil à Rome où il eut pour principal protecteur le marquis Giustiniani, et où son habitude de peindre des effets de nuit lui valut le surnom de

[1] Pour une notice sur ce peintre, voyez SANDRART. *Teutsche Académie,* Nurenberg, 1675, vol. I, p. 303.

GHERARDO DALLE NOTTI. A son retour en Hollande, il ouvrit une école très-suivie, et exécuta de nombreux ouvrages, dont la renommée lui valut une invitation de Charles Ier à se rendre en Angleterre. Là, dans le court espace de six mois, il peignit différents tableaux historiques pour la salle des banquets de Whitehall, et en outre quelques portraits. Revenu à Utrecht chargé de présents, il entra au service du prince Frédéric-Henri d'Orange pour lequel il exécuta plusieurs ouvrages dans la maison du Bois, près de la Haye, et dans le château de Ryswick. Pour le roi de Danemark il peignit une série d'épisodes de l'histoire danoise. Enfin, dans les derniers temps de sa carrière, Gérard Honthorst se consacra surtout au portrait et en exécuta un grand nombre pour le prince d'Orange et pour Frédéric-Guillaume, grand électeur de Brandebourg. Grâce à sa merveilleuse facilité, il a laissé un nombre extraordinaire d'ouvrages de toutes les catégories, histoire sacrée et profane, mythologie, allégorie et *genre*.

Le mode de conception de Honthorst est beaucoup plus en harmonie avec ses sujets que celui de son modèle Michel-Ange de Caravage, quoiqu'il se montre comme lui brutalement réaliste ou, pour m'exprimer comme les Italiens, *naturaliste*. Ses ouvrages, quoique remarquables par un arrangement habile, un dessin correct, une grande puissance d'effets, et une exécution magistrale, manquent trop d'élévation et de sentiment pour produire une impression durable. Par moment même il tombe dans la vulgarité et donne à ses effets de nuit un ton de soufre désagréable. Chose curieuse toutefois, tandis que dans tous ses tableaux proprement dits ce maître imite la touche large et hardie du Caravage, il introduit dans ses portraits un certain lustre et une netteté de contours, voisine de la dureté, qui rappellent la manière de la précédente génération. Son style, pour l'ensemble, trouva peu d'imitateurs en Hollande.

Parmi les bons spécimens de sa manière de concevoir les sujets bibliques avec effets de nuit, je citerai son *Christ devant Pilate*, probablement peint pour le marquis Giustiniani et loué par Sandrart, aujourd'hui la propriété du duc de Sutherland, et la *Délivrance de Pierre*, au musée de Berlin, n° 431, provenant de la même galerie Giustiniani. Dans l'allégorie il sacrifia au goût faux de son époque, ainsi que le prouve la composition du grand tableau qui périt probablement dans l'incendie de Whitehall, représentant Charles Ier et la reine, assis sur des nuages, sous les traits d'Apollon et de Diane. Le duc de Buckingham se trouve plus bas, sous les traits de Mercure, présentant aux dieux les sept Arts libéraux, tandis que l'Envie, la Haine, et d'autres passions mauvaises sont précipitées dans un abîme. On trouve des spécimens remarquables de ses scènes mythologiques dans le *Triomphe de Silène*, au Louvre, n° 217, et *Cérès transformant en lézard un garçon qui s'est moqué d'elle*, au musée de Munich, n° 328. Comme peintre de genre il est représenté au Louvre par un bon tableau, n° 216, une *Partie de musique*, daté de 1624; ses portraits les plus caractéristiques sont à notre avis ceux de l'électeur palatin Charles-Louis, n° 218, et du prince Louis de la même famille, n° 219, tous deux au Louvre.

Un portrait de Marie de Médicis, de l'année 1638, n° 7, à l'hôtel de ville d'Amsterdam, approche de Van Dyck par la conception et la douceur. Nous citerons encore la *Reine de Bohême, fille de Jacques Ier*, et surtout le *Duc de Buckingham et sa famille*, à Hampton-Court. La collection de lord Craven est la plus riche de l'Angleterre en portraits de Honthorst; malheureusement je ne les connais que par ouï-dire.

Un frère cadet du précédent, Guillaume Honthorst, peintre d'histoire et portraitiste comme lui, accompagna la princesse Louise-Henriette d'Orange, femme du grand électeur, à Berlin en 1650, et travailla à cette cour pendant plusieurs années. Il retourna en Hollande en 1664, et y mourut en 1666. Ses portraits, conservés dans les résidences royales prussiennes, ont une grande analogie avec ceux de son frère, quoique étant d'une exécution un peu plus douce et plus fondue.

Corneille Poelenburg, né à Utrecht en 1586, y mourut en 1660. Il apprit la peinture sous Abraham Bloemaert, puis se rendit à Rome, où pendant quelque temps il imita Adam Elzheimer, pour se consacrer enfin à l'imitation de l'école italienne. Cette dernière manière se retrouve dans de petits tableaux, sortes de paysages, avec des figures empruntées souvent à l'histoire sacrée, mais représentant d'habitude des femmes nues au bain, d'un coloris brillant, mais d'un dessin mal assuré. Toutefois, comme il possédait une grande délicatesse de nuances et une exécution soignée, sa peinture quelque peu monotone rencontra beaucoup de faveur et l'on en retrouve des échantillons dans presque tous les musées de l'Europe. L'*Annonciation aux bergers*, au Louvre, n° 383, se range par la composition, l'effet de lumière, l'éclat du coloris et l'excellence de l'exécution, au rang de ses plus remarquables ouvrages. Beaucoup de peintres ont suivi ses pas avec plus ou moins de succès, mais aucun ne l'a égalé. Parmi ses imitateurs, les plus connus sont Jean van der Lys, Daniel Vertanghen, Frans Verwilt, Jean van Bronkhorst, C. Kuylenburg et Moses uyt den Broeck.

Frans Hals, né à Malines en 1584, mourut à Haarlem en 1666. On a peu de renseignements sur la vie de ce grand portraitiste. On sait qu'il se livrait avec excès à la boisson et à la bonne chère. On prétend, sans en avoir la preuve, qu'il fut l'élève de Karel Van Mander, mais quoi qu'il en soit, il eut la gloire de manier en maître et d'introduire le premier en Hollande le procédé magistral de Rubens et de son école. Frans Hals fut le véritable modèle que suivit la grande école hollandaise du XVIIe siècle, et à ce titre il occupe dans l'histoire de l'art une place dont on n'a pas suffisamment reconnu l'importance. La merveilleuse certitude avec laquelle il juxtaposait les tons de ses chairs, sans les fondre et tels qu'il les prenait sur sa palette, adresse qui faisait l'admiration de Van Dyck, se joint à une fraîcheur extraordinaire, à une vivacité de conception, à une fermeté de dessin, à une entente de l'ensemble, à une sobriété remarquables. Le coloris de ses chairs est très-inégal. Parfois il est doré ou d'un jaune pâle, parfois argentin, généralement clair, mais par moment aussi lourd et sombre. Ses tableaux ont une valeur très-inégale. L'étonnante facilité de son pinceau l'entraîne souvent à une ampleur excessive et à une fierté de touche voisine du genre décoratif. Il subit naturellement l'influence du prix qu'on lui payait ses tableaux et de son genre de vie. Il a peint à peu près exclusivement des portraits, mais de nature très-diverse. Quelques-uns sont de grande dimension et représentent, conformément à l'usage alors dominant en Hollande, des compagnies d'archers ou de gardes bourgeoises. L'hôtel de ville de Haarlem renferme un bon nombre de ces tableaux; il n'y a que là qu'on puisse apprendre à connaître ce peintre. Je ne puis citer que quelques spécimens de ces chefs-d'œuvre. Dans le cabinet du bourgmestre nous trouvons une page représentant *Treize membres du guet*, dont quatre assis à une table. Ce tableau est un échantillon de sa première manière. Quoique plusieurs des têtes se distinguent déjà par une grande animation, la touche est plus léchée, l'exécution plus minutieuse et un peu sèche. En revanche, dans la même salle, on voit un *Groupe de onze archers*, dans lequel l'artiste s'élève au plus haut degré de l'art. Une rare énergie de conception se joint ici à une délicatesse de sentiment digne de van der Helst. Le coloris a autant de chaleur que de clarté, et l'exécution, même dans les accessoires, autant de largeur que de fini. Une *Fête d'archers*, dans la même salle, approche par le mérite de l'exécution du tableau précédent, mais est dépassée de loin par son pendant, placé dans une pièce voisine, l'une des plus admirables créations du genre, au point de vue de la transparence, de la perfection du procédé, et de la bonhomie expressive des physionomies. Je ne puis passer sous silence les deux groupes des *Régents,* hommes et femmes, à l'*Hospice des vieillards*. Les six hommes, assis autour d'une table, approchent de Rembrandt, dans la fleur de son talent, par la hardiesse de l'exécution et l'effet de l'ensemble. Le tableau représentant les cinq femmes n'a reçu encore qu'une seule couche de couleur, jetée négligemment sur la toile, mais on y voit avec quelle admirable facilité, en quelques coups de brosse, ce maître parvenait à rendre le caractère d'une physionomie. Une *Gilde d'archers,* au nouvel hôtel de ville d'Amsterdam, nº 6, mérite également l'attention, quoiqu'elle offre un spécimen moins parfait du coloris du maître.

Dans une autre catégorie se rangent les portraits de famille, dont le plus beau figure au musée de Munich, nº 311. Ici l'arrangement, l'expression des têtes, les mains dignes de Van Dyck, la finesse du clair-obscur et la spirituelle habileté de la touche constituent un vrai chef-d'œuvre. Parmi ses nombreux portraits en buste, j'en mentionnerai un du palais de Buckingham et un autre du musée d'Amsterdam, nº 105. Ses petits portraits, quoique rares, prouvent que malgré sa largeur de style il savait mettre autant de soin que d'esprit dans des œuvres de moindres proportions. Deux spécimens de ce genre figurent au musée de Berlin, nºs 766 et 767.

Signalons encore ses portraits en pied, dans le style

du genre. On en trouve un exemple dans la galerie du baron Van Brienen de Grootelinden à Amsterdam; *Un gentilhomme étendu mollement dans un fauteuil et ployant un jonc:* par la conception, le dessin, la sobriété et le soin de l'exécution, ce tableau est un petit chef-d'œuvre. Un frère cadet de ce peintre, **Dirk Hals**, fut un artiste habile qui peignit dans le goût de Palamède; mais ses tableaux sont excessivement rares. Si l'on considère qu'à part l'influence générale qu'il exerça sur l'école hollandaise du XVIIe siècle, Frans Hals forma le style de la plupart des portraitistes néerlandais, il ne paraîtra pas inutile d'examiner de plus près son action.

Deux contemporains de Frans Hals furent **Jacob Gerritz Cuyp**, né en 1575, et **Jean van Ravenstein**, né en 1580 et vivant encore en 1655. Quoique aucun des deux n'ait atteint sa vigueur de conception, ni sa largeur de procédé, ils en approchèrent de très-près. Le premier se distingua par la vivacité de sa conception, la puissance et l'éclat de sa couleur, et son empâtement admirable. J'en donnerai comme preuve un *Portrait de vieille femme*, daté de 1624, au musée de Berlin, n° 743, et un magnifique portrait de famille, sur une plus petite échelle, au musée d'Amsterdam, n° 60. Les plus grands tableaux de l'hôtel de ville de la Haye sont de la main de van Ravenstein. Ce sont deux vastes pages représentant de nombreuses compagnies d'archers, et une plus petite avec trois portraits. L'une des deux premières porte la date de 1610 [1]. Les têtes sont vivantes mais un peu rudes; le

[1] Burger, *Musées de la Hollande*, t. II, p. 196.

coloris est clair quoique tirant sur le rouge ; l'exécution, très-habile.

Je citerai ensuite A. Lion, dont le nom est inscrit, avec la date de 1628, sur un tableau représentant les portraits bien rendus et d'une couleur très-vive de 25 archers, au nouvel hôtel de ville d'Amsterdam, n° 36.

Après lui vient Théodore De Keyser, qui fleurit de 1625 à 1660, auteur d'un tableau d'archers, portant la date de 1633 et placé dans la même galerie, n° 38. Quoique l'arrangement de ce tableau manque d'art, que l'effet général soit un peu criard, la grande vérité et l'animation des têtes, exécutées dans un ton local d'un rouge pâle, avec du jaune dans les clairs et des ombres verdâtres, lui donnent un vif attrait. Sur la fin de sa carrière ce peintre subit évidemment une fort heureuse influence d'un maître dont je parlerai bientôt, Rembrandt. Ses tableaux de cette époque, généralement de petite dimension, s'élèvent à toute la hauteur artistique de cette école : disposition bien entendue, têtes pleines de vie, harmonie ménagée avec beaucoup d'art, coloris transparent et chaud, dans la manière des tableaux les plus clairs de Rembrandt, touche large et spirituelle ; toutes ces qualités se réunissent dans ses dernières œuvres, et l'on en peut citer comme exemple, les toiles suivantes : un *Jeune intendant rendant ses comptes à sa maîtresse, une vieille dame* (Munich, cabinets, n° 118) ; une *Réunion des bourgmestres d'Amsterdam à l'occasion de l'entrée de Marie de Médicis* et le *Portrait en pied d'un magistrat* (n°s 76 et 75 du musée de la Haye).

Je rangerai enfin dans ce groupe d'artistes JACOB BAKER, né en 1608, mort en 1641. Une grande page représentant des *Archers*, dans la même salle, n° 34, nous montre chez lui une plus grande habileté d'arrangement, un coloris plus transparent, mieux entendu dans les figures, que n'offre le grand tableau analogue du maître précédent. Parmi ses portraits isolés, celui d'une *Dame* (Dresde, n° 1176) rappelle Jordaens par la vigueur et la transparence du coloris. Il fut moins heureux dans la peinture historique : la galerie de Brunswick possède deux tableaux de ce genre.

BARTHÉLEMY VAN DER HELST, né à Amsterdam en 1613, y mourut en 1670. Il est de beaucoup le plus renommé des portraitistes hollandais de l'époque. Quoique l'on ne sache pas sous quel maître il fit ses études, j'ai acquis la conviction par l'étude approfondie de ses premiers ouvrages, que si Frans Hals ne fut pas précisément son professeur, il prit les œuvres de ce maître pour modèles au début de sa carrière. J'en trouve la preuve dans le *Portrait du vice-amiral Kortenaar*, au musée d'Amsterdam, n° 111 ; la conception de ce tableau et le laisser aller de sa touche rappellent Frans Hals. J'en dirai autant de deux grands tableaux représentant des *Archers*, à l'hôtel de ville d'Haarlem, où l'arrangement indécis, la faiblesse de l'ensemble et la monotonie des chairs, d'ailleurs d'un ton chaud, trahissent les premiers pas du peintre. Vers 1640, son style ayant atteint son entier développement, il compose ses groupes avec art, les dessine d'une façon magistrale, donne à ses têtes une expression vive, animée et pleine de bonhomie, nuance admirablement ses tons dominants d'un brun chaud, et apporte jusque dans les accessoires une touche minutieuse, moins franche et moins spirituelle, il est vrai, que celle de Frans Hals. Il conserva ces brillantes qualités jusque vers 1660. Les principaux tableaux de cette époque de sa carrière sont : *Une scène de la gilde des archers d'Amsterdam,* en 1639, comprenant trente figures, au nouvel hôtel de ville d'Amsterdam, n° 13. Cette page, remplie de groupes animés, rivalise de mérite avec ses œuvres ultérieures, telles que le célèbre tableau de 1648, la *Fête des archers en commémoration de la paix de Westphalie,* tableau à vingt-quatre personnages, n° 117, du musée d'Amsterdam. Le principal charme de cet ouvrage consiste dans l'individualité très-prononcée de chaque partie en ce qui concerne la forme et la couleur ; dans la perfection du dessin, surtout celui des mains; dans la puissance et la clarté du coloris, et enfin dans une façon de procédé toute particulière, qui tient le milieu entre la précision et le moelleux ; au point de vue de l'ensemble, il ne se soutient pas à la même hauteur. L'effet général manque d'harmonie, et la dégradation de tons qu'exigeraient les lois de la perspective aérienne dans les figures du second plan et du troisième, est sacrifiée à l'amour du peintre pour le fini scrupuleux des détails. Sous ce rapport je place beaucoup plus haut un tableau du *werkhuys* d'Amsterdam, daté de 1650. Deux hommes et deux femmes s'entretiennent sur l'avant-plan, ailleurs se trouve un homme tenant un livre, tandis que dans le fond d'autres personnages écoutent un sermon. Cette page est l'une des plus belles du maître par le dessin, l'éclat, la clarté du coloris et l'entente du clair-obscur. Vient ensuite un tableau représentant *Quatre membres de la gilde des archers, avec le bedeau de la confrérie et un garçon tenant un gobelet.* Cette œuvre est datée de 1656, et se trouve au nouvel hôtel de ville, n° 30. Le ton, quoique brillant encore, a un peu moins de vigueur. L'année suivante, en 1657, le maître exécuta le tableau justement célèbre, intitulé : *Het doelenstuck,* qui figure au musée d'Amsterdam, sous le n° 118.

Il représente trois des présidents de la gilde, tenant de superbes vases d'or, et un quatrième personnage que l'on croit être le peintre lui-même ; c'est un admirable mélange de sentiment délicat de la nature, de perfection des détails et d'harmonie générale. Une répétition de ce tableau, sur une plus petite échelle, peinte l'année suivante, sans doute pour l'un des membres de la gilde, autrefois la propriété de M. Jean de Graaf, à Amsterdam [1], et aujourd'hui placée au Louvre, n° 197, surpasse encore le précédent. Cette page, beaucoup mieux conservée, fournit l'un des plus beaux spécimens des portraits de l'école hollandaise. Immédiatement après se range un tableau qui est la propriété de M. H. T. Hope, à Londres. A la fin de la carrière du maître ses tableaux subissent une grande altération. Les tons chauds des chairs font place à une légère teinte argentine ; les formes sont moins arrêtées, la touche devient très-molle et très-

[1] *Trésors de l'art*, vol. II, p. 115.

délicate, et la gamme des tons plus froide. On trouve un exemple frappant de cette manière dans le *Portrait du vice-amiral Auguste Stellingwerf*, au musée d'Amsterdam, n° 121. Après Amsterdam, c'est à l'Ermitage qu'on peut le mieux apprécier van der Helst. Outre quatre grands tableaux avec des personnages en pied, produits aux différentes périodes de sa carrière, cette galerie possède encore plusieurs bustes de la meilleure manière de ce maître.

Quoique l'on ne sache pas si van der Helst eut, à proprement parler, des élèves, la seule observation nous montre que plusieurs portraitistes se formèrent exclusivement d'après sa manière. En voici quelques exemples. Joannes Spilberg : cet artiste peignit en 1653 un *Repas de 22 archers*, qui se trouve au nouvel hôtel de ville d'Amsterdam, n° 19. Au point de vue de l'agencement et du faire, l'un et l'autre excellents, il approche de près de van der Helst. Ses têtes sont très-animées, mais leurs formes sont un peu maigres, et ses carnations jaunâtres ont quelque chose de monotone.

Abraham van den Tempel, né en 1618, mort en 1672, fut élève de George van Schooten. Pourtant ses tableaux, presque tous la propriété de familles hollandaises, démontrent qu'il imita la dernière manière de van der Helst. Le musée de Berlin a de lui un magnifique portrait de gentilhomme avec sa femme, n° 858, de grandeur naturelle.

Lieve de Jongh est un autre peintre peu connu de la même catégorie. Son *Groupe d'archers*, à l'académie de peinture de Rotterdam, est un admirable ouvrage, qui se rapproche en beaucoup de points de ceux de van der Helst.

Pierre Nason. Cet artiste fut employé longtemps à la cour du grand électeur, à Berlin. Ses portraits, composés avec beaucoup de science, sont parfaitement dessinés, noblement conçus et d'une exécution correcte et soignée. Le coloris toutefois n'a pas la transparence habituelle à l'école. Un *Portrait du grand électeur,* en pied et de grandeur naturelle, peint par Nason en 1667 (château de Charlottenbourg, près de Berlin), est une œuvre admirable, par l'animation et l'énergie de la conception, par la chaleur et la puissance du coloris et par l'excellence de l'empâtement. On remarque une grande délicatesse dans un portrait d'homme, au musée de Berlin, n° 1007A, portant la date de 1670. Un autre tableau du même musée, n° 977, prouve qu'à l'occasion il peignait le genre avec grand succès. En Hollande on ne trouve de ses œuvres que dans quelques maisons particulières.

FIN DU DEUXIÈME VOLUME.

TABLE DES MATIÈRES.

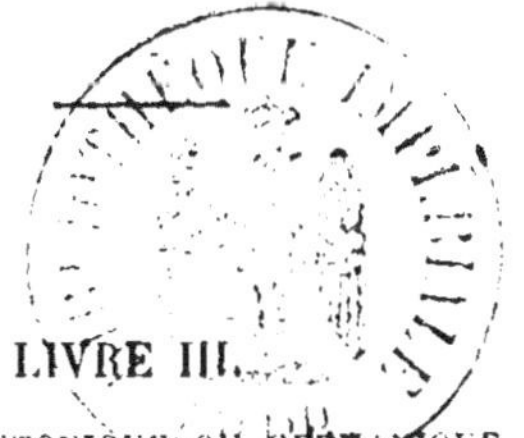

LIVRE V.

LE STYLE TEUTONIQUE.

Quatrième époque (1600-1690).

Deuxième phase du développement du style teutonique dans l'art moderne.

FIN DE LA TABLE DES MATIÈRES DU DEUXIÈME VOLUME.

TABLE DES GRAVURES

CONTENUES DANS LE DEUXIÈME VOLUME.

FIN DE LA TABLE DES GRAVURES DU DEUXIÈME VOLUME.

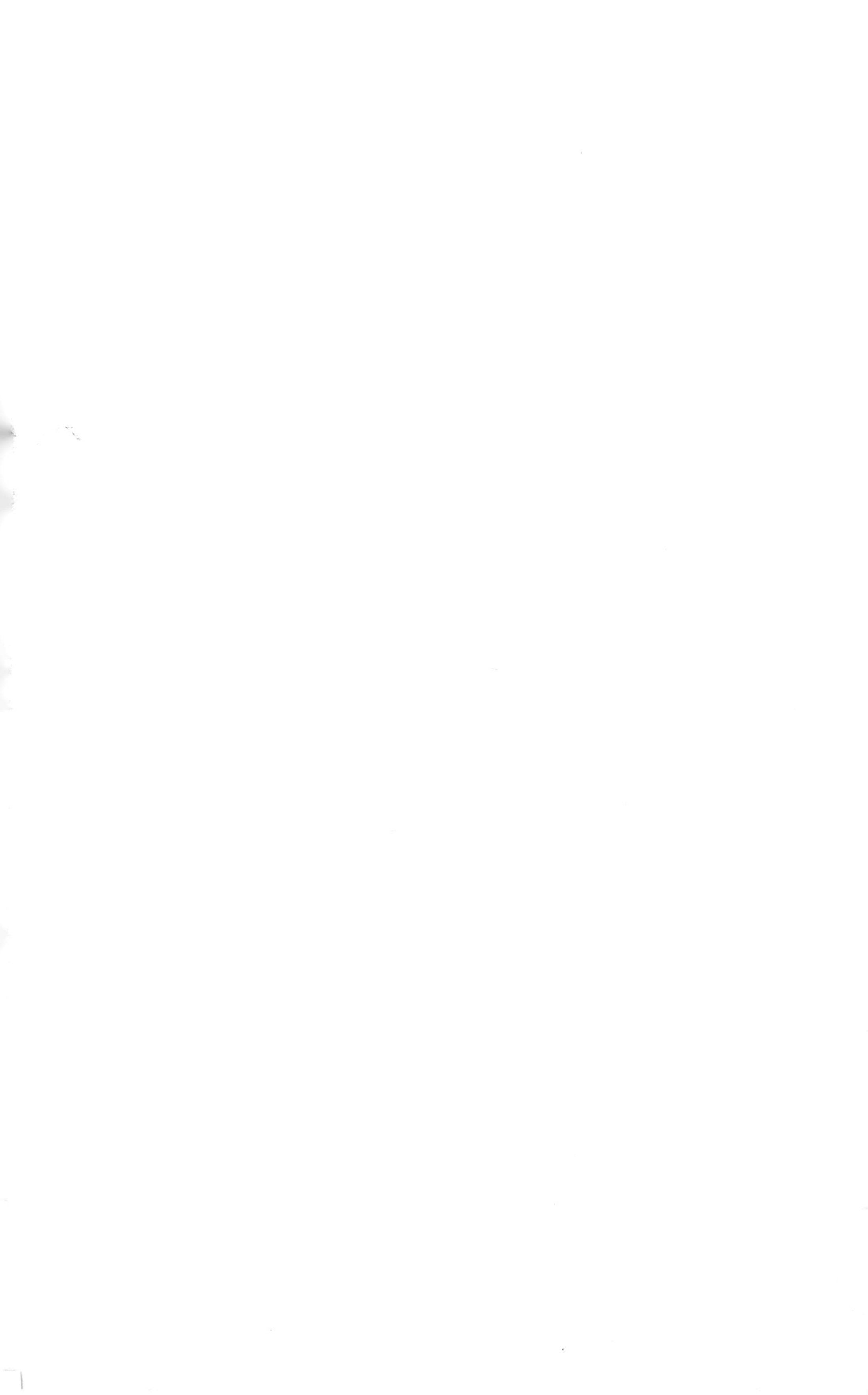

www.ingramcontent.com/pod-product-compliance
Lightning Source LLC
LaVergne TN
LVHW011942220826
846092LV00001B/68

* 9 7 8 2 3 2 9 4 6 0 3 5 2 *